LA HISTORIA CONTADA DESDE ADENTRO POR
EL AGENTE DE LA LEY ESTADOUNIDENSE QUE CAPTURÓ
AL NARCOTRAFICANTE MÁS BUSCADO DEL MUNDO

# CAZANDO A EL CHAPO

## ANDREW HOGAN

### Y DOUGLAS CENTURY

HarperCollins *Español*

# NOTA DEL AUTOR

Esta es una historia verdadera: todos los eventos representados son verdaderos y los personajes son reales. Los nombres de los agentes de la ley estadounidenses y procuradores, así como los miembros de la milicia mexicana, han sido cambiados, a no ser que ya sean de conocimiento público. Por razones de seguridad, varios lugares, marcas de vehículos, apellidos, y apodos también se han cambiado. Todos los diálogos han sido emitidos como mejor los recuerda Andrew Hogan.

Para mi esposa y mis hijos.

— *A. H.*

No hay cacería como la caza de hombres y aquellos que han cazado hombres armados el tiempo suficiente y les ha gustado, nunca se interesarán por nada más.

—Ernest Hemingway, *«On the Blue Water»*, 1936

# CONTENIDO

# CONTENIDO

## EPÍLOGO

# PRÓLOGO: EL NIÑO DE LA TUNA

PHOENIX (ARIZONA)
30 de mayo de 2009

**ESCUCHÉ POR PRIMERA VEZ** la leyenda del Chapo Guzmán después de la medianoche dentro de Mariscos Navolato, un tugurio mexicano débilmente iluminado ubicado en North 67th Avenue, en la zona de Maryvale del oeste de Phoenix. Mi compañero del cuerpo especial de narcóticos de la DEA (siglas en inglés de la Administración para el Control de Drogas), Diego Contreras, me gritaba al oído la traducción de una canción:

> *Cuando nació preguntó la partera*
> *Le dijo ¿cómo le van a poner?*
> *Por apellido él será Guzmán Loera*
> *Y se llamará Joaquín*

«Cuando nació preguntó la partera: ¿cómo le van a poner?». Diego gritaba con un aliento caliente e intenso por el trago de Don Julio que acababa de tomar. «Por apellido él será Guzmán Loera, y se llamará Joaquín...».

Diego y yo habíamos estado trabajando como compañeros en el Cuerpo Especial en Phoenix desde principios de 2007, y dos años después éramos como hermanos. Yo era el único tipo blanco que había dentro de Mariscos Navolato aquella noche de mayo, y podía sentir que los ojos de todos los demás me miraban de arriba abajo, pero al estar sentado hombro con hombro al lado de Diego, me sentía tranquilo.

Diego me había introducido a la cultura mexicana en Phoenix en cuanto nos conocimos. Comíamos birria en platos de plástico en la acogedora cocina del hogar de alguna señora que hacía las veces de restaurante improvisado y ordenábamos raspados de mango a un tendero que empujaba un carrito por la calle, a la vez que escuchábamos cada narcocorrido[1] que Diego tenía en su colección de discos compactos. Aunque estaba claro que yo no era de México, a pesar de ello Diego me decía que me estaba transformando lentamente en un *güero* (un mexicano de piel clara, cabello rubio y ojos azules) y que en poco tiempo nadie me tomaría por gringo.

El norteño berreaba: Los Jaguares de Culiacán, un grupo musical de cuatro integrantes que estaba de gira por el suroeste, directamente desde la violenta capital del estado de Sinaloa. El ritmo *umpa-lumpa* al estilo polka de la tuba y el acordeón

---

[1] Narcocorrido: una balada con un estilo musical tradicional mexicano cuya letra relata las hazañas de traficantes de droga.

contenía una atracción extraña y contagiosa. Mi conocimiento del español era superficial, pero Diego me estaba enseñando un idioma totalmente nuevo: la jerga de los barrios, de los narcos, de «zonas de guerra» como Ciudad Juárez, Tijuana y Culiacán. Diego me explicó que lo que hacía que esos narcocorridos fueran tan estupendos no era el sonido alegre y juguetón de la tuba, el acordeón y la guitarra; era la apasionada historia y la despiadada actitud del pistolero encarnadas en las letras.

Una mesera de cabello oscuro que vestía jeans blancos muy ajustados y tacones nos trajo un cubo lleno de botellas frías de la Cerveza del Pacífico. Yo agarré una de entre el hielo y retiré la esquina mojada de la etiqueta de color amarillo canario. *Pacífico*: el orgullo de Mazatlán. Me reí para mí: estábamos en el corazón del oeste de Phoenix, pero parecía como si de algún modo hubiéramos cruzado la frontera y estuviéramos a ochocientas millas (1.300 kilómetros) hacia el sur en Sinaloa. El bar estaba plagado de traficantes; Diego y yo calculamos que tres cuartos de toda esa multitud estaba metida en cierta manera en el mercado de la coca, la hierba y las metanfetaminas.

Los traficantes de mediana edad eran fáciles de detectar, con sus sombreros de vaquero y sus botas de cocodrilo; algunos trabajaban también como rancheros legales de ganado. Después estaban los narcos jóvenes, la nueva generación, que parecían los típicos muchachos universitarios de Arizona con camisas marca Lacoste y jeans de diseño, aunque la mayoría mostraba relojes en sus muñecas que ningún veinteañero común podría permitirse.

Alrededor de los bordes de la pista de baile detecté a algunos hombres que parecían haber eliminado una vida, sicarios del cártel con hierro en sus miradas. Y regados por todo el bar había decenas de ciudadanos honestos y trabajadores, pintores de casas, secretarias, jardineros, cocineros, enfermeras, a los que simplemente les encantaba el sonido en directo de aquellos baladistas de la droga de Sinaloa.

Diego y yo habíamos pasado el día entero en una vigilancia aburrida, y tras diez horas sin comer, me tragué rápidamente aquella primera Pacífico, dejando salir una larga exhalación cuando sentí que la cerveza me llegaba a la boca del estómago.

*«Mis hijos son mi alegría también mi tristeza»*, gritaba Diego, casi taladrándome el oído. *«Edgar, te voy a extrañar»*, cantaba Diego al unísono con el líder del grupo de los Jaguares.

Miré a Diego, buscando una explicación.

«Edgar, uno de los hijos del Chapo, murió a balazos en un estacionamiento en Culiacán —dijo Diego—. Era el hijo favorito, el heredero. Cuando Edgar fue asesinado, el Chapo se volvió loco. Ese pinche cabrón dejó vueltas mierda a muchas personas...».

Era asombroso el modo en que Diego se apropiaba de la sala. No con su tamaño, pues no medía más de cinco pies y cinco pulgadas (1,63 metros), sino con su confianza y su encanto. Observé que una de las bailarinas coqueteaba con él, aun cuando iba dando vueltas con su compañero que llevaba botas de vaquero. Diego no era el típico policía de narcóticos que viste camiseta y pantalones holgados; a menudo vestía una camisa con el cuello prensado, ya estuviera en casa o trabajando en las calles.

Siempre que hablaba, Diego inspiraba respeto al instante, en especial cuando lo hacía en español. Nació en las afueras de

Ciudad de México, llegó a Tucson con su familia cuando era niño, y después se mudó a Phoenix; luego, en el año 2001, se hizo policía en el departamento de policía de Mesa. Como yo, se ganó la reputación de ser un agresivo policía de la calle. Diego era tan hábil dirigiendo investigaciones sobre drogas que lo ascendieron a detective en 2006. Un año después, su jefe lo seleccionó para una tarea de élite del equipo 3 del cuerpo especial de narcóticos de la DEA en Phoenix. Fue entonces cuando lo conocí.

Desde el momento en que Diego y yo fuimos compañeros, quedó claro que nuestras fortalezas se complementaban mutuamente. Diego tenía un olfato innato para la calle. Siempre estaba *trabajando* a alguien: un informante confidencial, un estafador o incluso a sus amigos. Con frecuencia manejaba cuatro teléfonos celulares a la vez. En el papel de encubierto —al frente y adentro, hablando todo el tiempo—, era que Diego crecía y progresaba. Aunque a mí me gustaba mucho trabajar en la calle, siempre me encontraba entre las sombras, como sucedía aquella noche, sentado en nuestra mesa y tomando notas mentales de cada detalle, estudiando y memorizando cada rostro. Yo no quería ser el centro de atención; mi trabajo tras bambalinas hablaría por sí solo.

Diego y yo hacía poco que comenzamos a enfocarnos en un grupo de narcos jóvenes con base en Phoenix y sospechosos de distribuir cocaína, metanfetaminas y grandes cargamentos de *cajeta* (mariguana mexicana de alta calidad) del Cártel de Sinaloa en camiones por todo el sudeste.

Aunque no planeábamos relacionarnos con los objetivos aquella noche, Diego iba vestido igual que un narco joven, con una camisa negra Calvin Klein con botones en el cuello, pantalones flojos color azul nocturno, un reloj Movado de esfera negra y zapatillas deportivas marca Puma de cuero negro. Yo me parecía más a un universitario de California, con mi gorra negra Hurley, camiseta gris y zapatos Diesel que combinaban.

*Mis hijos son mi alegría también mi tristeza*, repetí para mí en silencio. El más popular de los narcocorridos actuales, «El niño de La Tuna» de Roberto Tapia, tenía una letra impactante emocionalmente. Podía ver la pasión en los ojos de la multitud, que lo cantaba palabra por palabra. Me parecía que veían al Chapo como una mezcla de Robin Hood y Al Capone.

Miré a Diego y asentí como si lo estuviera entendiendo todo, pero en realidad aún *no* entendía nada.

Yo era un joven agente especial de Kansas que se había criado con una dieta de carne roja de Metallica, Tim McGraw y George Strait, y había mucho que asimilar en aquella primera noche con Diego en Mariscos Navolato.

En las cinco pantallas planas de televisión estaban emitiendo un importante partido de fútbol de la primera división mexicana; parecía que el Mérida iba ganando 1-0 contra el Querétaro, aunque aquello tenía poca importancia para mí. La rocola de discos compactos estaba llena de banda y ranchera, las paredes cubiertas con afiches de Modelo, Tecate, Dos Equis y Pacífico, flan casero, próximos conciertos norteños y carteles escritos a mano sobre las especialidades de mariscos como la *almeja Reyna*, un platillo favorito de Sinaloa.

¿«El Chapo»? ¿Acaso «Retaco» se suponía que era un apodo que resultaba *amenazador*? ¿Cómo podía un muchacho medio analfabeto del diminuto pueblo de La Tuna, en las montañas de la Sierra Madre, que había sostenido a su familia vendiendo naranjas en la calle, ser celebrado ahora como el narcotraficante más famoso de todos los tiempos? ¿Era realmente el Chapo, como decían las leyendas urbanas y los corridos, incluso más poderoso que el *presidente* de México?

Cualquiera que fuera la verdad sobre el Chapo, mantenía mis ojos pegados a los narcos jóvenes que estaban sentados en una mesa cercana al extremo más retirado del bar. Uno de ellos tenía un corte de cabello estilo militar, otros dos llevaban cresta, y el cuarto llevaba una gorra de la Universidad Estatal de Arizona. Diego y yo sabíamos que probablemente iban armados.

Si los narcos jóvenes salían hacia sus autos, tendríamos que seguirlos.

Diego dejó dos billetes de veinte dólares sobre la mesa, hizo un guiño a la mesera y se levantó de su asiento. Ahora el grupo se movía en sus sillas, uno poniéndose de pie, ajustando el borde de su gorra y girando sobre la suela de sus Air Jordan como si fuera el piloto de un equipo de baloncesto.

Diego se tomó el último trago de su Pacífico y me hizo un gesto para que yo hiciera lo mismo. La banda tocaba aún más fuerte; Diego reía, junto con todo el bar, al llegar al crescendo de la canción:

*Podré ser bajito, pero soy valiente...*

Y también yo comencé a sonreír mientras deslizaba hacia atrás mi silla y me ponía de pie.

El ritmo hipnótico quedó prendido, y me encontré cantando con tanto entusiasmo como cualquiera de aquellos traficantes con sombreros vaqueros:

«¡Yo soy El Chapo Guzmán!».

# PRIMERA PARTE

# LA FUGA

GUADALAJARA (MÉXICO)
24 de mayo de 1993

**EL REPENTINO ESTALLIDO DE** disparos de AK-47 atravesó la calma de una perfecta tarde primaveral, desatando el pánico en el estacionamiento del Aeropuerto de Guadalajara. Sentado en el asiento del pasajero de su Grand Marquis blanco, el cardenal Juan Jesús Posadas Ocampo, arzobispo de Guadalajara, recibió catorce disparos cuando llegó para recibir el vuelo del nuncio papal. El cardenal de sesenta y seis años de edad se desplomó hacia el centro del vehículo, con sangre bajando por su frente. Había muerto al instante. El Grand Marquis quedó agujereado con más de treinta balazos y su conductor estaba entre los otros seis muertos.

¿Quién tendría como blanco al arzobispo, uno de los líderes católicos más queridos de México, para un golpe vergonzoso a la luz del día? Parece que la verdad fue mucho más prosaica: se dijo que el cardenal Posadas se vio atrapado entre una guerra de disparos de los cárteles de Sinaloa y Tijuana, que durante meses se pelearon por la lucrativa «plaza» (ruta de contrabando de drogas) del sur de California. Habían confundido a Posadas con el jefe del Cártel de Sinaloa, Joaquín Archivaldo Guzmán Loera, alias «El Chapo», que debía llegar al estacionamiento del aeropuerto en un sedán blanco parecido y alrededor de la misma hora.

Imágenes en las noticias de la balacera al más puro estilo del salvaje oeste se mostraron instantáneamente en todo el mundo mientras autoridades y periodistas se esforzaban por darle sentido a la matanza. «Zumbaban helicópteros en el cielo mientras la policía confiscaba unos veinte automóviles agujereados a balazos, incluido uno que contenía granadas y potentes armas automáticas», reportó *Los Angeles Times* en su portada. El asesinato a plena luz del día del cardenal Posadas estremeció hasta la médula a la sociedad mexicana; el presidente Carlos Salinas de Gortari acudió inmediatamente para presentar sus condolencias y calmar los nervios de la nación.

La balacera en el aeropuerto demostró ser un punto de inflexión en la historia latinoamericana moderna: por primera vez, el público mexicano tomó nota de veras de la naturaleza violenta y brutal de los cárteles de la droga en el país. La mayoría de los mexicanos no habían oído nunca del pequeñito capo de Sinaloa cuyo alias le hacía parecer más *cómico* que letal.

Tras el asesinato de Posadas, toscos dibujos de la cara de Chapo aparecieron en portadas de periódicos y revistas por toda Latinoamérica. Su nombre aparecía todas las noches en la televisión: buscado por asesinato y tráfico de drogas.

Al darse cuenta de que ya no estaba seguro ni siquiera en su zona rural de la Sierra Madre, ni tampoco en el estado vecino de Durango, Guzmán supuestamente huyó a Jalisco, donde poseía un rancho, y después a un hotel en Ciudad de México, donde se reunió con varios lugartenientes del Cártel de Sinaloa, entregando más de diez millones en moneda estadounidense para sostener a su familia mientras huía de la justicia.

Disfrazado y utilizando un pasaporte con el nombre de Jorge Ramos Pérez, el Chapo viajó al sur de México y cruzó la frontera de Guatemala el 4 de junio de 1993. Parece que su plan era moverse furtivamente, con su novia y varios guardaespaldas, y después establecerse en El Salvador hasta que se calmara la situación. Más adelante se dijo que el Chapo había pagado muy bien por su fuga, sobornando a un oficial militar guatemalteco con 1,2 millones de dólares para garantizar su paso con seguridad por la frontera sur mexicana.

**EN MAYO DE 1993,** en torno a la época del asesinato de Posada, yo estaba a 1.500 millas (2.400 kilómetros), en mi ciudad natal de Pattonville (Kansas), trazando una compleja jugada de pase para mi hermano menor. Éramos Sweetness y el mariscal de campo Punky, completando nuestro atuendo con suéteres de reglamento de los Bears colores azul y anaranjado, amontonados en el jardín delantero contra un equipo formado por mis primos y mis vecinos. Mi hermana y sus amigas estaban vestidas de animadoras, con pompones caseros y gritando desde las bandas.

Mi hermano Brandt siempre hacía el papel de Walter Payton. Yo hacía el de Jim McMahon y era un fanático; todos me hacían burla por eso. Incluso para partidos en el jardín delantero, todos los detalles tenían que estar correctos, hasta la diadema blanca con el nombre Rozelle, que yo había escrito con un marcador negro Magic Marker, igual que la que había llevado McMahon en la fase previa al Super Bowl (Súper Tazón) de 1985.

Ninguno pesaba más de cien libras (cuarenta y cinco kilos), pero nos tomábamos en serio aquellos partidos en el jardín, como si realmente fuéramos Payton, McMahon, Singletary, Dent y el resto de los Monsters of the Midway (el apodo de los Chicago Bears). En Pattonville, una ciudad de tres mil habitantes, a cincuenta y dos millas (ochenta y tres kilómetros) de Kansas City, no había mucho más que hacer además de jugar al fútbol americano y cazar. Mi padre era bombero y cazador de aves acuáticas desde siempre. Me había llevado con él a mi primera caza de patos a los ocho años de edad, y me compró mi primera escopeta, una Remington 870 modelo juvenil, cuando cumplí los diez.

Todos esperaban que también yo llegara a ser bombero, pues mi bisabuelo, mi abuelo y tres de mis tíos lo habían sido. Me pasaba horas en la estación de bomberos siguiendo a mi papá, probándome su casco de bombero de cuero manchado de hollín y subiendo y bajando de los camiones que estaban en el área de estacionamiento. En quinto grado, llevé a casa un trabajo de la escuela y se lo mostré a mi mamá:

—Algún día voy a ser... bombero, policía o detective de espionaje.

Sin embargo, todo lo que recuerdo es que siempre estuve decidido a llegar a ser *una* cosa: policía. Y no *cualquiera*: policía del estado de Kansas.

Me encantaban los uniformes nuevos color azul francés de los policías estatales y sus sombreros azul marino, y los potentes Chevrolet que conducían. Durante años estuve obsesionado dibujando autos de policía. Tampoco era solamente un pasatiempo; me sentaba a solas en mi cuarto trabajando febrilmente. Tenía que tener alineados en orden todos los lápices de colores y marcadores correctos, dibujando y sombreando los autos patrulla con todo detalle: paneles de luces, insignias, marcadores, llantas… tenía que estar todo correcto y preciso, hasta las antenas de radio exactas. Tenía que volver a empezar si no me parecía bien el más mínimo detalle. Dibujaba vehículos Ford Crown Victoria y Explorer, pero mi favorito era el Chevy Caprice con el motor del Corvette LT1 y rines negros. Con frecuencia soñaba mientras coloreaba, imaginándome al volante de un rugidor Caprice, saliendo disparado por la carretera US 36 persiguiendo a un sospechoso de robo…

El otoño era mi estación favorita del año. Caza de patos con mi papá y mi hermano. Y fútbol. Aquellos sueños en el jardín ahora se concretaban bajo las brillantes luces del estadio. Nuestro equipo colegial pasaba las noches de los jueves en un granero o un campamento rural, sentados alrededor de una fogata y escuchando al orador motivacional de esa semana, y los cascos anaranjados de todos, con las negras zarpas de tigre a los lados, resplandeciendo ante la luz parpadeante.

La vida en Pattonville giraba en torno a aquellos partidos de los viernes en la noche. Por todas las carreteras de la ciudad se veían carteles color anaranjado y negro, y todo el mundo acudía a ver jugar a los Tigers. Yo tenía mi propio ritual antes de los partidos, una dosis a todo volumen de Metallica en mis auriculares:

*Calla, cariñito, no digas nada*
*Y no hagas caso a ese ruido que oíste*

Después de la secundaria, estaba convencido de que viviría en la misma ciudad donde vivían mis padres, mis abuelos, mis tíos, mis tías y decenas de primos. No deseaba irme a ningún otro lugar. Nunca podría haber imaginado irme de Pattonville. Ni vivir en una ciudad de más de veintiséis millones de habitantes y cubierta por la contaminación atmosférica, construida en lo alto de la antigua capital azteca de Tenochtitlán...

*¿México?* Si me presionaban, bajo la impaciente mirada de mi maestra de castellano de la tercera hora, probablemente podría haberlo encontrado en el mapa. Pero igualmente podría haber sido Madagascar.

**MUY PRONTO FUI LA** oveja negra: el único policía en una familia de bomberos. Tras graduarme de Kansas State University con una licenciatura en justicia criminal, presenté el examen escrito para la Patrulla de Caminos de Kansas, pero una prohibición de contrataciones en todo el estado me forzó a ir en otra dirección. Un rudo y viejo capitán de la oficina del sheriff local me ofreció un empleo como ayudante de patrulla en el condado de Lincoln, abriendo mi primera puerta hacia los cuerpos policiales.

No era mi empleo soñado, pero *era* mi viaje soñado: me asignaron un Chevrolet Caprice 1995, completo con ese potente motor Corvette, el mismo vehículo policial que había dibujado y coloreado con todo detalle en mi cuarto desde que tenía diez años. Ahora podía llevarlo a casa y estacionarlo por la noche en el aparcamiento familiar.

Cada turno de doce horas me asignaban una zona de un radio de veinte por treinta millas (treinta y dos por cuarenta y ocho kilómetros). No tenía compañero de patrulla: yo era simplemente un ayudante con cara de niño que cubría una amplia extensión de terreno regado de granjas y algunos pueblitos. El ayudante más cercano estaría en su zona, que sería tan extensa como la mía. Si estábamos en los extremos opuestos de nuestras respectivas zonas y necesitábamos refuerzos, podría tomar hasta treinta minutos para encontrarnos.

Descubrí lo que eso significaba realmente una noche invernal en mi primer año cuando salí en busca de un sospechoso que medía seis pies y cuatro pulgadas (1,90 metros) y pesaba doscientos sesenta libras (ciento dieciocho kilos) llamado «Beck», que recientemente había salido del ala de psiquiatría del Hospital Estatal Osawatomie. Ya me había ocupado de Beck una vez esa noche, después de que él participara en un altercado hogareño en un pueblo cercano. Justo después de las 8:00 de la noche, el terminal móvil de datos de mi auto sonó con un mensaje de mi sargento: «Hogan, tiene dos opciones: sacarlo del condado o llevarlo a la cárcel».

Yo sabía que estaba solo; el sargento y otros ayudantes se estaban ocupando de un vehículo en el río, lo cual significaba que mis compañeros estaban como mínimo a veinte minutos de distancia. Mientras conducía por un camino rural de grava, con la luz de los faros pude ver una figura oscura que caminaba sin prisa a un lado. Di una fuerte exhalación a la vez que detenía el auto.

Beck.

Siempre que tenía la sensación de que las cosas llegarían al contacto físico, tendía a dejar mi sombrero de fieltro marrón Straton en el asiento del acompañante. Aquella era una de esas ocasiones.

«David veinticinco», dije por radio. «Voy a necesitar otro auto».

Era la manera más calmada de pedir refuerzo inmediato. Pero yo sabía la verdad: no había ningún otro ayudante en un radio de veinticinco millas (cuarenta kilómetros).

«El maldito Llanero Solitario», murmuré entre dientes al salir del Caprice. Fui caminando hacia Beck con cautela, pero él seguía alejándose y llevándome cada vez más lejos de los faros de mi auto policial, hacia una oscuridad cada vez más profunda.

«Señor, puedo llevarle hasta la gasolinera más cercana o puede ir a la cárcel —dije con un tono tan directo y calmado como pude—. Usted decide».

Beck ignoró totalmente mi planteamiento y, en cambio, aceleró el paso. Yo iba medio corriendo, disminuí la distancia, y rápidamente lo agarré por su ancho bíceps para aplicarle una llave. Tal como me habían enseñado en la academia.

Pero Beck era demasiado fuerte para poder sujetarlo y se inclinó hacia delante intentando liberar su brazo. Yo sentía que la gravilla helada debajo de nuestros pies rechinaba mientras los dos intentábamos fijar un punto de apoyo. Beck me agarró con un abrazo de oso, y hubo rápidos resoplidos en el frío aire de la noche mientras nos miramos fijamente por un instante, con nuestras caras separadas por centímetros. Yo no tenía punto de apoyo y mis pies apenas tocaban el suelo. Estaba claro que Beck se estaba preparando para derribarme.

Sabía que no había modo alguno de poder sorprenderlo, pero me las arreglé para soltar mi brazo derecho y darle un puñetazo a su rostro lleno de marcas, y después otra vez, hasta que una tercera derecha limpia envió hacia atrás la cabeza de Beck y finalmente perdió su punto de apoyo. Yo planté mis pies para atacar, como si fuera a hacer un derribo de fútbol, y embestí con el hombro el estómago de Beck, derribándolo al suelo. En la fría cuneta rodamos el uno encima del otro, con Beck intentando alcanzar mi pistola calibre .45 Smith & Wesson; desabrochó los cierres de la funda y casi consigue soltar el arma.

Al fin pude zafarme, alcancé mi cinturón y le llené la boca y los ojos con una fuerte dosis de espray pimienta. Él dio un alarido agarrándose la garganta y me las arreglé para esposarlo, ponerlo de pie y llevarlo hasta el asiento trasero del Caprice.

Estábamos a medio camino hacia la cárcel del condado cuando mi refuerzo más cercano tuvo la oportunidad de responder.

Fue el momento más aterrador de mi vida; hasta doce años después, cuando puse mis pies en Culiacán, la infame capital del submundo mexicano de las drogas... Sinaloa.

**A PESAR DE LOS** peligros, desarrollé rápidamente el gusto por la persecución y la cacería. Cuando deteníamos algún auto, yo buscaba debajo de los asientos y examinaba las guanteras en busca de drogas, encontrando normalmente pequeñas bolsitas medio vacías de hierba y pipas para piedra. Pero, una noche en una franja tranquila de la autopista, detuve a un Jeep Cherokee por exceso de velocidad. El vehículo llevaba una pequeña pegatina del grupo Grateful Dead en la ventana trasera, y el conductor era un hippie de cuarenta y dos años que vestía una camiseta blanca manchada de grasa. Yo sabía exactamente cómo comportarme en esa situación: fingí ser un joven policía rudo, conseguí su consentimiento verbal para examinar el Jeep, y descubrí tres onzas (85 gramos) de piedra (derivado de la cocaína) y un atado de más de trece mil dólares en efectivo.

El arresto llegó a los periódicos locales; fue una de las mayores confiscaciones de droga y dinero en la historia de nuestro condado. En poco tiempo llegué a tener fama de ser un patrullero avispado, con destreza para detectar droga. Estoy seguro de que fue un trampolín natural para alcanzar mi meta de llegar a ser policía estatal de Kansas.

Pero entonces, un delgado sobre blanco me estaba esperando cuando conduje el Caprice hasta la casa una noche después de mi turno. Las oficinas centrales de la patrulla de caminos, en Topeka, habían tomado su decisión final: a pesar de aprobar el examen, yo era uno de más de tres mil solicitantes, y mi número sencillamente nunca fue elegido.

Lo primero que hice fue llamar a mi mamá para comunicarle que me habían rechazado. Toda mi familia llevaba semanas esperando para saber los resultados del examen. En el momento que colgué el teléfono, mis ojos se fijaron en la fotografía enmarcada del distintivo de la Patrulla de Caminos de Kansas que había tenido desde la universidad. Sentí que se me echaban encima las paredes de mi cuarto, cerrándose como si fueran el corredor de la cárcel del condado. Sintiendo que la furia llegaba a mi garganta, me giré y lancé el marco contra la pared, y los cristales quedaron regados por el piso. Después me subí a mi moto Harley-Davidson Softail Deuce de 2001 y me perdí durante cinco silenciosas horas por las carreteras alternas, deteniéndome en cada bar de mala muerte que había en el camino.

Mi papá ya estaba jubilado del departamento de bomberos de Pattonville y había comprado el parque de bomberos original de la ciudad, un edificio de ladrillo rojo de dos pisos de 1929 construido en la esquina de las calles East Main y Parks, lo había renovado y convertido en un pub. Pattonville's Firehouse Pub se convirtió rápidamente en el bar más ajetreado de la ciudad, famoso por sus alitas de pollo picantes, bandas de música en vivo y estridentes «horas felices».

El pub estaba abarrotado aquella noche, un grupo de cuatro integrantes estaba tocando en el escenario cuando me detuve fuera del bar y me encontré con mi viejo compañero de fútbol de la secundaria Fred Jenkins, que ahora era bombero de Kansas City.

Intenté despojarme del enojo, pero seguía ardiendo; otra botella de Budweiser no iba a calmar mis ánimos sombríos. Me incliné hacia delante y le grité a Freddie.

—Sígueme.

Lo conduje hasta la parte trasera del pub.

—¿Qué diablos estás haciendo, amigo?

—Solo ayúdame a meter dentro la maldita moto.

Freddie agarró el manillar y comenzó a empujar mientras yo metía de retroceso mi Deuce por la puerta trasera del bar.

Entonces me monté y pisé el acelerador, y en pocos segundos el humo blanco cubrió la llanta flotando sobre el piso de concreto sin terminar que estaba entre mis piernas.

Un ruido ensordecedor (ya que los tubos de mi moto eran los más ruidosos de la ciudad) ahogó rápidamente el sonido de la banda musical. Espesas nubes de un olor punzante llenaron el bar mientras yo me agarraba con fuerza al manillar, con las piernas apretadas a los estribos traseros para mantener firme la moto, quemando la llanta trasera con fuerza; después salí chirriando, sintiendo tan solo un ligero alivio.

Estacioné la Deuce y volví a entrar al bar, esperando felicitaciones, algo que me subiera el ánimo, pero todos estaban molestos, especialmente mi padre.

Entonces un viejo bombero jubilado me golpeó con fuerza en el hombro.

«Muchacho, esa fue una bonita mierda —dijo—, pero ahora mis alitas saben a goma quemada».

Metí la mano en mis pantalones y saqué un fajo de billetes para pagar varias cenas. Entonces vi que mi padre se acercaba rápidamente por detrás del mostrador.

«Vámonos —le grité a Freddie entre la multitud—. Tenemos que salir de aquí antes de que mi viejo me patee el trasero».

**VOLVÍ A HACER EL** examen de la patrulla de caminos pero comencé a mirar también otras carreras en los cuerpos policiales federales; uno de mis mejores colegas de la policía me había hablado bien de la DEA. Hasta entonces, nunca había pensado en una carrera profesional como agente especial, pero decidí hacer el largo camino en auto hasta Chicago y asistir a sus clases de orientación. El proceso fue sorprendentemente rápido y fui categorizado de inmediato como «mejor calificado», con mi experiencia policial y mi licenciatura universitaria. Pasaron meses sin oír ni una sola palabra, pero yo sabía que podía tomar más de un año antes de completar el proceso de prueba. Una mañana de otoño, estaba de nuevo sobre mi Harley con un grupo de policías y bomberos para la carrera anual de recaudación de fondos para Toys for Tots del Cuerpo de Marines estadounidense. Después de un largo día recorriendo las carreteras secundarias y de ir de bar en bar, le dije a Tom, el primo de Freddie, que había solicitado trabajo en la DEA.

«¿No estás bromeando? ¿Conoces a Snake? —dijo Tom y gritó al otro extremo del bar—: ¡Snake! Ven aquí; este muchacho solicitó trabajo en la DEA».

Snake se acercó pavoneándose con su raspada chaqueta de cuero. Con su cabeza totalmente cubierta de cabello rubio que le llegaba hasta los hombros, con una barba a medio afeitar y el ceño fruncido; se parecía más a un motociclista proscrito que a un agente de la DEA.

Enseguida tuve buen trato con Snake; tomamos un par de botellas de cerveza y hablamos sobre el lento proceso de solicitud.

«Mira, muchacho, eso es una joda, lo sé; aquí está mi número —dijo Snake dándome su número—. Llámame el lunes».

Antes de darme cuenta, y gracias a Snake, me encontré en un carril rápido en el proceso de pruebas y recibí una invitación a la Academia de Entrenamiento de la DEA. Una última noche de festín en el Firehouse Pub y emprendí camino al este, liberándome de mi vida meticulosamente trazada en Kansas. Conduje por las zonas densamente boscosas de Quantico, repletas de ciervos de cola blanca tan dóciles que prácticamente se dejaban acariciar, y entré por las puertas de la Academia de la DEA como miembro de una clase nueva de agentes básicos en capacitación.

Apenas me había aclimatado a la vida en Quantico cuando recibí una llamada diciéndome que había sido seleccionado como candidato para la siguiente clase de la Patrulla de Caminos de Kansas. Casi no podía creer las palabras que me oí a mí mismo decir al sargento por teléfono.

«Gracias por la invitación —le dije—, pero no voy a dejar la DEA».

A esas alturas, me estaba lanzando de cabeza a la capacitación de la DEA.

Pasábamos horas en campo abierto, quemando miles de rondas de munición, disparando nuestras pistolas Glock 22 calibre .40 o rompiéndonos el trasero haciendo ejercicio físico a orillas del lago: series de lagartijas en el agua helada y fangosa, seguidas de flexiones sobre los nudillos en el camino de grava adyacente.

El eje del entrenamiento de la academia eran los escenarios prácticos. Los llamábamos «prácticas». Una tarde durante una de ellas, yo tenía el «ojo» en un blanco, un miembro del personal de la academia que hacía el papel de narcotraficante, planeando un intercambio con otro tipo malo en un estacionamiento remoto. Me estacioné sin que me viera, agarré mis prismáticos y mi radio, y fui gateando por debajo de unos árboles de pino.

«El maletero está abierto», dije por radio a mis compañeros de equipo. «Blanco Uno acaba de meter una mochila grande en la parte trasera del vehículo del Blanco Dos. Se preparan para partir. En espera».

Solo en mi Ford Focus, seguí al vehículo del segundo blanco hasta otro escenario.

Momento para la intervención. Yo aún tenía mi mirada en el Blanco Dos, pero no había llegado ninguno de mis compañeros de equipo al estacionamiento. Pasaron minutos; yo miraba fijamente mi reloj, llamando por radio a mi equipo. Sabía que teníamos que arrestar ya al sospechoso, o todos reprobaríamos la práctica.

Pisé el acelerador y me detuve derrapando cerca de la parte trasera del vehículo objetivo y, pistola en mano, fui apresuradamente a la puerta del conductor.

«¡Policía! ¡Muéstreme las manos! ¡Muéstreme las manos!».

El actor quedó tan asombrado que ni siquiera reaccionó. Yo metí mi mano por la puerta y lo agarré por la cabeza, arrastrándolo desde el vehículo y lanzándolo de boca al asfalto antes de esposarlo.

Mi equipo pasó la práctica, pero yo recibí una buena amonestación de nuestro instructor durante el análisis del ejercicio.

«¿Cree que es usted cierto tipo de maldito *vaquero*, Hogan? ¿Por qué no esperó a sus compañeros de equipo antes de iniciar el arresto?».

¿Esperar?

Me mordí la lengua para no hablar. No era tan fácil desmontar la agresión, el instinto de policía de la calle, afilado durante aquellos años trabajando solo como auxiliar del sheriff y sin respaldo.

Esa etiqueta, Vaquero, se quedó conmigo durante las últimas semanas en la academia.

Me gradué entre los mejores de mi clase y, con toda mi familia presente, recorrí la plataforma vestido con un recién planchado traje azul oscuro y corbata para recibir mi insignia dorada de la administradora de la DEA, Karen Tandy; después me volteé y estreché la mano de la administradora asistente, Michelle Leonhart.

«Felicidades —dijo Michelle—. Recuerde: salga y trabaje en grandes casos».

LA CÁRCEL ERA SU parque de juegos.

LA FUGA

En Jalisco, el hogar de la multimillonaria industria del tequila de México, el Chapo vivía como un pequeño príncipe. El 9 de junio de 1993, después de colarse exitosamente en Guatemala, fue arrestado por el ejército guatemalteco en un hotel que estaba al otro lado de la frontera. El fragor político era demasiado intenso: no pudo salir de aquel lío mediante sobornos. Era la primera vez que sus manos habían sentido el frío acero de las esposas y su primera foto policial tomada con un abrigo acampanado color canela. Cuarenta y ocho horas después, subieron a Guzmán a un avión militar, y fue llevado al Centro Federal de Readaptación Social Número 1, conocido simplemente como el Altiplano, la cárcel de máxima seguridad a sesenta millas (noventa y seis kilómetros) de la capital de México.

Para entonces el público sabía más sobre el Chapo. El joven campesino había dejado la escuela y vendió naranjas en las calles para ayudar a sostener a su familia. Más adelante fue chófer y, supuestamente un prodigioso sicario, para Miguel Ángel Félix Gallardo, alias «El Padrino», el capo del narcotráfico mexicano moderno.

Nacido en las afueras de Culiacán, Gallardo había sido agente motociclista de la Policía Judicial Federal de México y guardaespaldas del gobernador de Sinaloa, cuyas conexiones políticas utilizó Gallardo para ayudar a construir su organización de tráfico de drogas (OTG). Con una carrera universitaria en administración, Gallardo tuvo una visión criminal del futuro: unió a todos los traficantes que competían, principalmente de Sinaloa, en la primera y sofisticada OTG mexicana, llamada Cártel de

19

Guadalajara, que llegaría a ser el anteproyecto de todas las futuras organizaciones mexicanas de narcotráfico.

Como Lucky Luciano en el nacimiento del moderno crimen organizado estadounidense a finales de la década de 1920, Gallardo reconoció que el territorio disputado conducía a derramamiento de sangre, así que dividió la nación en «plazas» de contrabando, y le entregó a su protegido, Chapo Guzmán, el control del lucrativo mercado de la droga de Sinaloa.

Mientras estaba tras los barrotes de la cárcel después de su captura en Guatemala, el imperio de la droga de Guzmán siguió desarrollándose. El hermano del Chapo, Arturo, actuaba como jefe, pero el Chapo mismo seguía siendo claramente quien mandaba y estaba encargado; ahora estaba catalogado como el narcotraficante internacional más poderoso por las autoridades en México y en Estados Unidos.

El Chapo movía cantidades *asombrosas* de cocaína, de modo periódico y seguro, desde Sudamérica pasando por América Central y México hasta Estados Unidos. Tampoco era trabajo de mulas de poca monta: la gente del Chapo movía cargamentos de varias toneladas de producto colombiano por barco, pequeños aeroplanos e incluso descabellados «narco submarinos»: submarinos semisumergibles capaces de transportar seis toneladas de cocaína pura de una sola vez. Los métodos de transporte del Chapo eran creativos, sin mencionar que estaban en constante evolución, y de ahí que se ganase la reputación de conseguir que sus cargas llegaran intactas y a tiempo. El Chapo amplió su alcance hasta puertos en las costas mexicanas del Atlántico y el Pacífico y ejerció control fuertemente armado de puntos cruciales de cruce, no solo en la frontera entre Estados Unidos y México sino también a lo largo de la frontera sureña de México con Guatemala.

El Chapo integró a lugartenientes del Cártel de Sinaloa en Colombia, Ecuador, Costa Rica, El Salvador, Guatemala y Venezuela, dándoles más flexibilidad para negociar directamente con traficantes dentro de la cadena de suministro. Sus tentáculos criminales, su versatilidad y su ingenuidad sobrepasaban incluso a sus predecesores más infames, como Pablo Escobar. Incautaciones de cocaína del Chapo, que llegaban a los titulares (trece mil kilos en un barco, mil en un semisumergible, diecinueve mil en otro barco marítimo en ruta a México desde Colombia), eran solamente gotas en el cubo del cártel, pérdidas atribuidas al costo de hacer negocios.

Incluso entre rejas, el Chapo tuvo la perspicacia de diversificar las operaciones del Cártel de Sinaloa: donde anteriormente había traficado estrictamente con cocaína, mariguana y heroína, el cártel ahora se extendió a la manufactura y contrabando de metanfetamina de alta calidad, importando las sustancias químicas precursoras de África, China e India.

El 22 de noviembre de 1995, y después de ser condenado por posesión de armas de fuego y tráfico de drogas y haber sido sentenciado a veinte años, el Chapo organizó todo para que lo trasladaran desde el Altiplano hasta el Centro Federal de Readaptación Social Número 2, cárcel de máxima seguridad, conocido como Puente Grande, a las afueras de Guadalajara.

Dentro de Puente Grande, Guzmán forjó rápidamente una relación de confianza con Dámaso López Núñez, alias El

CAZANDO A EL CHAPO

Licenciado, o simplemente «El Lic», también de Sinaloa, de la ciudad de El Dorado. El Lic había sido oficial de policía en la oficina del fiscal general de Sinaloa antes de ser nombrado para un puesto de gerencia en la cárcel de Puente Grande.

Bajo la observación de El Lic, el Chapo supuestamente llevaba una vida de lujos: licor y fiestas, y pudiendo ver sus queridos partidos de fútbol. Podía ordenar comidas especiales de un menú elegido personalmente y, cuando eso se volvía aburrido, había sexo a raudales. Al Chapo le concedieron visitas conyugales periódicas con su esposa, varias novias y un montón de prostitutas. Incluso arregló las cosas para hacer que una joven que cumplía sentencia por robo a mano armada fuera trasladada a Puente Grande para atender a sus necesidades sexuales. La mujer reveló más adelante la supuesta vena romántica del Chapo: «Tras la primera vez, el Chapo envió a mi celda un ramo de flores y una botella de whisky. Yo era su reina». Pero la realidad era más sórdida aún: las noches en que se aburría con ella, se decía que la pasaba a otros lugartenientes del cártel encarcelados.

Estaba claro que el Chapo era el verdadero jefe de la cárcel. Por sus crecientes temores de ser extraditado a Estados Unidos, planeó una descarada fuga de Puente Grande.

Y, en efecto, justo después de las 10:00 de la mañana del 19 de enero de 2001, la puerta de la celda de Guzmán, con seguridad electrónica, se abrió. El conocimiento popular dice que lo sacaron en un saco de yute oculto en un carrito de la lavandería, y después uno de los guardias corruptos de la cárcel atravesó las puertas en una camioneta con él dentro, de manera que hacía recordar las famosas fugas de John Dillinger en la década de 1930.

La fuga requirió complicidad, cooperación y sobornos a varios oficiales de prisión de alto rango, policía y demás autoridades del gobierno; se calcula que el costo para el narcotraficante fue de 2,5 millones de dólares. A las 11:35 de la noche se notificó al alcaide de la cárcel que la celda del Chapo estaba vacía y se produjo el caos. Cuando la noticia de su fuga llegó a la prensa, el gobierno mexicano lanzó una red de captura sin precedente, la búsqueda militar más extensa que el país había montado desde la época de Pancho Villa.

En Guadalajara, los policías mexicanos asaltaron la casa de uno de los asociados de Guzmán, confiscando armas automáticas, drogas, teléfonos, computadoras y miles de dólares en efectivo. Sin embargo, días después de la fuga estaba claro que Guzmán ya no se encontraba en Jalisco. La búsqueda se amplió, con cientos de oficiales de policía y soldados examinando las ciudades principales y las comunidades rurales más tranquilas.

Guzmán convocó una reunión de todos los lugartenientes del Cártel de Sinaloa, ansioso por demostrar que él seguía siendo el jefe. Un nuevo narcocorrido barrió la nación: «El regreso del Chapo».

*No hay Chapo que no sea bravo*
*Así lo dice el refrán*

El Chapo no solo era *bravo*: ahora era considerado intocable, el jefe narco al que ninguna cárcel podía retener. Los reportes que decían verlo eran tan extensos como la nación, pero siempre que las autoridades se estaban acercando a una captura, él se desvanecía rápidamente de regreso a su puerto seguro en la Sierra Madre, con frecuencia pasando noches en el rancho donde nació, o en los densos bosques y campos de mariguana. Era libre, alardeaba de su poder, y seguía dirigiendo el Cártel de Sinaloa con impunidad.

Pasarían casi trece años antes de que volviera a enfrentarse cara a cara con un agente de la ley honesto.

# LA NUEVA GENERACIÓN

PHOENIX (ARIZONA)
5 de octubre de 2008

**«LAS TRES LETRAS».**

Repetí las palabras mirando a Diego en busca de ayuda, pero no obtuve ninguna. Estábamos sentados en el Bomber negro vigilando, escuchando un narcocorrido de la banda Explosión Norteña.

Diego mascaba el extremo de su sorbete y movía los cubos de hielo en su vaso de Coca-Cola, con el ceño fruncido como si fuera un maestro severo.

«¿Las *tres* letras?».

El Bomber negro era el vehículo ideal para escuchar narcocorridos: bajo retumbante en los altavoces Bose y claridad tan buena como en cualquier club nocturno de Phoenix. Cuando Diego llegó por primera vez a la DEA en Phoenix, conducía ese

Chevrolet Suburban Z71 negro con todas las ventanillas tintadas y el interior de cuero color café.

El departamento de policía de Mesa había confiscado el Suburban a un traficante de coca un par de años atrás. Las lujosas opciones del dueño habían hecho que el Bomber fuera la conducción perfecta para nosotros en largas operaciones de vigilancia, incluía una pantalla de video desplegable y personalizada en el tablero frontal. Muchas veces matábamos las horas viendo *Super Troopers*, estacionados entre las sombras en una calle lateral antes de que fuera a realizarse un trato con drogas.

Sin embargo, el Bomber no era solamente un centro de entretenimiento rodante sobre llantas de veinticuatro pulgadas; también era ideal para las redadas, pues contrariamente a los autos de policía comunes, el Suburban podía albergar a cuatro de nosotros en todos nuestros movimientos tácticos. Considerábamos al Bomber otro miembro del equipo. Fue un día triste cuando algún burócrata procesador de números hizo que Diego lo entregara porque tenía doscientas mil millas (trescientos veinte mil kilómetros) en el odómetro.

Todo el tiempo, los policías de Phoenix hacían detenerse a Diego cuando iba en el Bomber negro sencillamente porque tenía placas de matrícula mexicanas. Él había mantenido las originales del estado de Sonora, blancas y rojas con pequeñas letras y números negros. Los policías locales siempre estaban en busca de autos, en especial todoterrenos preparados, con placas mexicanas, pero nos permitía pasar inadvertidos en cualquier barrio mexicano en Phoenix. Nadie dudaría de un Suburban estacionado con placas de Sonora: tras esas ventanillas tintadas, Diego y yo podíamos quedarnos sentados toda la noche y no ser fritos nunca por los tipos malos.

Y los narcocorridos que Diego siempre ponía en el Bomber se habían vuelto indispensables para mi educación. Cada traficante importante al sur del Río Grande tenía al menos un norteño que celebraba sus hazañas.

Diego explicaba que uno no era nadie en el mundo de los narcos hasta que tuviera su propio corrido. Pero yo seguía intentando descifrar Las tres letras...

«Vamos, hermano —dijo Diego riéndose—. Lo *entendiste*. Mierda, en este punto tú eres más mexicano que la mayoría de los que conozco...».

Me incliné hacia delante en el Bomber y pulsé el botón de repetición en el reproductor de discos, intentando una vez más descodificar esa letra.

—¿Las tres letras?

Al fin, Diego me dio un fuerte empujoncito con su dedo índice en mi hombro.

—Hermano, ¡*tú eres* las tres letras! DEA.

*Las tres letras...* lo que más temía cualquier narcotraficante.

**DÍAS MÁS TARDE, DESDE** que Diego me hablara por primera vez sobre El niño de La Tuna, comencé a investigar después del trabajo en mi cubículo en la oficina de la DEA en el centro de Phoenix.

Busqué «Joaquín GUZMÁN Loera» en nuestra base de datos, el Sistema de Información de Narcóticos y Drogas Peligrosas

(NADDIS, por sus siglas en inglés). El archivo del Chapo era interminable; se podía desplazar el cursor hacia abajo durante casi una hora sin llegar al final. La DEA en Phoenix tenía un caso abierto contra Guzmán, pero también en otras jurisdicciones por todo el país. Ni siquiera podía comenzar a pensar lo que tendría que hacer, cuántos casos importantes tendría que iniciar, para ser el agente a quien se le confiara dirigir una investigación con Guzmán como objetivo.

**EL PRESIDENTE DE ESTADOS** Unidos identificó a Guzmán y al Cártel de Sinaloa como narcotraficantes importantes en el extranjero, de conformidad con la ley Kingpin,[1] en 2001 y de nuevo en 2009. El gobierno estadounidense había ofrecido una recompensa de cinco millones de dólares por información que condujera a su captura y el gobierno mexicano había ofrecido una de sesenta millones de pesos, unos 3,8 millones de dólares.

Circulaban rumores muy diversos sobre el Chapo. Algunos surgían de la inteligencia de los cuerpos de seguridad, otros de los chismes en las calles (la charla casual de informantes), y aun otros eran solamente leyendas urbanas, integradas en las letras de todos esos corridos clandestinos.

Según uno de los relatos, el Chapo estaba pensando en la cirugía estética para que así nunca más lo reconocieran; en otro se decía que había jurado suicidarse antes que ser capturado con

---

[1] La ley para la designación de cabecillas del narcotráfico en el extranjero, conocida informalmente como la ley Kingpin.

vida. En mayo de 2003 se decía que estaba viviendo en una cueva remota, una versión mexicana de Osama bin Laden, pero después, en junio de ese mismo año se dijo que se movía libre como un pájaro por Ciudad de México. Otro reporte de inteligencia lo situaba escondido en Guatemala y regresando a México solamente en algunas ocasiones, y en septiembre de 2004 huyó por poco antes de una incautación de dos toneladas de mariguana y armas en la Sierra Madre.

¿Cómo era posible que alguien pudiera separar los hechos de la ficción? ¿Estaba rodeado el Chapo por cientos de guardaespaldas fuertemente armados y llevando en todo momento un chaleco salvavidas? ¿O vivía de modo más humilde, viajando solamente con dos de sus colaboradores de confianza, porque estaba recibiendo protección tácita de la policía estatal de Sinaloa que estaba incluida en la nómina del cártel?

**NO TENÍA MUCHO TIEMPO** para rumiar sobre la vida y los crímenes del Chapo Guzmán, pues por más de un año Diego y yo tuvimos las manos llenas con Pedro Navarro, de treinta y un años conocido como «Bugsy». La gente de Bugsy puede que fuera joven, tenían entre veinte y veintitantos años, pero no eran aficionados. Semanas después de desarrollar mi primera información sobre Bugsy, recibí autorización para iniciar una investigación de la OCDETF (siglas en inglés de la Agencia para el Control de Drogas y del Crimen Organizado) que Diego y yo habíamos titulado

«La Nueva Generación», una investigación de primera prioridad para la DEA de Phoenix.

Desde que los vi por primera vez aquella noche llena de humo en Mariscos Navolato con Diego, había desarrollado un respeto reticente por esos narcos jóvenes. Eran muchachos espabilados que tenían el narcotráfico en su linaje (con frecuencia eran los hijos de hombres importantes del cártel en México), pero la mayoría de ellos habían ido a la secundaria y a la universidad en Estados Unidos y Europa. Ese nivel académico, su inglés impecable y su familiaridad con la cultura estadounidense les permitía dar comienzo a sus propias y sofisticadas organizaciones de tráfico de drogas. Había narcos jóvenes como Bugsy dispersos por todo el sudeste, desde Phoenix hasta San Diego.

Esos jóvenes tenían la confianza y el pavoneo de una generación nueva; y, de hecho, Diego y yo comenzamos a referirnos también a nosotros mismos como La Nueva Generación. Reflejo de los narcos jóvenes, nosotros éramos un plantel nuevo y joven de policías con la resistencia y la destreza en las calles para seguirles el ritmo a los jóvenes traficantes mexicanos.

Habíamos determinado que el grupo de Bugsy era el responsable de transportar grandes cantidades de mariguana de alta calidad a las ciudades de Nueva York, Baltimore, Boston y St. Louis por camiones, FedEx y UPS. Navarro había rentado un almacén de siete mil pies (dos mil metros) cuadrados en Mesa para empaquetar y enviar la mariguana, que después se ocultaba en paletas de cajones camuflados como estanterías para chatarra utilizadas en grandes almacenes. También tenía a varios jóvenes que eran dueños de negocios que blanqueaban sus millones sucios mediante negocios locales en Phoenix.

Para enviar dinero utilizaba a bailarinas de striptease locales: los continuos viajes de las muchachas les permitían hacer recogidas de dinero en efectivo por todo Estados Unidos. Bugsy incluso tenía a un exjugador de la NFL trabajando como intermediario mayorista de mariguana para la OTD.

Bugsy a menudo viajaba armado, guardando pistolas dentro de compartimentos secretos de almacenaje personalizados, o «trampas», en su Mercedes todoterreno GL550. Sus trampas eran más sofisticadas que las comunes de los traficantes de droga: había que arrancar con la llave, poner el intermitente izquierdo y girar una pequeña palanca de plástico en el portavasos, tres pasos ejecutados en la secuencia correcta, para que se abriera la trampa. A veces, precavido por tenernos tras él, Bugsy no llevaba armas en su Mercedes; tenía a un grupo en un auto que lo seguía y que iban armados con pistolas en sus propias trampas.

Diego y yo estábamos interceptando los teléfonos celulares de Bugsy, y yo disfrutaba del reto de descifrar el código del joven narco. El término *pandillero* significaba que viajaban armados; *caseta de alberca* se refería a la casa de cuatro dormitorios de Bugsy en Glendale; *foto de mi hijo* era una muestra de hierba. De todas las líneas que escuché en el micrófono, mi favorita fue cuando agarramos a Bugsy presumiendo abiertamente de que él y sus muchachos estaban viviendo «como si *Entourage* conoce a *Los Soprano*».

**PERO BUGSY TENÍA UN** problema importante: su provisión de cajeta desde Sinaloa se había agotado temporalmente en Phoenix. Una mañana sabatina, el agente especial Nick Jones, Diego y yo estábamos vigilando fuera de la «caseta de alberca». Acabábamos de «voltear el interruptor» y comenzamos a oír las escuchas que teníamos en varios de los celulares de Bugsy. Nos había tomado meses escribir y reescribir declaraciones juradas federales para las escuchas cada vez que Bugsy cambiaba de teléfono, lo cual hacía casi cada semana. Sin recibir nada por el micrófono, seguimos a Bugsy y a su grupo para obtener cualquier información que pudiéramos.

«Parece que están empacando», dijo Nick por radio. «Prepárense para moverse, muchachos». Bugsy y los suyos salieron en el GL550 a gran velocidad, hacia el oeste por la Interestatal 8 para salir de Phoenix.

No estábamos bien preparados para un largo viaje por carretera, pero yo agradecí que Nick estuviera con nosotros para la vigilancia; todos en el cuerpo especial le llamaban «Sticky Nicky» porque nunca perdía al malo. Bugsy seguía conduciendo hacia el oeste y, más o menos, cada hora tomaba rápidamente una salida en el último instante intentando evitar que le siguieran, pero ya le habíamos seguido demasiadas veces para caer en una trampa tan básica con esos movimientos de contravigilancia. Lo seguimos casi cinco horas, lo bastante alejados para que no lo notara, hasta que finalmente terminamos en San Diego.

Durante varios días de vigilancia y usando la misma ropa, observamos mientras Bugsy y su grupo visitaban un depósito clandestino de droga tras otro en los barrios de las afueras de San

Diego. Hice que el departamento de policía de San Diego detuviera un Chevy Avalanche que salía de una de las ubicaciones de los depósitos, y los policías incautaron trescientas libras (ciento treinta y seis kilos) de cajeta en la parte posterior de una camioneta conducida por uno de los muchachos de Bugsy.

«Él estaba planeando llevar esta carga de regreso a Phoenix —le dije a Diego—. Tenemos que aprovecharnos de su sequía».

«Sí —asintió Diego—. Creo que tengo al tipo perfecto».

**TRAS REGRESAR A PHOENIX,** Diego y yo trazamos un plan: hicimos que un confidente de Diego le presentara a Bugsy a un agente infiltrado de la DEA, un mexicano-americano de treinta y dos años que trabajaba fuera de la oficina de división de campo de San Diego. Al igual que Diego, «Alex» sabía hacer perfectamente el papel de narco joven.

Sabiendo que Bugsy tenía demasiada destreza callejera para tragarse la escena típica de la DEA de «material en el maletero», le lanzamos el anzuelo en Mission Bay, donde le mostraríamos más de mil libras (cuatrocientos cincuenta kilos) de mariguana dentro de un yate de la DEA encubierto y equipado con cámaras, grabadoras y varias muchachas bronceadas en bikini (que en realidad eran policías de San Diego infiltradas). Mezcladas con las mil libras estaban las mismas «almohadas» de cajeta que habíamos incautado al grupo de Bugsy.

El día de la operación, desde el interior de nuestro vehículo de incógnito al otro lado de la bahía, Diego y yo manteníamos pegados nuestros ojos a la pantalla de la cámara de vigilancia que habíamos puesto en el yate. En el barco, Bugsy cortaba y esnifaba el mismo material que había visto en el depósito clandestino tan solo una semana antes.

El espejismo fue tan convincente que Bugsy cayó en la trampa de cabeza, diciendo a los agentes infiltrados que necesitaba otras quinientas libras (doscientos veintiséis kilos) para completar una carga dirigida a Chicago por camión. Alex le dijo que la hierba que había visto ya estaba asignada e iba en ruta hacia otro comprador en Los Ángeles, de modo que Bugsy tendría que esperar una semana.

**MIENTRAS TANTO, DIEGO Y** yo trabajábamos para asegurar que se imputaran cargos a la OTG y decidimos arrebatarle el dinero a Bugsy cuando llegara para comprar las quinientas libras de droga.

En un estacionamiento del restaurante Fridays, Bugsy, junto con su mano derecha, Tweety, se reunió con Alex, el agente infiltrado, y rápidamente le mostró un cuarto de millón en efectivo, manojos de billetes atados con una goma dentro de una cartera Gucci color chocolate, con la expectativa de que pronto recogería su cajeta en otra ubicación en esa calle. Pero antes de que Bugsy y Tweety pudieran zafarse del dinero, Diego y yo intervinimos.

Una unidad de policía de San Diego se abalanzó para detener al Ford negro F150. Bugsy y Tweety aceleraron y comenzaron a lanzar manojos de diez mil dólares en efectivo por las ventanillas de la camioneta, cubriendo varios kilómetros de las autopistas de San Diego.

Nosotros seguíamos la persecución, y nos detuvimos a un lado para recuperar todo el dinero posible como evidencia, mientras muchos otros conductores también se detenían y llenaban rápidamente sus bolsillos de montones de los billetes de Bugsy, regresando después a sus autos antes de que Diego y yo pudiéramos detenerlos.

La persecución a gran velocidad continuó por la Interestatal 5 hasta que Bugsy y Tweety finalmente se quedaron sin dinero y se detuvieron en medio de la autopista para rendirse a la policía, dejando atrás un reguero de «confeti en efectivo», como reportó la CNN; billetes de cincuenta y cien dólares ondeando aún por la autopista, creando un caos durante la hora pico de tráfico y llegando a los titulares nacionales.

# EL CANAL

**EL JACUZZI EN LA** azotea tenía forma arriñonada y la cerveza panameña era Balboa: por el nombre del conquistador. La vista de las palmeras y el horizonte reflejados parecía haber sido bosquejada con trazos espesos de pintura tropical. Ciudad de Panamá resplandecía como un Dubai caribeño.

—¡Salud! —dijo Diego levantando un vaso contorneado de Balboa—. ¡Por la Nueva Generación!

—¡Salud! —dije yo levantando mi propio vaso.

La Nueva Generación finalmente había pasado al escenario internacional.

Habíamos capturado al grupo de Bugsy aquella noche en San Diego y Phoenix, desmantelando toda su organización e incautando otras mil libras (cuatrocientos cincuenta y tres kilos) de mariguana y más de cuatrocientos cincuenta mil dólares en bienes, incluidos el yate particular de Bugsy, varios Mercedes-Benz, joyas y grandes cantidades de efectivo.

Sin embargo, con una intervención de ese calibre, iban a quedar restos de evidencia clave: rastros de documentos de gran envergadura y tentáculos criminales quedaron sin explotar.

Uno de esos cabos sueltos resultó tener la forma del padre de Tweety, Gerardo, que el año anterior había estado vendiendo kilos de metanfetamina mexicana a nuestro informante.

Gerardo tenía buenas conexiones en Nogales (México), y mencionó casualmente que tenía una amiga que necesitaba mover cierto dinero. Ella era de mediana edad, con piel de porcelana, y su cabello negro y rizado lo llevaba siempre muy apretado y peinado en cola de caballo. Aparte de pasar de contrabando cargas de metanfetamina y cocaína por la frontera desde Nogales en su Toyota RAV4, doña Guadalupe, como la llamaba todo el mundo, hizo cundir la voz, por medio de Gerardo, de que estaba buscando activamente a alguien que pudiera transportar dinero. No solo un par de cientos de miles de dólares, sino decenas de millones.

Como infiltrado, Diego había desempeñado muchos papeles a lo largo de los años y podía hacerse pasar por muchas personas sin esfuerzo, pero nunca antes había actuado como blanqueador de dinero.

«Esta es nuestra oportunidad de seguir una cantidad de dinero importante —le dije cuando almorzábamos en nuestro barucho chino favorito en Mesa—. ¿Crees que podemos llevarlo a cabo?» le pregunté.

Podía imaginar que los engranajes giraban en la cabeza de Diego, pensando en las maneras que pudiéramos ganarnos el contrato de doña Guadalupe y comenzar a mover las cifras a las que ella afirmaba tener acceso.

En esa misma semana, Diego había conseguido con artimañas que le presentaran a doña Guadalupe, y de inmediato le vendió los servicios de su «empresa». Diego parecía ser exactamente el hombre que ella estaba buscando, pero resultó que doña Guadalupe era tan solo una intermediaria con pretensiones, una capa intermedia; la primera de muchas, como llegaríamos a descubrir pronto.

Y así fue como nos encontramos remojándonos en un jacuzzi en la azotea de un hotel panameño, la primera vez que viajábamos a otro país, para que a Diego pudieran presentarle a la gente de doña Guadalupe cara a cara.


**TAN SOLO UNAS POCAS** horas antes de nuestra primera reunión encubierta, Diego se comportaba como si no tuviera preocupación alguna en el mundo. Como cualquier buen actor, tenía una confianza suprema en su capacidad de conseguir negociar en cualquier trato de negocios; pero su confianza también provenía de una preparación meticulosa. Habíamos pasado meses creando nuestra leyenda de infiltración: Diego haría el papel de ejecutivo superior, el director de operaciones de una empresa con base en Estados Unidos, supuestamente una red criminal encubierta, que manejaba una organización de transporte de inmensas cantidades de drogas y dinero. Doña Guadalupe ya había vendido bien a Diego ante su gente, incluida la jefa de una sofisticada célula de intermediación y blanqueo de dinero dirigida por Mercedes Chávez Villalobos y varios de sus asociados, con base en Ciudad de México, Guadalajara y Bogotá (Colombia).

Cuando Diego habló con Mercedes, ella se había mostrado agresiva, hablaba con rapidez y fue muy demandante. Diego me dijo que era una *chilanga* dura de Ciudad de México.

Después de hacer un rápido seguimiento internacional sobre ella, descubrí que había una orden judicial contra Mercedes en Ámsterdam por blanqueo de dinero en 2008; y tenía conexiones por todo el mundo, saltando de un país a otro casi cada semana. Ella siempre buscaba un trato mejor, alguien de confianza que pudiera mover cientos de millones de dólares con rapidez, y basándose estrictamente en un apretón de manos.

—¿Realmente crees que ella maneja todo ese dinero? —La noche antes de la reunión, me estaba fijando en la gran cantidad de datos en mi MacBook, y las cantidades de dólares eran asombrosas—. Supuestamente tiene cien millones en España; cincuenta mil en Canadá; diez mil en Australia; ¿y unos doscientos millones en Ciudad de México?

—Mira, yo también soy escéptico —dijo Diego—, pero ¿qué otras opciones tenemos? Necesitamos seguir con esto para ver si ella puede cumplir.

—Lo que necesitamos saber —dije yo— es a quién pertenece *realmente* todo este dinero.

—De acuerdo.

**EN EL BALCÓN DEL** hotel, yo miraba por la puerta del delgado cristal a la ciudad que estaba abajo. Mercedes se alojaba en uno de los pocos hoteles de lujo de la ciudad que había sido terminado por completo. Gran parte del perfil de Ciudad de Panamá estaba a medio construir: grúas, andamios y vigas a la vista. Edificios totalmente nuevos habían sido abandonados sin terminar, mientras que muchos de los ya terminados estaban vacíos.

Ciudad de Panamá era la capital del blanqueo de capitales del hemisferio occidental. Habían aparecido bancos en cada esquina como si fueran cactus en las veredas de Phoenix. Citibank, Chase, RBC, Banco de Montreal... pero también otros bancos latinoamericanos menos conocidos: Balboa Bank & Trust, Banco General, Banco Mercantil y Centro Comercial de Los Andes... Había mucho negocio de banca legítimo, pero algunos, como el HSBC, se enfrentaban a procesos penales por «intencionadamente, no mantener un programa eficaz contra el blanqueo de capitales» en relación con cientos de millones de dólares de dinero sucio del narcotráfico perteneciente a jefes de cárteles mexicanos.[1]

Durante los meses de conversaciones telefónicas, Mercedes había sugerido conocer a Diego en persona en Ciudad de México, pero los jefes de la DEA lo consideraron demasiado peligroso, y nuestros colegas de la policía mexicana nunca lo permitieron. «El Canal» era perfecto: Panamá era conocido como zona neutral para que narcotraficantes de todo el mundo se reunieran sin amenazas de disputas o violencia territorial. También

---

[1] El HSBC aceptó responsabilidad por la presunta conducta, haciendo un acuerdo de procesamiento diferido con el gobierno de Estados Unidos.

era conveniente geográficamente si alguien quería reunirse con contactos colombianos o mexicanos. Muchos en el mundo del narcotráfico se sentían tranquilos en ese deslumbrante istmo.

Al final regresamos otra vez a nuestras habitaciones de hotel. Yo tenía por delante al menos una hora para escribir, tecleando los «seis», sin lo cual toda esa operación en Ciudad de Panamá no tendría ningún valor probatorio.[2]

Mientras yo trabajaba duro en los reportes, Diego estaba sentado en el borde de la cama, dándome los detalles de su reciente conversación telefónica con Mercedes. Pero como infiltrado, Diego tenía que tener las ideas claras, mezclándose con los lugareños, sintiendo el ambiente y la onda de la ciudad, de modo que cuando terminó de explicarme bajó al casino en el tercer piso para tomar otra ronda de tragos. Yo di unos sorbos a una Balboa fría y seguí trabajando con determinación en los seis. Quince minutos después, se abrió la puerta del hotel.

—Ahí abajo todo luce realmente bien —dijo Diego.

—¿Y eso significa...?

—Muchas chicas ardientes —Diego sonrió—. Algunas me miraban... intensamente. Una de ellas me estaba comiendo de veras con los ojos, hermano.

—Vamos, colega, tengo que terminar este pinche seis —dije yo entre risas, y entonces Diego lanzó otra Balboa deslizándola por la mesa. Di un profundo suspiro y cerré mi MacBook, y los dos nos dirigimos al tercer piso. Diego no exageraba. Cuando se abrieron las puertas de ese elevador, el bar del casino estaba

---

[2] Reporte de investigación (DEA-6), al que los agentes de la DEA casi siempre se refieren simplemente como un «seis».

plagado de algunas de las mujeres más hermosas que jamás había visto, algunas con minifaldas con aberturas, estraples, tacones altos y pantalones ceñidos que dejaban ver el trabajo de algunos de los mejores cirujanos plásticos de Colombia.

Necesité algunos minutos de charla trivial en español antes de darme cuenta de que esas mujeres eran prostitutas colombianas caras con «visa de trabajo» de Medellín, Cali y Bogotá. Diego se encogió de hombros y, de todos modos, decidimos quedarnos con las muchachas, bailando mientras tocaba una banda en vivo, aunque yo no tenía ni idea de lo que estaba haciendo; los pasos del merengue eran fáciles de imitar, pero en los sofisticados movimientos giratorios de la salsa tuve que dejar que me llevara mi *colombiana*. Después, todos nos metimos en un taxi y emprendimos rumbo a uno de los clubes nocturnos más *agradables* de la ciudad. Unos cuantos tragos más, un poco más de baile. Y después a otro club...

Diego y yo habíamos regresado a nuestras habitaciones justo a tiempo para dormir tres horas antes de la gran reunión; pero Diego tenía su mente clara: estaba listo para negociar con algunos de los intermediarios más poderosos del Cártel de Sinaloa. Ese se había convertido en el patrón típico para nuestra primera noche en cualquier país extranjero: disfrutábamos al máximo casi hasta el amanecer, empapándonos de la vida nocturna como los lugareños y entendiendo de primera mano el ambiente de las calles, lo cual demostraba ser muy valioso cuando estábamos infiltrados en reuniones.

Cuando estaba a punto de quedarme dormido, vi una rápida imagen de una cara infame en el televisor de mi habitación del hotel. En español oí que, por primera vez, la revista *Forbes* había incluido a Joaquín «El Chapo» Guzmán en la lista de multimillonarios, uno de los «hombres de negocios» más ricos y más poderosos del mundo.

**PARA LA REUNIÓN DEL** día siguiente con Mercedes Chávez Villalobos habíamos elegido una churrasquería de lujo popular llamada La Rosita, ubicada en el interior de la puerta principal de un centro comercial lujoso. El plan era el siguiente: Diego y Mercedes se sentarían en una mesa exterior para que yo pudiera ver a mi compañero durante la reunión desde el interior de la cabina de una camioneta Toyota Hilux, el vehículo policial de incógnito que pertenecía a uno de los agentes de la DEA ubicados permanentemente en Panamá.

Ni Diego ni yo podíamos llevar armas: la ley panameña no nos permitía introducir en el país nuestros revólveres. Pero Diego iba armado con un artilugio de alta tecnología: un llavero secreto con cámara que era igual a una llave de auto común por control remoto pero capaz de grabar con discreción horas de audio y video.

Diego iba vestido con un traje bien confeccionado, gris oscuro de tres botones, camisa blanca y una corbata color granate tan apretada que hacía que su cuello casi se quedara sin aire.

—Triunfa, colega —dije yo acercándome y dándole un abrazo. Diego asintió, con los labios bien cerrados como si ya estuviera recorriendo distintos escenarios en su mente.

Yo acerqué el vehículo policial todo lo que pude en el ajetreado estacionamiento para ver a Diego entrar en el restaurante, estacioné discretamente, pero con una línea de visión perfecta de las mesas de la terraza.

Sin embargo, después de un par de minutos, seguía sin haber señal alguna de Diego.

Pasaron tres minutos. Cinco. Siete. Yo seguía sin poder verlo en la terraza. Tecleé un texto con los pulgares, en nuestro código preestablecido, en caso de que alguien revisara su teléfono: jerga mexicana inocua para expresar: «¿Qué está pasando, colega?».

«¿K onda, güey?».

Ninguna respuesta de Diego.

«¿K onda?».

Sentí un espasmo en una pierna.

Pulsé el botón de reenvío varias veces en el BlackBerry.

Nada.

Sentí que el sudor empapaba el frente de mi camisa.

Ese era el peor de los escenarios para una reunión encubierta: no teníamos agentes de respaldo dentro del restaurante con su vista sobre el infiltrado, y ningún colega panameño armado que nos guardara las espaldas.

No podía quedarme sentado un segundo más. Salí rápidamente del Toyota y me dirigí directamente a la entrada de La Rosita.

¿Y si Mercedes había cambiado de ubicación en el último minuto?

¿Y si su gente había agarrado a Diego para cachearlo y asegurarse de que no era un policía?

En el restaurante, el mesero sonrió y, con un inglés con mucho acento, dijo:

—¿Tiene reservación, señor?

Yo estaba tan centrado, buscando el traje gris de Diego en las mesas del restaurante, que casi ni me oí a mí mismo responder.

—No, estoy con un amigo —dije—. Él ya está sentado.

Eché una mirada a todas las mesas, pero no lo veía por ninguna parte.

¡Mierda! *¿Lo agarrarían?*

Comencé a sentir las miradas de todo el mundo sobre mí mientras recorría las mesas frenéticamente.

*Quiera Dios que no nos veamos enredados.*

*¿Dónde está, carajo?*

No tenía dónde ir. Giré en círculo en el centro del restaurante, sintiendo que las paredes se desdibujaban. Agarré por el hombro a un ayudante de mozo.

«¿El baño?» pregunté y, en cuanto el muchacho me indicó hacia la izquierda, vi que estaba de pie al lado de Diego; de hecho, estaba literalmente viendo la coronilla de la cabeza de mi compañero.

Diego mantenía una conversación intensa y, a la vez, en voz baja con Mercedes. Y no solo con Mercedes, sino también con otros dos varones más mayores de aspecto mexicano. Se podía notar que eran pesos pesados. Parecía que uno llevaba una pistola, que sobresalía por debajo de la solapa de su blazer color canela.

*¿Tres* blancos? Se suponía que la reunión sería solamente con Mercedes. Yo sabía que Diego intentaría defenderse bien, sin

tener ningún respaldo para su historia, pero incluso con un vistazo rápido tuve la sensación de que la reunión se había puesto tensa. Mercedes y los dos secuaces tenían miradas duras y severas; no se estaban creyendo la historia de Diego.

Antes de que alguno notara que yo estaba mirando, me dirigí rápidamente al baño. Un hilo de sudor me caía desde el pecho hasta el ombligo, y podía oír mi propia respiración agitada. Justo antes de llegar al baño, observé que había un cuchillo para carne sobre una mesa que iban a recoger.

¿Podría agarrarlo sin que nadie me viera? No había otra opción. Necesitaba un arma y tenía que aprovechar la oportunidad.

Arrebaté el cuchillo tan rápidamente como pude, lo puse recto contra mi muñeca, y me lo metí en el bolsillo.

Ya en el baño, abrí el grifo y me lavé la cara con agua fría, intentando calmar mis nervios y esperando que los malos no entraran de repente para hacer pipí.

*¿Qué diablos puedo hacer yo si planean secuestrar a Diego? ¿Y si esta reunión es una trampa para tomarlo a él como garantía?*

La puerta se abrió de repente; yo me incorporé, con mi cara aún goteando agua fría, pero era un cliente normal del restaurante. Yo sabía una cosa: era crucial conseguir fotografías de Mercedes y los dos pesos pesados para poder identificarlos si se llevaban a Diego a punta de pistola. También sería crítico para futuras acusaciones y no podía confiar en el llavero con cámara que llevaba Diego.

Tenía el cuchillo listo en un bolsillo, y en el otro tenía una pequeña cámara digital Canon que encendí y puse en modo video.

*Mantén la cámara firme en tu mano. No establezcas contacto visual. Ellos no verán que está prendida; tan solo pasa por su lado de modo natural...*

Pasé lentamente al lado de Diego, incapaz de dirigir los lentes de la Canon, tan solo esperando haber captado los rostros de todos los que estaban en la mesa cuando me dirigí hacia la puerta. Sabía que no podía quedarme en el restaurante yo solo, así que encontré un lugar discreto afuera desde donde podía ver a Diego por las cristaleras de la puerta frontal. Me senté allí, con mis manos temblando mientras esperaba a que saliera Diego.

**DESPUÉS DE OTRA HORA,** Diego se levantó de la mesa, les dio un apretón de manos a todos ellos y un medio abrazo a los tres, al estilo mexicano, y entonces salió del restaurante.

Yo lo seguí a pie mientras él entraba en el centro comercial, manteniéndome a distancia de unos treinta metros detrás para asegurarme de que ninguno de los hombres de Mercedes nos estuviera siguiendo.

Al fin, miré por encima de mi hombro tres veces y me reuní con él en un estacionamiento trasero. Todo despejado. Nos subimos al Hilux y nos fuimos rápidamente.

Diego estuvo en silencio por mucho tiempo, mirando fijamente por la ventanilla e intentando darle sentido a lo que había sucedido. Por su expresión, parecía estar en trance.

—¿Estás bien, hermano? —me acerqué y le agarré por el hombro, intentando sacudirlo para que volviera a la realidad.

—¿Qué?

—Hermano, ¿estás bien?

—La chingada fue intensa —dijo Diego por fin—. Un interrogatorio puro y duro. Ella no dejaba de hacerme preguntas. «¿Quiénes son tus compañeros? ¿Con quién trabajas?».

—¿Cómo lo solucionaste?

—Comencé a inventarme mierda, una historia tras otra, que movíamos millones en camiones, nuestra flota de aviones privados. Barcos. Les dije que transportamos coca por toneladas.

—¿Y?

Diego sonrió.

—¡Ella se lo creyó, colega! —gritó—. ¡Se lo creyó, mierda! Los tenía a los tres comiendo de mi mano.

—¡Sobresaliente! ¿Y dijo de quién es el dinero?

—Sí, es de él —dijo Diego.

—¿De él?

—Ella dijo que es *de él* —repitió Diego.

Diego se quedó callado y sonriendo.

—¿De él? —volví a preguntar.

—El Chapo.

—El Chapo.

—Sí. Ella dijo: "Es todo dinero del Chapo".

# EQUIPO AMÉRICA

PHOENIX (ARIZONA)
1 de julio de 2010

**ME SENTÍA COMO UN** millonario. Y lo *era*, al menos por algunas horas. Me habían confiado 1,2 millones de dólares de ganancias por blanqueo de drogas, recién sacados de nuestra cuenta clandestina en un banco de Phoenix. Junto con otros tres agentes especiales, conté y reconté minuciosamente ese millón en efectivo y metí los atados en dos cajas blancas de FedEx.

El dinero parecía falso. Era una sensación a la que me había acostumbrado el año anterior: siempre que manejaba divisa estadounidense utilizada en nuestras operaciones encubiertas, tenía la sensación de estar manejando dinero del juego Monopolio. Un buen policía es capaz de obviar el asombro que causa el verde de los billetes. Esos grandes atados de efectivo que estaban sobre nuestra gran mesa de conferencias eran tan solo una herramienta más del mercado clandestino.

Mientras contaba los billetes, mis pensamientos se remontaron a cuatro meses atrás cuando Diego y yo hicimos nuestra primera recogida. Tras casi un año de no tener nada sino grandes palabras, sus «contratos de cientos de millones de dólares por todo el planeta», Mercedes finalmente actuó: tenía una cantidad mucho más pequeña de efectivo de ciento nueve mil dólares, entregada convenientemente en un cubo de detergente para ropa a Diego y mi compañero de equipo infiltrado en un estacionamiento de la tienda Home Depot al sur de Los Ángeles. Esa misma tarde, y siguiendo las instrucciones que Mercedes había descrito detalladamente, Diego y yo habíamos llevado el montón al banco y después habíamos transferido el dinero a una cuenta en el Deutsche Bank en Nueva York. Desde allí, el dinero fue transferido a una cuenta en un banco correspondiente en México. De regreso a la oficina, Diego envió a Mercedes con su BlackBerry una fotografía de la confirmación de la transferencia y puso los pies sobre su escritorio.

«Ahora somos peces gordos, colega», dije yo con una sonrisa sarcástica.

Fue un comienzo modesto, considerando algunas de las cifras desorbitadas de las que Mercedes había hablado, pero poco después Diego y yo nos vimos inundados de peticiones para recoger dinero. Mercedes organizó traslados consecutivos en la ciudad de Nueva York, morrales negros llenos de dinero sucio: 199.254 dólares un día, 543.972 al siguiente, y después

560.048 dólares. Siempre con las mismas instrucciones para las transferencias bancarias: a un Deutsche Bank en Nueva York.

Muchos de quienes transportaban dinero no lo parecían. Una vez volamos a Nueva York y seguimos a una pareja de setenta y tantos años que habían estacionado su casa rodante, con matrícula de California, en una calle lateral de Times Square, y le entregaron dos maletines llenos de efectivo a nuestro infiltrado bajo las sombras de las vallas publicitarias.

Después fue hasta Vancouver, Canadá, para una recogida de más de ochocientos mil dólares. Los dólares canadienses tenían que cambiarse rápidamente por divisa estadounidense antes de poder enviar la transferencia a Mercedes. En menos de un mes, habíamos blanqueado más de 2,2 millones de dólares del dinero del Chapo para Mercedes.

El aspecto del blanqueo del dinero de la investigación estaba autorizado bajo una Operación Independiente del Fiscal General (AGEO, por sus siglas en inglés). Una AGEO permitía a los agentes federales seguir el dinero y exprimir aun más sus investigaciones, conduciendo al fin al desmantelamiento de toda una organización de narcotráfico, lo opuesto a solo arrestar a un par de mensajeros de bajo perfil. Necesité meses de escribir justificaciones para conseguir las autorizaciones para crear empresas fantasma y abrir cuentas bancarias encubiertas.

Habíamos convencido a tantos tipos de la gente de Bugsy, haciendo que cooperaran, que nuestro abogado auxiliar en Estados Unidos —antes de proponerles un acuerdo de cooperación— les decía a los acusados: «Ahora que han visto la evidencia que tenemos contra ustedes, ¿querrían colaborar y unirse al Equipo América?».

Habíamos apodado nuestro nuevo caso como «Operación Equipo América». Cuando llegó el mes de junio de 2010 era obvio que Mercedes tenía las manos llenas y, en medio de todas las recogidas de efectivo que se producían por todo el país, ella le presentó a Diego a Ricardo Robles, un mexicano de treinta y cuatro años con rostro juvenil y espeso cabello negro. Ricardo era un importante intermediario de dinero que se había criado en el mundo lucrativo de las casas de cambio mexicanas, llegando a ser él mismo dueño de una de ellas.

Diego y yo supimos enseguida que todos los contratos de recogidas provenían de Ricardo. Mercedes era tan solo otra capa de protección, otra intermediaria, que protegía a los verdaderos jefes a la vez que se llevaba su parte del pastel.

Con el paso de las semanas, Diego y Ricardo formaron un fuerte vínculo. Finalmente, Ricardo pidió una reunión en persona en la oficina de Diego en Phoenix. Pero había un pequeño detalle: no la *teníamos*.

Ricardo llegaría en avión esa tarde. Organizamos todo para que lo recogieran junto a la banqueta en el Aeropuerto Internacional Sky Harbor de Phoenix en un Mercedes plateado CL 63 AMG. Nuestro compañero de equipo infiltrado, que conducía el Mercedes, hacía el papel de un joven narco. Siguiéndolo en un Cadillac Escalade negro con llantas negras de veintidós pulgadas, utilizamos a más agentes encubiertos del cuerpo especial, actuando como el propio grupo de seguridad personal de Diego.

Cuando Ricardo llegó desde el aeropuerto, nosotros aún estábamos organizando los últimos detalles en una lujosa oficina que habíamos rentado en un rascacielos. Era un bonito espacio de mil doscientos pies cuadrados (ciento diez metros cuadrados) con vistas al centro de Phoenix.

«Mierda, tenemos un problema mayor», le dije a Diego mientras caminábamos por la suite admirando las vistas.

«Este lugar no parece tener vida —dijo Diego asintiendo—. Parece que nos hemos mudado hace cinco minutos».

Salí corriendo hacia el elevador, bajé a la calle, me metí en mi vehículo policial encubierto y conduje hasta mi casa. Allí agarré varios cuadros de las paredes de mi sala, algunas plantas, esculturas y baratijas que había reunido de mis viajes. Mientras tanto, Diego puso sobre el escritorio en el último momento una fotografía enmarcada de sus hijos. Con mis cosas y las de él, el espejismo quedaba completo: Diego, que vestía un traje color plata de Armani, se reclinó en su sillón giratorio de cuero, luciendo como el típico y ruin ejecutivo.

Nuestros compañeros de equipo me comunicaron por radio que Ricardo había llegado y que subía en el elevador. Diego se ajustó rápidamente su corbata mientras yo le daba un fuerte golpecito en la espalda y salí rápidamente por la puerta.

Cobrábamos como mínimo un siete por ciento de cada recogida de dinero, la comisión estándar. Entonces tomamos la comisión y la dejamos aparte como Fondos Dirigidos de Narcotraficante (TDF, por sus siglas en inglés) a fin de utilizarlo para rentar el espacio de la oficina, comprar los MacBooks de último modelo y los sofisticados aparatos para grabar, ocultos en el interior de relojes pulsera que parecían muy caros, junto con el traje Armani iridiscente para Diego.

Ya había quedado establecida la confianza mediante el blanqueo de un par de millones de dinero de la droga; ahora era el momento de que Ricardo y Diego hablaran sobre el otro extremo de la ecuación: un contrato de transporte de dos toneladas de cocaína, moviendo el producto desde Ecuador hasta Los Ángeles.

«Quiere presentarme a la gente del Chapo», me dijo Diego cuando hablamos de la reunión tomando una taza de café.

Se había hecho obvio que, al igual que doña Guadalupe y Mercedes, Ricardo era *otra* defensa, otro intermediario. Y sabíamos que probablemente habría varias capas más que atravesar antes de llegar a lo más alto.

Sin embargo, antes de que pudieran hacerse las presentaciones con la gente del Chapo, había una prueba final. Ricardo tenía pendientes varias recogidas de dinero en Vancouver, Canadá; pero esta vez quería que esa cantidad en efectivo —1,2 millones de dólares—, fuera entregada directamente en México *tal cual.*

**DIEGO YA HABÍA VOLADO** a Ciudad de México para coordinar la operación con agentes de la DEA allí, y también con miembros de confianza de la Policía Federal (PF) de México. Yo solo, llevé las cajas de FedEx hasta un Learjet, utilizado por la DEA únicamente para operaciones encubiertas, en un hangar privado en el Aeropuerto Internacional Sky Harbor. Cuando nos elevamos cruzando las nubes tuve ganas de dormitar un poco, pero no me atreví a apartar mis ojos del par de cajas que estaban llenas de dinero en efectivo. Mis ojos se quedaron pegados a ellas durante todo el vuelo como si fueran mis gemelas recién nacidas.

Los pilotos me llevaron hasta Toluca, fuera del Distrito Federal, donde me recogió el agente de la DEA en Ciudad de México, Kenny McKenzie, conduciendo un Ford Expedition blanco blindado. Yo puse las cajas de FedEx en el asiento trasero, cautelosamente a mi lado.

*¿No debería cubrirnos otro agente armado?*

Me sentía nervioso, pero no expresé mis pensamientos cuando nos alejamos del aeropuerto. Era un viaje de una hora por la pequeña cadena montañosa hasta Ciudad de México, una ruta en la que existía un riesgo siempre presente de un asalto en carretera.

Condujimos directamente hasta un garaje subterráneo en una zona de clase media llamada Satélite, al norte de la ciudad. Cuando llegamos sentí alivio al ver a Diego, un segundo agente de la DEA de Ciudad de México, y dos policías federales mexicanos vestidos de civil.

La PF nos había proporcionado el «vehículo de entrega», una camioneta Chevy Tornado blanca que a mí me recordaba un poco a un mini El Camino. Era una camioneta incautada a un contrabandista de drogas, que tenía un compartimento oculto para almacenar producto (una sencilla cavidad hueca debajo del fondo) que ni se acercaba a ser tan sofisticado como el que utilizaban Bugsy y su grupo de narcos jóvenes en Phoenix. Se tenía acceso a esa trampa profunda, claramente diseñada para mover contrabando en grandes cantidades como balas comprimidas de hierba o ladrillos de cocaína, desde detrás del parachoques trasero, y el espacio abierto que había debajo tenía la longitud completa del fondo de la camioneta. Diego y yo atamos las dos cajas de FedEx, y entonces utilizamos el resto de cuerda para asegurarlas al exterior de la puerta oculta para que no se deslizara por toda la longitud de la trampa y fuera invisible para nuestros objetivos.

Nuestros homólogos mexicanos también fijaron a la camioneta un diminuto rastreador GPS para que pudiéramos seguirla hasta el lugar donde los objetivos descargaran el dinero, con la esperanza de precisar otra ubicación más, otra pieza del rompecabezas, más objetivos que identificar, y otra oportunidad de seguir el dinero. Yo no dejaba de repetir el mantra *Exprimir, exprimir, exprimir,* que me habían machacado en la cabeza en la Academia de la DEA.

La PF mexicana nos estaba haciendo un inmenso favor al permitirnos llevar 1,2 millones de dólares y dejarlos ir, pero sentían que debían quedarse en el perímetro y mantener sus manos apartadas del dinero. Como resultado, nadie de la Policía Federal quiso tocar la camioneta Chevy, y mucho menos conducirla.

Ahora que la camioneta estaba cargada, Diego se contactó por teléfono con los objetivos y acordaron recoger el vehículo en el nivel superior del estacionamiento de otro centro comercial llamado Plaza Satélite. Diego y el otro agente de Ciudad de

México condujeron el Ford Expedition blindado delante mientras Kenny y yo nos metimos en la Tornado de mierda, con su transmisión manual. Kenny conducía, siguiendo al Expedition al salir del garaje y llegar a la ajetreada calle, dirigiéndose hacia el norte. Mi mente aún daba vueltas:

*Nuestra red de seguridad no vale nada: más de un millón en efectivo, ¿y tenemos un total grandioso de cuatro agentes estadounidenses? Solo dos de nosotros tenemos Glocks, inútiles si nos roban unos cabrones con AK...*

Si la operación se iba a pique, no había manera alguna de que esa camioneta nos sacara del camino del peligro. La diminuta Chevy necesitaba día y medio para llegar a las cuarenta millas (sesenta y cinco kilómetros) por hora. Dábamos bandazos y tumbos en medio del tráfico mientras Kenny iba moviendo la palanca de cambio.

Hacía un calor insoportable en la cabina y el aire acondicionado estaba estropeado. Autos, motocicletas y camiones iban zumbando, tocando el claxon y circulando en zigzag. Ese era el tráfico salvaje y caótico por el que es famosa Ciudad de México, y el cual llegaría yo a conocer muy bien en los siguientes años. Kenny parecía toparse también con cada bache posible y semáforo en rojo en la ruta.

El mayor riesgo para la seguridad, por mucho, eran los policías locales. Para mi gusto había demasiada Policía Federal que sabía sobre la operación; y si solamente *uno* solo de esos tipos de la PF fuera corrupto, podría llamar fácilmente a uno de sus amigos y tendernos una emboscada, y se repartirían los beneficios mitad a mitad.

Esa Chevy seguía dando tumbos mientras yo seguía hablando por mi Nextel con Diego, que iba en el Expedition. De repente, el Expedition se apartó hacia un lado de la carretera y el conductor abrió la puerta y comenzó a vomitar en la calle como si fuera un proyectil. Había comido carnitas en algún puesto callejero una hora antes.

Cuando llegamos a Plaza Satélite, uno de los centros comerciales más grandes de la ciudad, comencé a pensar que algo debía ir mal; ¿cómo podía estar tan desolado un centro comercial tan popular?

Diego y yo no sabíamos si los objetivos estaban esperando en esa ubicación. Llegábamos con veinticinco minutos de antelación, pero los criminales también podrían llegar temprano. Kenny condujo hasta el piso superior del estacionamiento en el lado norte y situó la camioneta junto a algunos otros autos más apartados. Yo me quedé sentado a la espera de que la vigilancia diera una señal clara para salir. Dejaríamos la camioneta allí con las llaves en el interruptor de arranque para la entrega ya acordada.

Yo estaba a punto de salir del lado del pasajero cuando levanté la mirada y vi a un tipo mexicano, de unos treinta y pocos años, cinco pies nueve pulgadas (1,80 metros), musculoso, que caminaba lentamente delante de la camioneta. Sentí que se me encogía el estómago; ¿estaban ya aquí los criminales?

El tipo llevaba una camisa negra con botones en el cuello y una chaqueta gris oscura con pantalones tejanos color azul oscuro. Sus ojos tenían un color pardo penetrante, y tenía una cicatriz desde debajo de su ojo izquierdo, de unas dos pulgadas (cinco centímetros), como si hubiera sido desfigurado por una gota de ácido.

Lo inquietante no era solamente la cicatriz. Como policía de la calle, uno desarrolla una aguda percepción para ese tipo de cosas. Estudié su modo de caminar: parecía que tenía abultado el lado derecho de su talle. El tipo tenía los andares y el aspecto inconfundibles de un sicario. Pasó al lado de la camioneta, mirando atrás una vez más amenazante.

Me volteé hacia Kenny.

—¿Quién es ese?

—Ni idea, hermano.

—Kenny, tenemos que salir pitando de aquí antes de que nos disparen.

Los dos abrimos de par en par las puertas de la Tornado al mismo tiempo.

No podía pasar ni un segundo más sentado sobre la diana de un millón de dólares.

———

**LA ENTREGA DE LA TORNADO** no tenía precedente; ninguna agencia policial federal había entregado nunca tanto efectivo y lo había dejado ir, sin ninguna duda no en las calles de Ciudad de México.

Diego y yo éramos ya considerados por la gente del Chapo como jugadores internacionales de rápido movimiento:

podíamos entregar más de un millón de dólares, velozmente; tan solo cuarenta y ocho horas después de recoger los montones de billetes a distancia de casi a tres mil millas (cuatro mil ochocientos kilómetros) y dos fronteras internacionales.

No había modo alguno de que Ricardo pudiera sospechar que estaba tratando directamente con policías y mucho menos con la DEA. Ricardo le dijo a Diego que el dinero se dirigía al sur para comprar una remesa importante de cocaína con destino a Estados Unidos. Todo sucedía con tanta rapidez que Diego y yo batallábamos para seguir el ritmo de la logística. Estábamos pasando más tiempo en el aire y en hoteles que en la oficina de los cuerpos especiales de Phoenix. Una semana estábamos a bordo de un jet hacia el Caribe, la otra estábamos de nuevo en nuestros escritorios en Phoenix y otra vez en un avión, la semana siguiente, para otra reunión tropical.

Encontrar países neutrales donde reunirnos con los tipos malos suponía cada vez más todo un reto, así que pedí un mapamundi de cinco pies (un metro y medio) de longitud y lo clavé en la pared de la oficina. Por diversión, Diego y yo cerramos los ojos y señalamos con el dedo posibles ubicaciones para la siguiente reunión encubierta. Su dedo aterrizó en Islandia y el mío en algún lugar en medio del Océano Pacífico.

Ya serios, Diego redujo su enfoque al istmo de América Central, al norte de Panamá.

«San José —dijo—. Establezcamos la siguiente reunión en Costa Rica».

«Costa Rica suena bien», dije yo.

Los narcos consideraban Costa Rica, igual que Panamá, terreno neutral. Más tranquilo y con mucho menos riesgo que tener una reunión en México o Colombia.

**AL DÍA SIGUIENTE, DIEGO** estaba sentado al otro lado de la mesa con dos de los operadores del Chapo y Ricardo en un restaurante al aire libre en el centro de la capital de Costa Rica.

Esta vez, contrariamente a como fue en Panamá, yo tenía mi vista fija en él, estacionado al otro lado de la calle y en el interior de un Toyota Land Cruiser negro rentado. Si Diego se había sentido acorralado durante su reunión con Mercedes en Panamá, esta vez tomó la delantera, inclinándose hacia delante de modo convincente, siendo quien más hablaba, exprimiéndolos a preguntas; la entrega del efectivo le había dado el poder de tener credibilidad en la calle.

Diego pidió, no, *demandó*, saber a quién pertenecía toda la coca y el dinero, quién era realmente el *jefe*, antes de poner en movimiento ningún engranaje.

Necesitó unos quince minutos, pero finalmente uno de los hombres de Ricardo escupió a regañadientes el nombre del hombre al que previamente habían estado llamando El Señor.

«Carlos Torres-Ramos».

El nombre no nos resultaba familiar ni a Diego ni a mí.

De regreso en la oficina de Phoenix, enseguida comencé a buscar a Carlos en las bases de datos de la DEA y encontré su historial: Carlos Torres-Ramos hasta ahora había volado por debajo del radar de la DEA, pero sí tenía un notable historial criminal. Informantes confidenciales reportaron que Carlos era conocido por mover cargas masivas de cocaína por toneladas desde Colombia, Ecuador y Perú. Estudié la fotografía en blanco y negro. Medía seis pies de altura (1,80 metros), tenía entradas en su cabello negro, perilla muy bien recortada y ojos oscuros que le hacían parecer casi como un profesor. Pero había otro detalle que inmediatamente captó mi atención.

«No vas a creer esto —dije mientras no apartaba mis ojos de la pantalla de la computadora—. Diego, ven aquí».

Le mostré el enlace a Diego: la hija de Carlos, Jasmine Elena Torres-León, estaba casada con Jesús Alfredo Guzmán Salazar, uno de los hijos de más confianza del Chapo.

«Puta mierda —dijo Diego en voz baja—. Carlos y el Chapo son *consuegros*».

La palabra suponía una relación importante entre dos familias mexicanas, especialmente en el mundo de los narcos de Sinaloa.

Habíamos creído que Carlos era uno de los peces gordos, pero nunca imaginamos que era tan importante.

Diego comenzó a hablarle a Carlos directamente por teléfono sobre organización de transportes, después vía Messenger en BlackBerry; Carlos consideraba el BlackBerry el modo más seguro de comunicarse. Aunque no se habían conocido personalmente aún, pues Diego estaba en Phoenix y Carlos en Sinaloa, ambos estaban estableciendo confianza.

—*Cero cincuenta* —dijo Diego sonriendo al terminar una sesión de texto con Carlos—. Creo que *tengo* a este tipo.

—¿*Cero cincuenta?*

—Acaba de asignarme un número, como si me considerara parte de su organización. Me llama *cero cincuenta.*

Diego era ahora «050» y parte de la lista en código secreto de Carlos. Todos los hombres de más confianza de Carlos eran designados con un número. Las localizaciones también estaban digitalizadas: 039 representaba Canadá; 023 era Ciudad de México; 040 era Ecuador.

Carlos incluso le envió a Diego la ecuación que utilizaba su organización para descodificar números telefónicos cuando los enviaban mediante texto. Los traficantes sofisticados nunca dan abiertamente números telefónicos, así que Diego tenía que multiplicar cada dígito mediante la ecuación para conocer el nuevo número de celular de Carlos.

———

**LAS RECOGIDAS DE DINERO** siguieron llegando desde Canadá, ahora por millones, y todas ellas iban dirigidas a la compra de Carlos de la carga de dos toneladas de cocaína en Ecuador. Desde luego, Diego y yo no trabajábamos gratuitamente; Diego conocía las reglas del juego de los narcos y convenció a Carlos para que le hiciera un depósito para cubrir los costos iniciales de transporte. Carlos estuvo de acuerdo y al día siguiente entregó un total de tres millones de dólares a diversas ubicaciones de recogida en Montreal y Nueva York.

Tres millones en efectivo: como una incautación y tenía la ventaja añadida de no quemar nuestra investigación clandestina. Con el dinero depositado en nuestra cuenta bancaria beneficiaria, Diego y yo nos subimos al siguiente avión con destino a Ecuador a fin de comenzar a prepararnos para entregar las dos toneladas de cocaína.

Cuando llegamos, Diego tuvo una rápida reunión clandestina con varios de los hombres de Carlos en una de las churrasquerías de lujo de Guayaquil. Yo me senté en una mesa al otro lado del restaurante, en un segundo plano. Esta vez tenía un pequeño ejército de respaldo: un equipo de policías nacionales de Ecuador vestidos de civil. Formaban la unidad de investigación sensible de más confianza de la DEA dentro del país; cada agente había sido entrenado personalmente en Quantico en operaciones antinarcóticos. Los policías de civil estaban desplegados por todo el restaurante, dentro y fuera, observando cada movimiento de los hombres de Carlos.

CUANDO DIEGO TERMINÓ LA reunión, los policías en autos de incógnito siguieron a los hombres hasta las afueras de la ciudad, los criminales hicieron una breve parada para comprar cinta marrón para empacar y después fueron hasta una finca muy alejada. Vigilando encubiertamente la finca, los policías pudieron obtener la matrícula de una camioneta blanca que estaba estacionada afuera.

*Un escenario clásico en Quantico.* Lo recordé por los días que pasé de prácticas en la academia. Los acontecimientos que tenían lugar eran métodos estándar antinarcóticos.

Los policías ecuatorianos estuvieron vigilando la camioneta toda la noche y observaron que partía de la finca a la mañana siguiente, con la parte trasera cargada de bolsas de sal de color amarillo vivo. Diego y yo indicamos a los policías que establecieran un control de carretera aparentemente rutinario y la camioneta llegó hasta ellos. En cuanto el conductor vio los autos de policía con las luces encendidas, se detuvo en seco, se bajó y cruzó corriendo un campo. La policía rápidamente salió tras él y lo esposaron. Los policías examinaron la parte trasera de la camioneta y encontraron 2.513 kilos de ladrillos de cocaína, marcados con el número 777, envueltos con esa cinta de embalaje marrón, y metidos en varias bolsas de sal amarillas.

Diego rápidamente transmitió la noticia a Carlos, vía Black-Berry, de que la carga había sido interceptada por la policía local, pero el jefe no se inmutó. Había perdido dos mil por un control de carretera aleatorio, pero sencillamente era el costo de hacer negocios. No desperdició ni un momento para preguntar si Diego estaba preparado para hacer la entrega de más cocaína.

«¿Crees en este tipo? —le pregunté a Diego—. Tiene hielo en las venas. Acaba de perder una carga con un valor en la calle de casi sesenta y tres millones y quiere confiarnos más».

Diego respondió inmediatamente al texto de Carlos:

«Estamos listos. A sus órdenes».

**DURANTE LAS SEMANAS SIGUIENTES,** el equipo de Carlos en Ecuador entregó más de ochocientos kilos de cocaína a policías ecuatorianos infiltrados que actuaban como trabajadores de Diego, desencadenando un desmantelamiento global de la organización de narcotráfico de Carlos Torres-Ramos.

Todo el castillo de naipes se desmoronó en cuestión de horas: Carlos, Ricardo, Mercedes, doña Guadalupe, y otros cincuenta y un acusados desde Canadá hasta Colombia. También nos incautamos directamente de más de 6,3 millones de dólares y 6,8 toneladas de cocaína.

Diego y yo necesitamos *meses* para recuperarnos del trabajo de seguimiento generado por nuestro desmantelamiento masivo.

**EN CUANTO LAS COSAS** se calmaron en la oficina de los cuerpos especiales, estábamos deseosos de regresar a la caza; pero esta vez nos quedaba un solo lugar donde ir. Trazamos el esquema de la jerarquía del Cártel de Sinaloa y vimos solamente el nombre de un objetivo que estuviera por encima de Carlos. Era ese hombre con cara regordeta y bigote negro en la fotografía que vestía chaleco militar y una gorra de béisbol, y que sostenía con ligereza un rifle automático que colgaba de su hombro cruzando su pecho.

Joaquín Archivaldo Guzmán Loera: El Chapo mismo.

# SEGUNDA PARTE

## LA FRONTERA

**EN ENERO DE 2011** solicité una plaza vacante en la oficina de la DEA en Ciudad de México, considerada por mucho tiempo uno de los destinos en el extranjero más elitistas para agentes federales estadounidenses antinarcóticos que tenían como objetivo los cárteles mexicanos. Si yo esperaba centrarme exitosamente en el Chapo Guzmán, sabía que tenía que trabajar y *vivir* permanentemente al sur de la frontera. La violencia se estaba disparando en México: más de 13.000 personas murieron como resultado de los pistoleros del Chapo y de otros cárteles, notablemente los excuerpos especiales mexicanos conocidos como Los Zetas, que peleaban por territorio de contrabando clave a lo largo de la frontera estadounidense.

Varios meses después de haber desmantelado la organización de Carlos Torres-Ramos, Diego y yo comenzamos a dirigir nuestra propia investigación sobre Guzmán. Seguro que tenía que haber alguien, *algún* equipo federal o cuerpo especial, que tuviera como blanco al jefe del narcotráfico más buscado del mundo. Diego y yo repasamos los diversos escenarios mientras salíamos de la oficina del fiscal general estadounidense en el centro de Phoenix. Tenía que haber agentes en cada agencia federal de cuerpos policiales fijando su atención en el Chapo. Necesitábamos encontrar a esos agentes, compartir la información de todos, y comenzar a coordinarnos.

Yo esperaba descubrir un mundo oculto de cuerpos especiales de agencias estadounidenses dirigido hacia el Chapo, cuartos de guerra secretos y alineados para tenerlo en la mira de su objetivo; pero tras días de realizar comprobaciones de información, Diego y yo seguíamos sin tener nada.

¿Quién tenía al Chapo como objetivo?

La sorprendente respuesta fue: nadie. No había ningún equipo dedicado a eso. Ningún cuerpo especial de élite. Ni un solo agente federal que tuviera un caso sustanciado sobre su paradero.

Entre los montones de archivos de casos cerrados, información desfasada, sin mencionar los millones que se gastaban cada año en la «guerra contra las drogas», Diego y yo no pudimos encontrar a un solo agente a ambos lados de la frontera que estuviera persiguiendo activamente al hombre responsable en persona de controlar más de la mitad del mercado global del narcotráfico.

ENTONCES, EL 15 DE febrero de 2011, Jaime Zapata y Víctor Ávila, dos agentes especiales del Departamento Estadounidense de

Investigaciones de Seguridad Interior («HSI», por sus siglas en inglés) destinados en Ciudad de México, sufrieron una emboscada en el estado norteño de San Luis Potosí por parte de miembros enmascarados del Cártel de los Zetas. Un vehículo de los Zetas rebasó al Suburban blindado de los agentes, disparando rifles automáticos y sacándolos de la carretera. Los pistoleros de los Zetas entonces abrieron la puerta del conductor e intentaron arrastrar fuera a Zapata pero él luchó, intentando razonar con los Zetas mientras rodeaban el vehículo. «¡Somos estadounidenses! ¡Somos diplomáticos!». La respuesta fue una ráfaga de disparos automáticos. Zapata murió al volante y Ávila resultó gravemente herido.

El asesinato del agente especial Zapata estremeció mi vida repentinamente. Yo había sido seleccionado ya para el puesto en Ciudad de México, pero ahora también tenía que pensar en mi joven familia. ¿Era seguro trasladar a mi esposa y nuestros hijos pequeños al sur de la frontera? La mayoría de agentes de la DEA ni siquiera tomarían en consideración solicitar un empleo en México, debido al temor a ser secuestrado o asesinado.

«Jesús, con el asesinato de Zapata, ahora estoy indeciso —le dije a Diego—. Estamos contentos y seguros aquí en Phoenix, pero no sé... tengo la sensación de que este es el paso siguiente». Estábamos arranchados en una mesa en Mariscos Navolato, con las corbatas aflojadas y tomando un par de Pacíficos tras un largo día de organizar evidencia para las acusaciones del Equipo América. Yo estaba prácticamente ronco debido a que hablaba con Diego por encima del fuerte sonido de la banda que tocaba en el escenario delante de nuestra mesa.

«Ya sabes en lo que te estás metiendo —dijo Diego—. Al final, tienes que hacer lo que sea correcto para ti y para tu familia».

A la mañana siguiente me senté con mi esposa y se lo planteé todo sin tapujos. No había nada que ocultar; todos los riesgos eran evidentes. Yo la había estado preparando durante meses, pero el peligro de la vida en México seguía teniendo un gran peso en mi mente.

—¿Qué te dice tu instinto? —preguntó ella—. Yo te apoyaré, cualquiera que sea tu decisión.

Me quedé sentado y en silencio en la encimera de la cocina durante un largo rato.

—Ir —dije finalmente—. Mi instinto me dice que vaya. Que acepte el puesto en México.

Al recordar mi vida protegida en Kansas, pensé que nunca habría imaginado pronunciar esas palabras. Pero cada vez que me había enfrentado a una decisión trascendental me sentía incómodo, y sabía que ese era otro de esos momentos. Hice una pausa, di un profundo suspiro y mis preocupaciones acerca de cualquier peligro que hubiera por delante comenzaron a disiparse: sí, después de todo era una progresión natural en la profesión, además de avanzar más las investigaciones que Diego y yo habíamos comenzado todos esos años atrás.

Después partí para pasar seis meses sumergido en el español en la escuela de idiomas de la DEA en el sur de California, y luego varias semanas más de entrenamiento intensivo otra vez en Quantico.

Los agentes federales destinados a trabajar en puestos de alto riesgo en el extranjero recibían entrenamiento en técnicas de «recuperación personal»: maniobras de conducción evasiva, incluido cómo tomar el relevo en un vehículo en movimiento cuando tu compañero resulta muerto al volante y cómo aserrar esposas de plástico utilizando un pedazo de hilo de nailon. Eso fue seguido por formación especializada para manejar vehículos blindados pesados, lo cual se había vuelto asignatura obligatoria tras el asesinato del agente especial Zapata.

**EN FEBRERO DE 2012,** mientras yo estaba fuera en la escuela de idiomas, Diego había obtenido la localización de un miembro del círculo íntimo del Chapo viajando a Estados Unidos.

Diego me llamó, iba caminando rápidamente por la calle hacia algún lugar y había viento, parecía que le faltaba el aire.

—Colega, tengo el PIN de su BlackBerry.

—¿De quién es el PIN?

—C.

Como siempre, cuando fuera posible evitábamos pronunciar el nombre Chapo.

—¿El BlackBerry de C?

—Sí. Tengo *su* PIN personal.

—Maldita mierda. ¿Dónde se está moviendo?

—Cabo —dijo Diego.

—¿Está en Cabo San Lucas?

—Sí, pero esto es lo que pasa —dijo Diego con frustración—. Nadie me cree. No dejan de decirme que no es posible que sea su número. Pero te digo que es él, hermano.

Diego había pasado el PIN a la DEA de Ciudad de México, que comenzó su proceso estándar para evitar conflicto entre operaciones. Varias horas después, un agente especial en México le dijo a Diego que el FBI en Nueva York tenía miles de escuchas con ese mismo PIN. Pero no cayeron en cuenta y no sabían que realmente era el Chapo quien lo utilizaba.

—Asombroso —dije—. Los del FBI han estado apuntando secretamente al Chapo y ni siquiera saben qué maldito teléfono usa él.

El agente de la DEA en Ciudad de México le dijo a Diego que ya estaban preparando una operación con la Policía Federal mexicana, y bruscamente habían dejado a un lado a Diego.

—No van a dejarme participar en la operación —dijo Diego—. Mierda, yo debería estar en Cabo dirigiendo todo esto.

Yo era consciente de que Diego estaba sintiendo la presión de no tenerme a su lado para suavizar a mis propios agentes de la DEA en México. Me sentía igualmente inútil sentado allí en mi clase de inmersión al español, pero sabía que no había modo de detener ese tren desenfrenado, no cuando la oficina de Ciudad de México ya había involucrado a la Policía Federal mexicana.

CABO SAN LUCAS, EN la punta de la Península de Baja California, por mucho tiempo fue considerada una de las ubicaciones más seguras en México y un lugar favorito de vacaciones entre las estrellas de Hollywood y miles de turistas estadounidenses. La Secretaria de Estado Hillary Clinton estaba en la ciudad al mismo tiempo que el Chapo, en el hotel Barceló Los Cabos Palace Deluxe, asistiendo a una reunión de ministros de exteriores del G20, durante la cual firmó el «Acuerdo sobre Yacimientos Transfronterizos entre Estados Unidos y México».

Estaba claro que el Chapo se sentía seguro, incluso intocable. La DEA de Ciudad de México organizó una operación rápida que incluía a trescientos policías federales mexicanos y los trasladó a todos a Cabo de un día para otro.

Sin embargo, la misión fue un fiasco. El equipo de la redada lanzado a un barrio exclusivo de mansiones a pie de playa asaltó doce casas... y salió con las manos vacías. Lo único que hicieron fue sacar de sus casas bruscamente a varios jubilados estadounidenses ricos, personas que estaban de vacaciones y familias mexicanas adineradas, enojando a todo el barrio.

Después del primer fracaso, la Policía Federal, harta de aguantar el enojo de la comunidad, envió de regreso a casa a la mayor parte de su personal. La DEA coordinó una segunda operación de captura, pero en ese momento no tenían personas suficientes, tan solo a treinta oficiales de la PF. Sin embargo, estrecharon la localización del teléfono del Chapo hasta una de tres hermosas mansiones a pie de playa en una calle sin salida en las afueras de Cabo. Cuando revisaron las dos primeras casas, el Chapo estaba esperando en la tercera y observando el desarrollo de toda la operación. No tenía un fuerte dispositivo de seguridad; las únicas personas que estaban con él eran su

CAZANDO A EL CHAPO

guardaespaldas de más confianza, apodado «Picudo», un piloto de Cessna, su cocinero, un jardinero y una novia.

Cuando la DEA y la PF bajaban por la calle sin salida, Guzmán y Picudo salieron por la puerta trasera y corrieron por la costa, escapando por poco a la red de captura. Los dos hombres se las arreglaron de algún modo para llegar hasta La Paz y después fueron recogidos en una pista de aterrizaje clandestina, probablemente por el piloto favorito del Chapo, Araña, y regresaron a las montañas en una Cessna.

Después de la debacle, Associated Press reportó:

Las autoridades mexicanas casi capturaron al hombre al que Estados Unidos denomina el narcotraficante más poderoso del mundo que, como Osama bin Laden, parece que ha estado oculto a plena vista. La Policía Federal casi llegó a cachar a Joaquín «El Chapo» Guzmán en una mansión costera en Los Cabos tres semanas atrás, apenas un día después de que la Secretaria de Estado estadounidense Hillary Clinton se reuniera con decenas de otros ministros de exteriores en la misma ciudad turística de la península de Baja.[1]

Entre la gente de México, la redada se convirtió rápidamente en una broma en todas partes: la Policía Federal pudo reunir a un pequeño ejército para capturar al Chapo en su mansión, pero olvidaron cubrir la puerta trasera.

[1] Associated Press, 12 de marzo de 2012.

Nadie sobre el terreno de la DEA en México tenía idea de cuán grande había sido esa oportunidad en Cabo. Hubo fallos tecnológicos en la primera redada y un esfuerzo mal coordinado en la segunda. Puede que los mexicanos no tuvieran personas suficientes para cubrir la puerta trasera, pero ¿dónde diablos estaban los estadounidenses? Tampoco había ningún agente de la DEA cubriendo la puerta trasera.

Un narcocorrido llegó instantáneamente a las calles, grabado por el artista Calibre 50. *«Se quedaron a tres pasos»* convirtió la fuga en otra leyenda similar a la de Dillinger, afirmando que el Chapo había ido de vacaciones a Los Cabos y después «fue más listo que cien agentes de la DEA».

> *Se quedaron a tres pasos de Guzmán*
> *Lo buscaron en Los Cabos*
> *¡Pero él ya estaba en Culiacán!*

El corrido tenía razón en una cosa: el Chapo estaba de regreso a su territorio en las montañas. En los meses siguientes, el FBI siguió consiguiendo nuevos números del Chapo, después la DEA en México estrechó el cerco hasta zonas rurales de Sinaloa, y luego hasta el estado de Nayarit. La DEA en México pasó la información a la Policía Federal, que llevó a cabo más redadas solo para descubrir que ese teléfono no estaba ni por asomo en las manos del Chapo. En cambio, el teléfono lo estaba utilizando algún empleado del cártel de bajo perfil que solamente reenviaba mensajes al teléfono real del Chapo.

Y ahora nadie tenía ese número.

Eso se debía a que Guzmán empleaba la técnica del «espejo». Era la primera vez que Diego y yo habíamos oído que el Chapo estuviera haciendo eso. El espejo no era una manera compleja de eludir la vigilancia policial, sino una muy eficaz si se hacía correctamente.

«Siempre un paso por delante —le dije a Diego—. El Chapo es astuto; reestructuró sus comunicaciones en cuanto regresó con seguridad a Sinaloa».

Tras continuos intentos fallidos en los que llegaron solamente hasta el espejo (el empleado de bajo perfil que tenía el teléfono objetivo), los números del FBI comenzaron a escasear, y la DEA en México, junto con la Policía Federal, decidió tirar la toalla. La DEA en México incluso cerró el archivo del caso; no parecía que nadie fuera a reabrir pronto una investigación al Chapo Guzmán.

**ANTES QUE SIQUIERA SOLICITARA** el puesto, yo sabía que estaría poniendo fin a una colaboración que sucede solo una vez en la vida. Por mucho que a Diego y a mí nos habría encantado investigar a los cárteles al sur de la frontera, él no era un federal; era oficial de la fuerza especial, un detective local de Mesa (Arizona), y no podía residir en otro país. La invitación a mi fiesta de despedida tenía una fotografía de Diego y yo juntos con nuestros chalecos militares justo después de haber terminado una gran redada, con sonrisas en nuestras caras y las sombras anaranjadas del atardecer de Arizona a nuestras espaldas.

A lo largo de los años, si nuestro trabajo en algún caso nos llevaba al sur de California, Diego y yo con frecuencia bajábamos hasta Tijuana para asimilar aún más de la cultura mexicana que yo había llegado a amar. Escuchábamos mariachi, banda y norteño, y entonces pasábamos por los clubes de estriptís a las 3:00 de la mañana antes de agarrar unos tacos en la calle y volver a cruzar la frontera de regreso. Para mí, todo ello era parte de aprender la cultura, profundizar mi comprensión de un mundo en el que me había sumergido desde aquella primera noche en Mariscos Navolato cuando oí «El niño de La Tuna» y comencé a instruirme a mí mismo sobre los cárteles mexicanos.

Yo *nunca* habría ido a Tijuana sin Diego. No éramos turistas, después de todo (un agente de la DEA y un detective de un cuerpo policial élite antinarcóticos), y si alguien supiera quiénes éramos *realmente*, en especial con el poderoso cártel de la droga y los casos de blanqueo de dinero en los que trabajábamos, nos habríamos convertido en objetivos extremadamente vulnerables.

Varios de mis compañeros llegaron en avión desde mi tierra natal para estar en la fiesta de despedida, e incluso mi viejo sargento de la oficina del sheriff. La celebración comenzó en uno de los pequeños restaurantes de cervezas artesanales de San Diego, una noche de historias de guerra, una muestra en diapositivas del tiempo que estuve con el Equipo 3, y las placas y fotografías enmarcadas obligadas, pero la fiesta no terminó cuando los jefes se fueron a sus casas. Al contrario, a las 2:00 de la mañana agarré a mis mejores amigos y sugerí que saltáramos a México. Pero cuando estábamos a punto de marcharnos, Diego se quedó mirando fijamente a su iPhone que sonaba. «Mierda, tengo una emergencia familiar —dijo abruptamente dándome un abrazo—. Lo siento, colega; tengo que irme».

Mis amigos y yo nos metimos en un taxi y corrimos hacia la frontera. Un taxi lleno de gringos y no estaba Diego como nuestro guía. Yo había oído muchas veces el frío clic de las puertas peatonales de la frontera al cerrarse a mis espaldas, pero ahora era mi responsabilidad: yo tendría que ser quien hablara y guiara.

Al estar recién salido de la escuela de idiomas, mi español era suficiente; mi maestro era de Guadalajara, así que mi acento era congruente con el de los lugareños. Pero mi vocabulario seguía siendo tan limitado que con frecuencia me encontraba metido hasta las rodillas en conversaciones de las que no podía salir hasta que yo abruptamente ponía fin asintiendo con la cabeza y diciendo «gracias».

De algún modo me las arreglé para dirigir a mis amigos de Kansas en la noche, tomando tragos de Don Julio, acercándonos a un puesto callejero de tacos, arrasando los «al pastor» en el asador, y cruzando la frontera a pie para entrar otra vez en California justo cuando el sol estaba llegando a la cresta de las montañas en el este. *Diego debería haber estado aquí para ver esto*, pensé, pero entonces entendí que era casi un rito de iniciación el que ahora pudiera manejarme yo solo en Tijuana.

**AL DÍA SIGUIENTE ESTABA** en el Aeropuerto Internacional de San Diego con mi familia, jalando el carrito cargado con nuestras maletas y bolsas de mano por la terminal para facturarlos. Yo era otro papá cualquiera, con las manos llenas de pasaportes y tarjetas de embarque, y mis hijos tirando de mi codo.

A pesar de los riesgos que hubiera por delante, yo estaba más seguro que nunca de que había tomado la decisión correcta.

El avión ascendió entre las nubes, mis hijos se quedaron dormidos apoyados en mis hombros, y al menos durante las dos horas siguientes, cazar al Chapo Guzmán era lo último que ocupaba mi mente.

## DF

**MI FAMILIA Y YO** aterrizamos en México la última semana de mayo de 2012. Los lugareños en raras ocasiones se referían a la extensa metrópolis, con veintiséis millones de personas —la ciudad más grande del hemisferio occidental—, como «Ciudad de México». Para los nativos era el Distrito Federal («DF»), o gracias a la capa de contaminación siempre presente, El Humo.

En la embajada, inicialmente me habían destinado al Grupo de Blanqueo de Capitales. El escritorio del Cártel de Sinaloa era dirigido por un agente especial que estaba quemado, en especial después del fracaso de El Cabo. Después de unos meses convencí a la gerencia para que me trasladaran de Blanqueo de Capitales al Grupo Especial. A la mañana siguiente, desayuné con mis nuevos colegas y el supervisor de grupo en Agave, una cafetería conocida por su platillo de machaca con huevo y su pan dulce recién horneado.

Antes de mi llegada, el sistema había sido ineficaz. La mayoría de agentes de la DEA trabajaban en pistas sobre múltiples cárteles:

Sinaloa, los Zetas, el Cártel del Golfo, los Beltrán-Leyva, los Caballeros Templarios... Mi supervisor de grupo sabía que esa falta de enfoque era muy contraproducente. La oficina de Ciudad de México era tal hervidero de actividad, que ningún agente especial podía llegar a ser un experto en un tema sobre un cártel particular, porque constantemente estaban trabajando en *todos* ellos.

Por lo tanto, en una de mis primeras reuniones con mi nuevo equipo comenzamos una reorganización. Fuimos recorriendo la mesa para enfocar nuestras tareas y, cuando tratamos acerca del Cártel de Sinaloa, el agente asignado habló inmediatamente señalando hacia mí.

—Puedes quedarte con este *desmadre* de caso —dijo—. Yo estoy *agotado*. Los mexicanos no podrían cazar al Chapo aunque estuviera de pie en el puto Starbucks enfrente de la embajada.

—Claro, yo me ocuparé —dije, intentando contener mi emoción.

—*Adelante y suerte, amigo.*

En ese momento, mi mente se fue muy lejos de la reunión: intenté imaginar al Chapo desayunando, también, en un escondite en las montañas o en algún rancho en el corazón de Sinaloa... *En algún lugar* en México. Al menos ahora estábamos en la misma tierra.

La tarea que tenía por delante era abrumadora. Después de todas las operaciones de captura fallidas, todos los años llegándole cerca, yo sabía que el Chapo habría aprendido de sus errores. Él tenía los recursos, el dinero y la astucia callejera para ocultarse tan profundamente en su submundo que ahora sería muy difícil, quizá incluso imposible, agarrarlo desprevenido.

*Él me aventaja por once años de mucho estudio*, pensé mientras terminábamos la reunión. *Me queda una barbaridad de trabajo para ponerme al corriente.*

**MIENTRAS ME ADAPTABA A** mi trabajo en la embajada, me encontré con Thomas McAllister, el director regional de la DEA para la Región de América del Norte y Central (NCAR, por sus siglas en inglés). Me lanzó una mirada penetrante.

—Hogan, me han dicho que si alguien puede cazar al Chapo, es usted...

Era más una pregunta que una afirmación, y sentí que mi cara se sonrojaba. Sabía de dónde había salido eso: mi primer supervisor de grupo, en Phoenix, había trabajado con McAllister en las oficinas centrales de la DEA y sabía exactamente cuán implacable y metódico era yo cuando perseguía a los objetivos de mis investigaciones.

—Ya veremos, señor —dije sonriendo—. Lo intentaré con todas mis fuerzas.

Yo había prometido una cosa: no iba a caer en la trampa de creer todas las leyendas y las exageraciones. Incluso algunos de mis colegas de la DEA habían perdido la esperanza, así que me desvinculé emocionalmente de la mitología del Chapo y, en cambio, me enfoqué en ello desde la perspectiva policial más básica. Ningún criminal era *imposible* de capturar, después de todo, y la operación fallida de Cabo demostró que el Chapo era más vulnerable ahora que nunca.

**APENAS ME HABÍA ACOMODADO** en mi silla en el Cuerpo Especial cuando me asignaron como intermediario de la DEA en un caso que dominaba todos los titulares mexicanos: un asesinato relacionado con la droga a plena luz del día dentro de la terminal del Aeropuerto Internacional de Ciudad de México. Se sabía que el aeropuerto estaba entre los más corruptos del mundo; vuelos de llegada desde los Andes, especialmente Perú, que casi siempre llevaban cocaína oculta entre la carga. Lo que hizo que el incidente fuera más asombroso fue que los asesinatos implicaban a policías mexicanos que dispararon a otros policías mexicanos.

Dos oficiales de la Policía Federal destinados en el aeropuerto terminaban su turno e iban caminando por la terminal 2. Estaban intentando introducir de contrabando varios kilos de cocaína oculta debajo de la chaqueta color azul marino de uno de los policías, que decía POLICÍA FEDERAL en letras blancas en la espalda, cuando se acercaron a ellos tres oficiales de la PF que comenzaban *su* turno y que sospechaban de ellos.

Así que se produjo una rápida discusión entre los dos grupos mientras estaban cerca de la zona de restaurantes públicos. Los policías corruptos sacaron sus pistolas y comenzaron a disparar a los policías honestos. Uno de ellos fue ejecutado con un disparo a quemarropa en la cabeza; otros dos fueron alcanzados y murieron. Para los de fuera, la matanza parecía un ataque terrorista; los viajeros horrorizados corrían gritando y buscando ponerse a salvo. Mientras tanto, los policías corruptos salieron corriendo por la terminal, se montaron en una camioneta y se alejaron a toda velocidad.

—¿Puedes creer esa mierda? —me volteé hacia un agente veterano en el grupo—. ¿Fuego amigo a plena luz del día en medio de un aeropuerto internacional? ¿Quiénes son estos tipos?

El agente no se asombró; ni siquiera apartó la vista de la pantalla de su computadora.

—Bienvenidos —dijo. Bienvenidos a México.

Aunque intenté ayudar a la Policía Federal y a la PGR (la Procuraduría General de la República) a investigar los asesinatos, pronto me encontré cara a cara con una dura realidad: había demasiadas capas de corrupción. La investigación de las muertes por fuego amigo se tambaleó y finalmente quedó sin resolver. Fue una introducción dura para mí; vi de primera mano, semanas después de mi nueva tarea, por qué menos del cinco por ciento de los homicidios en México apenas se resuelven.

DE TODOS LOS SORPRENDENTES casos de corrupción y violencia en Latinoamérica, pocos perduraron como el del agente de la DEA Enrique «Kiki» Camarena, que desapareció en una ajetreada calle en Guadalajara en 1985 mientras caminaba para reunirse con su esposa para almorzar. Durante casi un mes no se encontró el cuerpo de Camarena; y, cuando se encontró, se descubrió que le habían aplastado el cráneo, la mandíbula, la nariz, las mejillas y la tráquea; le habían roto las costillas y había sido torturado cruelmente, incluso fue sodomizado con un palo de escoba. Quizá lo peor de todo fue que le habían taladrado la cabeza con un desarmador y había sido enterrado en una tumba poco profunda mientras aún respiraba.

La desaparición de Kiki Camarena se convirtió en un importante incidente internacional, que tensó mucho las relaciones entre Estados Unidos y México; el gobierno estadounidense ofreció una recompensa de cinco millones de dólares por el arresto de los asesinos.

Cuando llegué a la oficina de la DEA en Ciudad de México más de veinticinco años después, las circunstancias que rodearon la muerte de Camarena no habían sido olvidadas. Su memoria se mantenía muy viva. En el pasillo principal de la embajada, una sala de conferencias dedicada al agente asesinado (nos referíamos a ella simplemente como la Sala Kiki) tenía un pequeño busto de Camarena y una placa. El condenado por la tortura y el asesinato de Kiki no era otro que Miguel Ángel Félix Gallardo, «El Padrino», un exagente de la Policía Federal convertido en padrino del Cártel de Guadalajara, y el mentor de Joaquín Guzmán en el negocio de los narcóticos.[1]

**MIRANDO MÁS ALLÁ DEL** historial de violencia profundamente arraigado en México, intenté darles a mi esposa y mis hijos pequeños la mejor vida posible en la capital bajo circunstancias enormemente estresantes. La DEA nos asignó un espacioso apartamento

---

[1] Miguel Ángel Félix Gallardo y otros dos jefes del Cártel de Guadalajara —Ernesto Fonseca Carrillo y Rafael Caro Quintero—, fueron todos finalmente condenados en relación con el asesinato de Kiki Camarena.

de tres dormitorios en La Condesa, el barrio más de moda del centro de la ciudad (supongo que se podría comparar con el Latin Quarter de París o el SoHo de Manhattan), hogar de gente de negocios joven, artistas y estudiantes. También estaba cerca de la embajada estadounidense, en Paseo de la Reforma, lo que suponía un viaje en auto de solo quince minutos hasta el trabajo.

Nos gustaba mucho el barrio, lleno de calles bordeadas de árboles que daban sombra a la arquitectura de la década de 1920: restaurantes, cafeterías, boutiques, galerías y animados mercados al aire libre los domingos.

Sin embargo, para mí era difícil disfrutar de la vibrante vida de la ciudad, pues constantemente mi cabeza no dejaba de pensar. *Modo policía callejero.* Era una segunda naturaleza para mí estar observando mis espaldas, lo había hecho desde que tenía veintiún años y estaba de patrulla con la oficina del sheriff, pero en México nunca parecía haber un momento de descanso. Yo siempre estaba comprobando cabos sueltos y vigilancia por parte de miembros del cártel, matones callejeros o incluso el gobierno mexicano. Cuando salía de nuestro apartamento a las 7:00 de la mañana, mientras caminaba hacia mi Chevy Tahoe estudiaba todos los otros vehículos que había en la calle. ¿Qué autos eran nuevos en la manzana? ¿Qué otros parecían estar fuera de lugar? ¿Qué autos tenían a alguien sentado en su interior? Incluso memorizaba formas, modelos y placas de matrícula.

Siempre que íbamos a un barrio nuevo, mi esposa sabía que no tenía caso hablarme, pues yo estaba demasiado ocupado escaneando las calles, mirando fijamente los rostros de los viandantes, conductores de taxi, repartidores... cualquiera, de hecho, que estuviera a distancia de disparo.

Después de algunas semanas en el DF, mi esposa también había aprendido las técnicas de evaluación constante del riesgo: mirar rápidamente a los ojos a todo el mundo al caminar por la banqueta para juzgarlos y decidir: ¿amenaza o no? Ella y nuestros hijos pequeños estaban siempre en la calle, en el parque, comprando o conociendo amigos. Había crimen por todo el DF, pero de naturaleza aleatoria: oímos reportes de que habían robado a punta de pistola su reloj de oro a un empleado de la embajada en un restaurante local en nuestro barrio, o que habían robado la bolsa a una señora que iba empujando el carrito de su bebé.

No obstante también había muchas cosas maravillosas acerca de vivir en México. Nos gustaba especialmente la comida en las calles de la ciudad: tacos de canasta, tlacoyos, elote (maíz dulce en un vaso de plástico con mantequilla derretida por encima con un poco de mayonesa y chile en polvo); pero lo mejor de todo eran los camotes (boniatos) de un vendedor que pasaba cada semana al atardecer empujando su viejo y chirriante carrito de metal.

El tipo parecía que hubiera estado trabajando todo el día al sol, con la cara bronceada y cubierta de sudor debido a que empujaba su horno de leña por las calles. La presión del humo y el calor del fuego hacían sonar un silbato de vapor, como si fuera una pequeña locomotora de una película del oeste. Se podía oír ese sonido a varias manzanas de distancia, incluso si estabas dentro de la casa. Uno de mis hijos gritaba: «¡Papi, el hombre del camote!».

Nos poníamos los zapatos y salíamos corriendo. A veces el hombre del camote se había ido, desapareciendo entre las sombras por las calles laterales antes de hacer sonar otra vez su silbido, dirigiendo nuestra carrera. Cuando llegábamos hasta donde él estaba, abría un cajón lleno de grandes boniatos rostizados sobre la leña, y dejaba que mis hijos escogieran los que mejor lucían, después los abría a lo largo, rociaba leche condensada por encima y añadía un puñado grande de canela y azúcar, un platillo que costaba solo veinticinco pesos.

Incluso en esos dulces momentos, por mucho que intentara no mostrarlo ante mis hijos, estaba nervioso. Los niños eran siempre los más vulnerables al secuestro, e incluso teníamos un vecino, un «millonario hecho a sí mismo», que llevaba a su hija a la escuela en helicóptero privado cada día de la semana.

No era extraño ver los últimos modelos de Ferrari y Porsche recorriendo las calles de nuestro barrio, aunque cualquier cosa ostentosa y excesiva en la capital olía a conexión con el narcotráfico. Se calculaba que había cuarenta mil millones de dólares en dinero de la droga en la economía del país y tenía que chorrear hacia algún lugar.

Yo recordaba constantemente un comentario que había oído de un periodista local en el DF: «Todo va bien en México hasta que *de repente* ya no va bien». La expresión lo englobaba todo con una simplicidad escalofriante. «Estás viviendo tu vida felizmente hasta que un día estás muerto».

**EL NOMBRE DEL CHAPO** finalmente se había vuelto familiar en Estados Unidos, designado Enemigo Público Número Uno por la Comisión del Crimen de Chicago, el primer proscrito en ganarse ese título desde Al Capone. Y aunque yo me alegraba de que esa etiqueta atrajera mayor atención hacia el nombre de Guzmán y su actividad criminal, desde el punto de vista investigativo hacía muy poco para ayudar con su captura.

En mi escritorio de la embajada me pasaba un día tras otro clasificando información sobre Guzmán, diseccionando cada viejo archivo sobre el que podía poner mis manos. Las pistas más nuevas eran las que provenían de páginas de cuadernos, libros de contabilidad, tarjetas de visita e incluso la basura que quedó atrás en la mansión después de la redada en Cabo San Lucas. Era un análisis extenuante, el tipo de trabajo que la mayoría de agentes de la DEA despreciaban, pero yo pensaba que incluso la más mínima variación de un apodo o del suscriptor de un teléfono era muy valiosa y, cuando encontraba algo, tenía el efecto de una ráfaga de adrenalina.

*Aprovechar. Aprovechar. Aprovechar.*

Mi vida se convirtió poco después en una borrosidad interminable de dígitos. Me había obsesionado con los números, y constantemente memorizaba cualquier número telefónico, cualquier BlackBerry o número de PIN que pudiera encontrar. No podía recordar la fecha de cumpleaños de mi abuela, pero tenía el número de teléfono del piloto del Chapo en la punta de la lengua. Los otros agentes del grupo preguntaban por qué yo siempre estaba inmerso analizando números telefónicos y de PIN.

Los números, a diferencia de las personas, nunca mienten.

---

**EL CHAPO Y PICUDO** no solo dejaron restos a sus espaldas en Cabo San Lucas, también emprendieron la huida tan rápidamente que el Chapo nunca tuvo tiempo para agarrar su mochila ya preparada que contenía su chaleco blindado color verde, un rifle negro AR-15 equipado con lanzador de granadas y seis granadas de mano.

Diego y yo confirmamos que Guzmán incluso se había hecho una herida con una valla, dejando restos de sangre, pero ahora estaba descansando cómodamente al otro lado del Mar de Cortés en Sinaloa. Para el Chapo, aquella ocasión fue lo más cerca que había estado nunca de ser capturado desde su fuga de la penitenciaría de Puente Grande. Yo sabía que él se volvía complaciente si sentía que podía pasar tiempo en una ciudad turística tan popular, especialmente una que estaba repleta de turistas extranjeros. Y estaba claro que no estaba escoltado por cientos de guardaespaldas que conducían flotas de todoterrenos blindados negros con las ventanas tintadas, como algunas personas habían afirmado. Era información que todo el mundo seguía creyendo, incluso la comunidad de la inteligencia estadounidense en México.

De vez en cuando compartía mis descubrimientos con el equipo de la Policía Federal mexicana que había seguido los rastros tras la redada de febrero en Cabo, y la PF me daba cualquier información por pequeña que fuera que ellos habían recopilado. Yo terminaba divulgando mucha más información de la que recibía, pero razonaba que *algo* de la inteligencia mexicana era mejor que nada.

Después regresaba a sumergirme en los números telefónicos activos de los pilotos, familiares o novias del Chapo, muchas veces sin levantar nunca la cabeza de la pantalla de mi computadora hasta que otro agente hacía un comentario sarcástico.

«¿Por qué desperdicias tu tiempo, Hogan? ¿Cuál es el desenlace? Los mexicanos nunca agarrarán al Chapo».

Incluso mis jefes eran escépticos cuando miraban las inmensas hojas de esquemas que yo había pegado a la pared, que vinculaban incautaciones de varias toneladas de cocaína en Ecuador directamente con los lugartenientes del Chapo.

—¿Cuándo? ¿Cuándo? —gritaba a menudo mi jefe al pasar al lado de mi escritorio, demandando saber cuándo, si es que lo haría, iba a mostrarle algo a cambio de todo ese esfuerzo.

—Paciencia, jefe, paciencia —le decía yo.

CADA NOCHE CUANDO ME iba de la embajada, mi mente no dejaba de dar vueltas. El DF era un hervidero constante de vehículos y viandantes, y yo sabía que en cualquier hora del día y o de la noche alguien podría estar observándome.

O peor aún, intentando seguirme.

Un día me dirigía a casa al anochecer, alejándome en auto de la embajada por las calles laterales en mi Tahoe. Cuando hice el primer giro a la derecha, grabé en mi mente los vehículos que tenía detrás y que hacían lo mismo.

*Chevy Malibú azul. Nissan Sentra blanco.*

Giré a la izquierda tras el siguiente semáforo y el Sentra blanco hizo lo mismo. En mi retrovisor pude divisar las pronunciadas mejillas, los ojos oscuros y la ancha frente del conductor.

¿Era el mismo tipo de la cicatriz en la mejilla de aquella calurosa tarde cuando dejamos dinero en Plaza Satélite? Sin duda, se parecía a él...

Yo no podía estar seguro, pero pisé el acelerador; otro giro a la izquierda y después rápidamente a la derecha, para asegurarme de librarme del Nissan.

Pero me sentía relativamente seguro en mi Chevy Tahoe, con sus cristales antibala de dos pulgadas de espesor. Era tan pesado por ese blindaje de nivel 3 que tan solo pisar ligeramente el pedal del acelerador lo hacía sonar como si fuera a una velocidad de 85 millas (135 kilómetros) por hora. Un agente de la DEA experimentado en la embajada decía, con su fuerte acento del oeste de Texas: «Esos cachorros corren como monos escaldados». La vigilancia por la gente del Chapo sería casi imposible por mi modo de conducir; después de solo un mes en el país me conocía todos los atajos hasta llegar a mi casa, por lo que regularmente cambiaba mi ruta para ir y volver del trabajo.

**ERA UNA TARDE ABRASADORA** en agosto de 2012 y Tom Greene, un agente de mi grupo, trabajando en la OTG de Beltrán-Leyva, estaba agitado y miraba constantemente su BlackBerry.

«Es extraño que él no responda», me dijo Tom.

Greene acababa de regresar de reunirse con su informante, el Potrillo, un joven de veintiséis años muy fornido y con una cara larga y delgada, de las afueras de Ciudad de México. Tom y Potrillo se habían reunido unos minutos antes en una pequeña cafetería-librería llamada El Tiempo, a una manzana de la embajada en el barrio de la Zona Rosa.

«Le he enviado una tonelada de mensajes —dijo Greene—. El chico siempre responde».

No parecía ser gran cosa, de modo que Tom y yo nos fuimos a almorzar en la cafetería de la embajada. Mientras estábamos en la fila con nuestras bandejas, escuchamos a uno de los cajeros hablando en español. «¿Te enteraste? Es horrible. Ha habido una balacera en la Zona Rosa».

Al oeste del centro histórico de Ciudad de México, la Zona Rosa era un lugar perfecto para una reunión con un informante confidencial, porque era uno de los barrios más ajetreados y vibrantes de la capital, lleno de clubes nocturnos, antros y bares gay. Tras reunirse con el Potrillo, Greene había visto a un par de tipos sospechosos en la calle, uno en un auto y otro caminando lentamente por la banqueta, pero no le dio mucha importancia. Su informante siguió el protocolo, esperando para salir de El Tiempo mucho después de que Greene se hubiera ido.

El Potrillo había dado tan solo unos pasos por la ajetreada banqueta cuando una motocicleta se situó a su lado. En ella iban dos varones con cascos negros que cubrían totalmente sus caras. El que iba detrás se bajó de la Yamaha, caminó tranquilamente detrás del Potrillo y le disparó en la nuca seis veces. Cinco de las balas habían sido superfluas; probablemente el Potrillo tuviera muerte cerebral cuando cayó al piso. El asesino saltó a la parte trasera de la motocicleta y se alejaron a toda velocidad. Los asesinos habían utilizado la técnica clásica de los sicarios, importada a la capital mexicana por brigadas asesinas colombianas.

Yo pasé por ese punto caminando un par de días después y aún se podían ver en la banqueta las manchas de sangre, que ahora tenían color de vino seco.

La investigación policial no llegó a ninguna parte; ninguno de los testigos quiso cooperar. La Yamaha de los asesinos no tenía placas de matrícula. De hecho, los policías locales no notaron ninguna evidencia aparte de la hora y el lugar de la balacera. Aquello se convirtió rápidamente en otra estadística: uno de los cientos de miles de homicidios relacionados con la droga que siguen sin ser examinados y sin resolver.

**DESPUÉS QUE GREENE SE** sobrepuso a algunos días de trauma en la oficina de la DEA, descubrí que la vida, por raro que parezca, regresó a la normalidad. La ejecución del Potrillo fue otro momento de pesadilla que Ciudad de México arrojaba diariamente, como las nubes de humo que cubrían la metrópolis; y, sin embargo, otro recordatorio constante de que también a mí podían dispararme a bocajarro en la nuca en cualquier momento, si no me mantenía hipervigilante.

Si alguna cosa se filtraba a las personas equivocadas (narcos, policías corruptos o incluso algún civil codicioso que buscara un pago), si alguien llegara a enterarse de quién era realmente mi objetivo en el trabajo que había estado haciendo por más de seis años, no sería un informante que se desangra en las calles de la Zona Rosa; yo sería otro Kiki Camarena.

Varias semanas después, dos empleados de la CIA iban conduciendo hacia unas instalaciones militares en las afueras de la ciudad en un Chevy Tahoe con placas diplomáticas, un vehículo blindado idéntico al mío, cuando cayeron en una emboscada tendida por dos vehículos cargados de pistoleros. El Tahoe fue acribillado por más de cien balas de ametralladora. Los malos, y resultó que eran policías federales mexicanos corruptos, abrieron fuego en una sucesión tan rápida que las balas traspasaron el blindaje, hiriendo a dos empleados de la CIA en el interior. Pero a diferencia del agente especial Zapata, sobrevivieron; siguieron adelante a paso de tortuga casi únicamente con el armazón de metal hasta que no pudieron más.

Yo estudié las fotografías: ese Tahoe parecía que acababa de salir de una balacera en la ciudad de Faluyah.

Salí de la oficina esa misma noche y abrí la puerta de mi Tahoe, con un tic en mi ojo izquierdo, y sentí un escalofrío a pesar del calor del verano, sabiendo que yo, o cualquier otro agente de la DEA en la embajada, podría ser el siguiente objetivo de un asesino.

# SIN PLACAS

**ÉL NO ERA DIEGO.** Pero entonces, ¿quién era yo? El agente especial Brady Fallon, de Investigaciones de Seguridad Interior, aportaba sus destacadas habilidades a la mesa y mi colaboración con él era casi tan inverosímil como la que había formado con Diego. No étnicamente, pues los dos éramos estadounidenses de origen irlandés; Brady había nacido en Baltimore, había estudiado comercio en una universidad en el extranjero y entró en el FBI inmediatamente después de los ataques terroristas del 11 de septiembre. Lo que hacía tan distinguida nuestra relación era que los agentes de la Brigada Antidroga y los del HSI por lo general se *detestaban* mutuamente.

A nivel ejecutivo, en Washington, DC, la comunicación entre las agencias se hacía por correo postal; los agentes ni siquiera levantaban el teléfono para hablar unos con otros. Había existido una enemistad profundamente asentada incluso antes de que la Oficina de Seguridad Interior, que se estableció tras el

11 de septiembre, se convirtiera en el Departamento de Seguridad Interior a nivel de gabinete ministerial, el 25 de noviembre de 2002. Se parecía mucho a la disfunción entre el FBI y la CIA: la competición y un deseo de crédito personal se anteponían a la cooperación y al sentido común.

Los agentes especiales de la DEA y del HSI normalmente se metían en competencias territoriales tontas e inmaduras... Y a eso podría añadirse un fiscal auxiliar estadounidense con hambre de titulares que, con un caso potencial como este —para arrestar y acusar al narcotraficante más buscado del mundo—, haría derrumbar la investigación en cuestión de semanas. Precisamente esa era la razón por la cual nadie había fijado su atención en el Chapo en los doce años que habían transcurrido desde su fuga de la cárcel.

Mi relación con Brady comenzó en abril de 2013, con lo que yo pensaba que sería otra rutina para evitar conflicto entre investigaciones; solo otra oficina de la DEA u otra agencia federal estadounidense que estuviera investigando los mismos PIN de BlackBerry que yo investigaba. Llamé al agente cuyo nombre apareció en mi pantalla: Brady Fallon, HSI, Oficina de Campo de El Paso.

—Entonces dime, tu hombre «06», ¿también se llama «Sixto»? Y a tu «81», ¿alguna vez le ha llamado alguien «Araña»? —le pregunté.

Podía imaginar lo que estaría pensando Brady: *Genial; otro vaquero de la DEA que quiere inmiscuirse y remover todo nuestro caso...*

Pude oír una voz contenida mientras Brady gritaba a algunos de sus compañeros de Seguridad Interior en un segundo plano, para después regresar al teléfono y decir:

—Sí, los tenemos refiriéndose a ellos con esos nombres. Araña aparece y también Sixto. ¿Por qué?

—Escucha —le dije—. No sé si ustedes allí se dan cuenta, pero están sentados sobre dos de los pilotos de más confianza del Chapo Guzmán.

Brady y yo no solo estábamos enfocándonos en los mismos PIN —en cuanto a Sixto y Araña—, sino que también había otro PIN que yo había descubierto mientras armaba el rompecabezas de las lanchas motoras que llevaban toneladas de cocaína de contrabando desde la costa de Ecuador, dirigidas a la costa occidental de México. Brady tenía el nombre de usuario de ese PIN enumerado como «Ofis-5», y dijo que la persona que estaba al otro lado de ese dispositivo giraba grandes órdenes a traficantes en Guatemala, Colombia y Ecuador. Y los receptores siempre respondían al mensaje con las palabras «Saludos al *generente*».

—A veces esos tipos también dirigen sus mensajes a «El Señor» —dijo Brady.

—Sí, El Señor —repetí yo.

Ese nivel de respeto casi con toda seguridad significaba que era una referencia al Chapo.

Al trabajar a lo largo de la frontera de Texas al otro lado de Ciudad Juárez, una zona de guerra de narcos y la ciudad con la mayor tasa de asesinatos del mundo, Brady ya había tenido su parte de tratos desagradables con agentes de la DEA.

En cierto momento, él había invitado a un agente de la DEA de la oficina de El Paso (Texas) para ayudar con su caso; le dijeron que el único modo en que la DEA iba a ayudar era si ellos podían dirigir la investigación. Brady no iba a permitir que eso sucediera, por lo que cerró la puerta de un golpazo; así que seguía siendo escéptico.

—¿Cómo sé que no vas a salir corriendo con toda mi información? —preguntó Brady.

Yo entendía su preocupación.

—Aún no me conoces, pero me enorgullece saber todo lo que hay que saber sobre mis objetivos y compartirlo con hombres que quieran subirse a bordo para trabajar juntos.

Yo había estudiado detalladamente el fracaso sistémico de la inteligencia compartida entre el FBI y la CIA, la catastrófica disfunción entre agencias en el periodo anterior al 11 de septiembre, y me había prometido a mí mismo que nunca retendría información a otra agencia federal si eso hacía avanzar la investigación. Había aprendido desde temprano, en los tiempos en el Cuerpo Especial con Diego, que las fuertes relaciones que forjé durante mi carrera fueron las que me ayudaron a tener éxito en cada caso que dirigí. Nadie podía llegar y decirme que sabía más de lo que yo sabía porque, francamente, nunca cavaban con bastante profundidad. No era arrogancia, solamente era mi método exhaustivo de investigación.

Tras establecer el tono con Brady, comencé inmediatamente a darle toda la información que yo tenía sobre los dos pilotos, Sixto y Araña, y cómo Ofis-5 estaba conectada con incautaciones en el sur vinculadas directamente con el Chapo.

—Esta mierda podría ser una mina de oro —dijo Brady.

**POCO DESPUÉS, BRADY Y** yo hablábamos por teléfono dos veces por semana, comparando notas, números telefónicos y escuchas de Ofis-5.

Nos reíamos de las historias disparatadas que llenaban los archivos de inteligencia de las diversas agencias del gobierno. El Chapo nunca se hizo la cirugía estética para ocultarse; no se escondía en Buenos Aires; no estaba viviendo una vida de lujos en la jungla de Venezuela, ni bebiendo té y hablando de política con Hugo Chávez. Nadie en la sopa de siglas del gobierno estadounidense (DEA, HSI, FBI, ATF o CIA) se había molestado en examinar concienzudamente todas las historias para diferenciar cuáles eran hechos y cuáles eran fábulas. No había ninguna coordinación a la hora de enfocar esfuerzos, por lo que todos comenzaron lentamente a creer todos esos mitos, a repetirlos y a escribirlos tantas veces que llegaron a ser considerados como el evangelio.

Con el tiempo, puse al día a Brady del éxito que Diego y yo habíamos tenido en Phoenix, hasta dónde habíamos llegado en nuestra investigación del Equipo América, y la operación fallida en Cabo. Le envié una fotografía del Chapo, flanqueado por tres mujeres y aparentemente mostrando una buena salud.

Diego me había enviado la foto después de que se encontrara en un BlackBerry abandonado que se incautó en la mansión de Cabo. Era la fotografía más actual que tenían los gobiernos estadounidense y mexicano del narco fugitivo más buscado del mundo, y el público no la había visto nunca.

Desde dentro de la embajada comencé a rastrear por GPS (o sistema de posicionamiento global) a Ofis-5.

*Boom.*

En segundos, había localizado el dispositivo en Durango, al este de Sinaloa. No podía creer que Guzmán estuviera otra vez merodeando en medio de una ciudad ajetreada, pero ¿quién sabía? Con el Chapo cualquier cosa era posible.

Le expliqué a Brady el modo en que el Chapo había reestructurado su red de comunicaciones después de regresar con seguridad a Sinaloa desde Baja.

—Ese dispositivo Ofis-5 probablemente sea un espejo —le dije—. Abreviatura de *oficina*.

—*Oficinas* —dijo Brady—. Tiene sentido. Están funcionando como oficinas.

—Exactamente; el Chapo se refería con frecuencia a sus ubicaciones espejo como oficinas.

Sonaban grandilocuentes, pero Brady y yo nos enteramos después de que en realidad eran tan solo apartamentos comunes, de mala muerte, donde el trabajador de la «oficina» tecleaba con los pulgares miles de mensajes, sin ver nunca la luz del día y sobreviviendo con una cazuela de frijoles refritos y ocasionalmente una hamburguesa de Burger King. Durante dieciséis horas al día, el espejo derivaba todas las comunicaciones y las enviaba a los receptores adecuados: actuaban como un conmutador telefónico para el cártel y también servían para limitar la comunicación directa del Chapo con cualquiera.

—Entonces, ¿crees que él se sigue protegiendo? —preguntó Brady.

—Sí, se sigue protegiendo bien. Ahora es cuestión de cuántas capas hay entre él y nosotros. Por ahora, estas oficinas son nuestra clave.

Me recordó el «pasear y hablar» de la mafia estadounidense de la vieja escuela: aislar y proteger al jefe siempre de la comunicación directa.

Y entonces regresé a mi trabajo, abriendo un mapa nuevo de México de Google en mi MacBook y situando mi primer marcador rojo en las coordenadas de Ofis-5 en Durango.

———

**LA TARDE DEL 4** de abril, Brady y yo supimos mediante un agente de la DEA en Nueva York que trabajaba con una fuente confidencial, que el Chapo iba a celebrar su cincuenta y seis cumpleaños, rodeado de amigos y familiares, en un rancho ubicado en su lugar de nacimiento, en La Tuna, la hacienda situada a gran altitud en la Sierra Madre en el estado de Sinaloa. ¡Feliz cumple! No dejaban de llegar mensajes de felicitación para El Señor. Era la primera vez que sabíamos dónde estaba ubicado el Chapo desde que había huido de Cabo.

Pero no podíamos actuar según la información.

«Es demasiado temprano, y demasiado arriesgado en este momento, organizar una operación de captura, y ni siquiera sé en quién podríamos confiar de nuestros homólogos mexicanos», dije.

Numerosas veces se había intentado con el mismo escenario y había sido un fracaso. Durante años, agentes de la DEA que trabajaban con sus policías homólogos mexicanos actuaron según información viable derivada de fuentes confidenciales que reportaban dónde estaba el Chapo. A veces era una gran fiesta en las montañas y en otras ocasiones era una pequeña reunión a puerta cerrada en el rancho de algún lugarteniente de confianza.

Yo había estudiado el historial: las operaciones de captura eran siempre apresuradas y reactivas. Los agentes de la DEA normalmente tenían noticias con uno o dos días de antelación, agarraban al primer homólogo mexicano dispuesto a poner en riesgo a su unidad, y montaban una rápida operación de captura. Invariablemente, el Chapo se enteraba de la jugada con un día u horas de antelación y desaparecía.

Nadie sabía de dónde provenían las filtraciones de la información, pero el Chapo siempre se enteraba de antemano de esos movimientos. Cada vez que los mexicanos llegaban con las manos vacías, la DEA culpaba a la corrupción sistémica y regresaba a casa con el rabo entre las piernas. Nunca había ninguna operación persistente y sostenida que seguir, porque nadie había empleado el tiempo ni había hecho el trabajo de ver el cuadro general, de saber de dónde había llegado el Chapo y mucho menos de saber dónde se dirigía a continuación.

Hasta este punto, todo había sido como una tirada de dados, algo peligroso e improvisado, y con cada fracaso aumentaba la reputación de intocable del Chapo.

—Y además de ti —dijo Brady—, ¿quién lo tiene como objetivo?

Yo sabía la respuesta a esa pregunta, pero dejé que el silencio en la línea hiciera su efecto.

—Nadie.

—¿Acaso me estás tomando el pelo?

—No estoy bromeando —me reí—. Solo yo.

—Increíble —dijo Brady.

—Hay muchas oficinas de la DEA que apuntan al escalón superior del Cártel de Sinaloa. Todos están intentando trabajar desde un ángulo para entrar en el círculo íntimo del Chapo. Yo estoy trabajando con todos ellos. Está claro que cada uno tiene una pieza del rompecabezas, pero aún no están lo bastante cerca. Tú y yo, somos nosotros, tío. Si alguien tiene una oportunidad de atrapar al Chapo, somos nosotros.

Brady y yo sabíamos que los avances potenciales estarían enterrados en esas hojas de esquemas, en esos mensajes.

—Tenemos que seguir profundizando —le dije.

—Es fácil tener como objetivo a un traficante —dijo Brady—, pero parece que eso no va a funcionar con el Chapo.

—No —dije yo—. Nunca ha funcionado. Necesitamos aprovechar todo su círculo íntimo. Lugartenientes, policías, mensajeros, pilotos, abogados y contadores. Sus hijos, sobrinos, primos, esposas, novias. Incluso su cocinero y sus muchachas de servicio.

La estrategia clave de investigación sería aprovechar simultáneamente *múltiples* caminos conducentes hacia el Señor. Si una línea fallaba, tendríamos varias opciones de respaldo que nos permitirían girar sin perder el impulso.

—El Chapo ha estado un paso por delante desde que se fugó de Puente Grande —dije yo—. Entiende quién le está cazando; entiende *cómo* operamos. Este tipo no es ningún tonto. Siempre se protege las espaldas.

Por años, el Chapo había sido más listo que algunos de los mejores agentes a ambos lados de la frontera, pero en Brady Fallon tuve la sensación de que tenía a un agente federal colega que compartía mi convicción y mi determinación. Esperaba que juntos pudiéramos tener lo necesario para aventajar al Chapo en su propio juego.

**EN MENOS DE UN** mes, el equipo de Brady del HSI en El Paso estaba interceptando otros dos dispositivos BlackBerry de *oficina* que habíamos identificado.

Brady y yo determinamos que cada oficina estaba en comunicación con entre cinco y diez miembros del círculo íntimo del Chapo, y cada oficina era responsable de enviar las órdenes del Chapo a sus contactos designados.

En una pizarra blanca, en la embajada, tracé una línea por cada oficina que tenía la tarea de comunicar órdenes desde lo más alto hasta los operadores principales del cártel: la fuerza laboral íntima del Chapo, y los hombres que representaban su autoridad en México y en los países de América Central y del Sur:

*Oficina-1* — Tocallo
*Oficina-3* — Lic-F, Lic Oro
*Oficina-5* — Chuy, Pepe, Fresa, Turbo

Por primera vez, Brady y yo estábamos mirando por un agujero en el mundo íntimo del Chapo, siendo testigos directos del volumen de actividad que discurría de algún modo, por medio de todos los espejos, desde los dispositivos de las oficinas hasta el Chapo.

Brady y su equipo ya habían realizado muchísimos trabajos preliminares durante el curso de varios meses, y estaban muy versados en varios de los jugadores clave:

Chuy era un operador con base en Guatemala que coordinaba grandes cargas de cocaína provenientes de Colombia y Venezuela. Trabajaba con pilotos del Chapo, como Sixto, para introducir las cargas por la frontera sureña hasta México.

Pepe trabajaba en la fuente de la cadena de suministro de la coca, en lo profundo de las junglas de Colombia, intentando asegurar miles de kilos de pasta base de cocaína, que después sería enviada al norte en lanchas motoras situadas en la costa cerca de la frontera entre Colombia y Ecuador. En las hojas de esquemas era evidente que Pepe era un trabajador duro y fiable; siempre le proporcionaba al Señor actualizaciones de su progreso, un espejo mediante la oficina-5.

Fresa era el operador jefe con base en Ecuador que tenía la responsabilidad de encontrar pistas de aterrizaje clandestinas en zonas rurales para así poder recibir cargas de pasta base de cocaína, para ser después sacadas del país en aviones privados. Brady y yo podíamos ver que Fresa no estaba cerca de ser tan fiable como Pepe.

—Este tipo, Fresa, en Ecuador se queja constantemente de que no le pagan —dijo Brady.

—Sí, ya lo veo. Y el *generente* no está muy impresionado con su trabajo. Fresa será mejor que esté a la altura.

Cabrear al gerente del cártel de la droga más grande del mundo por lo general no terminaba tan solo con una reprimenda verbal.

¿TOCALLO? HASTA ALTAS HORAS de la noche yo seguía examinando a fondo los esquemas de la oficina-1. Sin embargo, no dejaba de ver esa palabra cuando revisaba uno por uno todos los dispositivos de las oficinas.

La primera vez que oí la palabra *tocayo* fue años atrás a Diego, durante nuestro tiempo en el Cuerpo Especial, en Phoenix. En muchas familias mexicanas, me informó Diego, tocayo —que con frecuencia se deletreaba mal como tocallo—, era un modo afectivo de referirse a alguien que tiene tu mismo nombre.

—Tocallo en la oficina-1 —le dije a Brady—. Apostaría cualquier cosa a que este Tocallo va a resultar ser Iván.

—¿Iván? —preguntó Brady.

—Sí, Iván Archivaldo Guzmán Salazar.

—Su hijo... lo recuerdo.

—Se puede saber tan solo por el modo en que hablan. Hay un nivel de respeto que se tienen mutuamente; y es la primera oficina que se enumera. ¿Por qué no designaría el Chapo que la primera oficina fuera la de su hijo número uno?

—¿Qué tienes acerca de él?

—Se sabe que Iván mueve hierba por toneladas desde Sinaloa, atravesando Sonora y después hasta Tijuana y Nogales. El

Chapo e Iván comparten el mismo segundo nombre: Archivaldo. Son tocayos. *Tocallo*. No puede ser una coincidencia —dije—, tiene que ser Iván.

Iván era uno de los hijos del Chapo con su primera esposa, María Alejandrina Salazar Hernández. Nacido en 1983 y llamado con frecuencia «Chapito», después de que fuera asesinado Edgar, Iván finalmente pasó a ser el heredero del Chapo. Ahora era su hijo de más confianza. Iván y su hermano menor, Jesús Alfredo Guzmán Salazar, pasaron la mayor parte de sus primeros años entre Culiacán y Guadalajara, llevando la vida de los principales narcos jóvenes: haciendo fiestas espléndidas y conduciendo autos deportivos europeos que no se veían con frecuencia. Ahora, Iván y Alfredo dirigían sus propias OTG casi autónomas y ayudaban a su padre en cualquier cosa que él necesitara. Alfredo y el Chapo fueron acusados federalmente juntos, en Chicago, en 2009 con cargos de conspiración para el narcotráfico y blanqueo de dinero.

Mientras que su padre intentaba mantener un perfil bajo, Iván y Alfredo parecían no tener límites como narcos, comprando los autos más exclusivos del mundo, como Lamborghini, Ferrari, Shelby Mustang, e incluso un raro Mercedes-Benz SLR McLaren con puertas batientes que fue importado de Inglaterra y podía pasar de cero a sesenta en 3,4 segundos, todos ellos ordenados en Estados Unidos y Europa por medio de testaferros (encubridores). También compraron aviones privados, aunque nunca pagaban el precio completo; al igual que su padre, los hijos siempre regateaban para conseguir el mejor trato. Vestían relojes suizos muy grandes, llevaban pistolas enjoyadas e incluso tenían gatos salvajes Savannah, importados de África, como sus mascotas en Culiacán.

**LOS MENSAJES SEGUÍAN LLEGANDO** a la oficina del HSI en El Paso.

«Estos tipos no paran nunca —dijo Brady—. Mis traductores apenas pueden seguirles el paso a los esquemas».

Cada día en México yo recibía un envío nuevo de los últimos esquemas y pasaba el día entero leyéndolos y releyéndolos, intentando descifrar aunque solo fuera un rayo de luz de las comunicaciones globales del Chapo sobre drogas. Con toda la rápida actividad de las cargas de cocaína que se movían en el norte de país a país era fácil distraerse, pero ahora que tenía acceso a las «cuotas» (registros detallados de llamadas) de múltiples dispositivos de las oficinas, podía hacer lo que había aprendido a hacer mejor.

*Tenemos que subir por la escalera*, me decía a mí mismo. *Aprovechar...*

Si los dispositivos de las oficinas eran todos espejos, entonces, ¿quién estaba por encima de ellos?

Realicé un rápido reporte de frecuencia sobre las oficinas, que proporcionó el PIN más común en contacto con cada una de ellas y noté rápidamente un hilo común. Sabía por todos mis años analizando números, que el PIN que está en contacto más frecuente con el objetivo conduciría probablemente al jefe. En usuarios comunes de teléfono, por lo general sería un cónyuge, otra persona importante o un padre o una madre, pero en el mercado de la droga el PIN de contacto más frecuente era invariablemente el que daba las órdenes: el jefe. Cien, doscientos e incluso trescientos mensajes eran enviados diariamente a ese PIN más frecuente.

## 26B8473D

Tomé ese PIN de contacto más frecuente y lo localicé.

Si de veras era el PIN personal del Chapo, tendría una idea bastante aproximada basándome en la localización. Los resultados llegaron en segundos.

Justo en el corazón de Ciudad de Durango, la capital del estado de Durango, una vez más.

—Mierda —le dije a Brady—. Parece otro espejo.

El nombre de usuario del PIN era «Telcel». Brady y yo apodamos a esta siguiente capa como «Segundo-Nivel».

—Ustedes allí están investigando el Segundo-Nivel, ¿cierto? —le pregunté a Brady.

—Sí, vamos un paso por delante de ti —dijo Brady—. Ya tengo a mis muchachos en ello. ¿Has leído lo que ha estado llegando últimamente sobre la oficina-3?

—Lo acabo de examinar esta mañana —le respondí.

En los esquemas vi que la oficina-3 estaba en contacto frecuente con todos los «Lics» en la organización. Lic era la abreviatura de *licenciado*.

Yo sabía por mi trabajo con Diego, en Phoenix, que licenciado podía referirse a cualquiera que tuviera estudios de posgrado: ingenieros, psicólogos o arquitectos. Pero en el uso común mexicano, un licenciado era por lo general un abogado o alguien que tuviera cualquier educación superior. Nadie podía estar seguro, pero uno de los consejeros principales en los esquemas tenía el nombre de Lic Oro.

Filtrando los mensajes por la oficina-3 y después hasta el Lic Oro, el Señor preguntaba por el estado de varios casos en los tribunales que implicaban a pesos pesados del Cártel de Sinaloa que habían sido arrestados recientemente.

Uno de los casos legales más apremiantes implicaba a un Lic Oro a quien se hacía referencia como el «Suegro».

Yo seguí leyendo detenidamente esos esquemas, viendo referencias al caso que implicaba al Suegro.

Al ir conduciendo a casa desde la embajada aquella noche, recordé una barbacoa familiar en los suburbios de Phoenix, en el que Diego me había presentado al padre de su esposa, utilizando ese título: «mi suegro». Y durante la operación Equipo América, supe que Carlos Torres-Ramos y el Chapo eran consuegros...

Y entonces, repentinamente entendí que ese Suegro solo podría ser un hombre: Inés Coronel Barreras, el padre de Emma Coronel Aispuro, la joven y bella esposa del Chapo.

Emma era en realidad ciudadana estadounidense, pues nació en California en 1989, y se había criado en una remota aldea de Durango llamada La Angostura. Se había casado con Guzmán cuando tenía solo dieciocho años y el Chapo tenía más de cincuenta. Brady y yo conocíamos bien su historia: ella llamó la atención del Chapo tras ganar un concurso de belleza en la Gran Feria del Café y la Guayaba; su padre era un ranchero de ganado y un peso pesado dentro del Cártel de Sinaloa. De hecho, el 30 de abril, Inés Coronel Barreras fue arrestado por la Policía Federal mexicana en la frontera estadounidense, en Agua Prieta (Sonora), por dirigir una célula de distribución de tráfico de mariguana y cocaína responsable de pasar de contrabando grandes cantidades a Arizona.

*Tocallo*: el mismo nombre.

Tenía que ser Iván.

*El Suegro.*

Tenía que ser Inés.

A pesar de lo cuidadoso que era el sistema protector de las comunicaciones, los alias y los apodos eran indicadores claros.

Los nombres dejaban pocas dudas: Brady y yo estábamos casi seguros de quién era el Señor, el hombre en lo más alto de esa cadena en el BlackBerry. El jefe que daba las órdenes mediante los espejos, por muchas capas de ellos que hubiera —que aún no estábamos seguros de cuántas—, tenía que ser el Chapo Guzmán mismo.

Cuando llegué a mi apartamento en Condesa aquella noche, me serví un trago doble de bourbon con hielo, me desplomé en mi sillón de la sala, y saqué de mi bolsillo mi BlackBerry para escribirle un mensaje a Brady.

Iván – Tocallo.

Inés – El Suegro.

La red se estaba estrechando: un hilo de nombres hispanos nos estaba acercando al Señor.

Yo sabía que la escritura normal de texto no era segura en las torres celulares mexicanas, así que tecleé un mensaje a Brady por WhatsApp.

«Ahora tenemos impulso —escribí—. Tocallo. El Suegro. Nos estamos moviendo. Pero tenemos que reunirnos. ¿En cuánto tiempo puedes venir aquí?».

———

**LA TELECONFERENCIA Y EL** texto durante tres meses solo podía lograr ciertas cosas, no muchas.

Teníamos que vernos cara a cara.

Menos de una semana después, me reuní con Brady en el aeropuerto de Ciudad de México, justamente en la terminal 2, no más lejos de 50 pies (15 metros) de distancia de la zona para comer donde se habían producido los asesinatos por fuego amigo de la Policía Federal.

Lo reconocí inmediatamente: medía cinco-diez (1,77 metros), llevaba la cabeza rasurada, vestía una chaqueta color gris oscuro y usaba lentes Ray-Ban reposando en su frente. Caminaba hacia mí con una expresión de enojo, aunque resultó que no lo estaba en lo más mínimo. Mantuvimos la mirada durante un tiempo, mirándonos el uno al otro no como agentes especiales de agencias rivales del gobierno federal estadounidense, sino como *hombres* con una visión compartida por nuestra investigación.

—Sin placas de identificación —dije yo.

Brady asintió.

—Sin placas.

Sellamos el trato con un apretón de manos, acercándonos mutuamente con un potente abrazo pecho contra pecho.

# MÁXIMO NIVEL

**EN EL VERANO DE** 2013 yo llevaba la dirección en México de todas las oficinas de la DEA que tenían como objetivo el Cártel de Sinaloa, coordinando con otros agentes de la DEA y procuradores federales en San Diego, Los Ángeles, Chicago, Nueva York y Miami.

A esas alturas entendía mucho mejor la estructura general, en forma de paraguas, del cártel. Puede que el Chapo hubiera sido *el jefe de jefes*, pero había otras OTG casi tan grandes como la organización personal del Chapo que operaban bajo las alas del Cartel de Sinaloa. Después del Chapo, Ismael Zambada García, alias «El Mayo», el colaborador principal del Chapo por mucho tiempo, era el más destacado.

Cualquier traficante que estuviera por debajo del Chapo y de Mayo necesitaba la bendición directa de ellos para trabajar y compartir los recursos dentro de su territorio.

Yo estaba regularmente en contacto telefónico con agentes de la DEA destinados en Canadá, Guatemala, Costa Rica, Panamá,

Colombia y Ecuador, transmitiendo pistas y compartiendo información sobre los movimientos de los incontables envíos de droga del Chapo. Con todo el movimiento de las partes, me di cuenta de que tenía que convocar una reunión de coordinación con todos los agentes distantes que solamente veían un rayo de luz de la inteligencia y las pistas de la investigación.

En agosto de 2013 reuní a todos los agentes en Ciudad de México; había demasiados para caber en la Sala Kiki, así que nos reunimos en el auditorio de la embajada. Cada oficina presentó su caso en PowerPoint y, mientras lo hacían, yo intervenía periódicamente destacando las conexiones que había establecido con otros casos, dándoles a todos en la sala una mayor comprensión de la escala de la investigación.

«Si *no estamos* apuntando al Chapo —dije concluyendo la reunión—, entonces ¿quién diablos es? Somos nosotros, el equipo de élite USG. Aquí mismo en esta sala. Lo único que falta es confianza en nosotros mismos. El Chapo no es ningún súper criminal; es un hombre que pisa el polvo en algún lugar de este mismo país. Que respira el mismo aire que nosotros. Como cualquier otro jefe, el Chapo es vulnerable. Puede ser cazado; pero tenemos que hacer nuestra tarea».

Tras la reunión, yo estaba deseoso de sentarme y conocer a un par de miembros del equipo central de Brady que le habían acompañado a México y habían estado trabajando con rigor desde un segundo plano.

El agente especial Joe Dawson era un tipo corpulento, de unos treinta y tantos años, con cabello liso color pardo lo bastante largo para peinárselo en una cola de caballo, y vestía una camisa gris con botones y una corbata suelta color púrpura que le hacía parecerse a un joven ejecutivo de Silicon Valley. Joe, que trabajaba muy de cerca con Brady, se había hecho cargo de la peor parte en cuanto a escribir declaraciones juradas federales para todos los dispositivos de la oficina y los operadores del cártel que considerábamos dignos de interceptar. Siempre que yo llamaba a El Paso, Joe estaba trabajando hasta altas horas de la noche, sentado solo en su cubículo bajo una pequeña lámpara en su escritorio, al ritmo de Metallica, tecleando y descifrando esquemas conmigo al teléfono. Joe tenía una memoria casi fotográfica y podía recordar al instante las actividades del Chapo después de leerlas una sola vez.

En nuestra reunión dijo:

—¿Ves a este tipo llamado Vago en los esquemas en la oficina-5?

—¿Vago? Sí lo vi.

—Parece que se está preparando para un ajuste de cuentas. ¿Sabes quién es?

—Es otro alias para Cholo Iván.

Yo ya había visto a «Cholo Iván» en nuestras bases de datos de la DEA: su verdadero nombre era Orso Iván Gastelum Cruz. El sicario principal del Chapo y jefe de la plaza en la ciudad norteña de Los Mochis, en el estado de Sinaloa, Cholo Iván era un temido traficante incluso según los estándares de los cárteles de la droga mexicanos.

—¿Y lo viste hablando sobre un tipo llamado Picudo? —le pregunté.

Joe asintió.

Después de que Carlos Adrián Guardado Salcido, alias «El 50», murió en una balacera con una unidad del ejército mexicano en agosto de 2013, Picudo había pasado a convertirse en el principal sicario del Chapo y jefe de la plaza de Culiacán.

—¿Tienes el nombre verdadero de Picudo? —preguntó Joe.

Yo meneé negativamente la cabeza.

—Picudo en México es un apodo para un cabrón, para un tipo que siempre busca pelea. A Picudo también se le llama «El 70». Porque aún está trabajando para obtener su nombre verdadero.

Picudo y Cholo Iván: eran dos de los matones que le dieron al Chapo su dominio sobre la gente de Sinaloa, sicarios por medio de los que Guzmán podía reinar con violencia.

En los días anteriores a mis reuniones con mis colegas de la DEA, Cholo Iván había estado hablando sobre matar a «Los Cochinos» (un grupo de un cártel rival) como venganza por el asesinato del cuñado de Picudo. Cholo Iván dijo que tenían que atacar a Los Cochinos inmediatamente, porque elementos en el gobierno mexicano se estaban alineando con el cártel rival. Por medio del espejo de la oficina-5, Cholo Iván pidió a «mi apá», jerga para decir «mi papá», un nombre en código para el Chapo, que le enviara más artillería pesada en Los Mochis.

Nos temíamos que ese derramamiento de sangre llegaría pronto.

**EL PEQUEÑO «OJO DE** cerradura» que teníamos del mundo del Chapo se ampliaba rápidamente, pero cada pocas semanas; generalmente en un calendario de treinta días, *los pobrecitos*, como los llamábamos Brady y yo, los que dirigían todos los espejos de la oficina en Durango, recibían una bolsa llena de BlackBerry nuevos, desechando todos los dispositivos viejos y creando al instante un dolor de cabeza logístico para nosotros y todo nuestro equipo.

Antes de poder volver a interceptarlos teníamos que intentar identificar los dispositivos nuevos de la oficina; entonces Joe comenzaba a escribir sus declaraciones juradas. Era un proceso arduo que tomaba semanas terminar para cuando un abogado auxiliar estadounidense revisara las declaraciones y Joe o Brady pudieran llegar hasta el tribunal federal en El Paso para que las firmara un magistrado estadounidense. Añadamos otro par de días antes de que el grupo tecnológico del HSI pudiera «encender el interruptor». Y todo eso había que hacerlo para quince o veinte dispositivos únicos.

Me di cuenta de que necesitaríamos un pequeño milagro que durase el tiempo suficiente para traspasar todas las capas de espejos BlackBerry en la estructura comunicacional del Chapo, por no hablar de tener tiempo suficiente para poder desentrañar las operaciones diarias del Chapo.

Sin embargo, Brady y su equipo seleccionado no iban a abandonar. Los dos sabíamos que toda esa investigación descansaba únicamente sobre sus hombros en El Paso y sobre los míos en Ciudad de México.

Por fortuna, además del leal abogado auxiliar que había trabajado con ellos en El Paso, Brady se había agenciado la ayuda de otra abogada con *vitalidad y energía*: una juez suplente de la oficina del procurador federal estadounidense en Washington, DC, Camila Defusio. Veterana procuradora de cuarenta y tantos años, Defusio no temía aceptar grandes casos de cárteles, mientras no dejaran de generar resultados productivos. El caso del Chapo estaba justo en su ámbito de conocimiento. Ella sabía lo que había que hacer, y agilizaba declaraciones juradas del HSI incluso si eso significaba escribir algunas ella misma. Al igual que nosotros, Camila veía el cuadro general, y Brady la mantenía bien informada de nuestro progreso.

Las escuchas a los dispositivos en el Segundo-Nivel demostraron ser nuestro portal vital.

El Segundo-Nivel pudo haber sido otro espejo, pero en cuanto el BlackBerry cobraba vida, era como si una fila de farolas se encendiera para iluminar una calle oscura. La información crucial en los esquemas aumentó de manera exponencial. No solo las oficinas 1, 3 y 5 enviaban sus comunicaciones hasta el Segundo-Nivel, sino también otras tres, las número 2, 4 y 6, estaban haciendo exactamente lo mismo.

**LOS MENSAJES ENTRANTES EN** los esquemas se convirtieron en un río interminable y embriagador. Brady me los reenviaba a montones, había miles. Yo podía pasarme seis horas sin moverme o ni siquiera levantarme para ir al baño. Cada frase de las oficinas mostraba pistas que conducían más profundamente a la guarida secreta del Chapo. Descubrí que yo podía ser más productivo cuando los otros agentes se habían ido de la embajada, desde las 6:00 de la tarde hasta la medianoche, cuando no tenía que apagar fuegos ni hacer el baile diplomático que ocupa los días de la mayoría de agentes extranjeros. Así que finalmente, a solas en la oficina, me sumergía en los esquemas, buscando esa información, esa pista crítica en un torrente de texto en español con faltas de ortografía y a menudo nada culto. Mis retinas ardían mientras profundizaba aún más en el mundo del Chapo.

---

**CADA DÍA EN TORNO** a las 11:00 de la mañana, Brady y su equipo en El Paso veían cobrar vida a los lugartenientes clave, las oficinas y los teléfonos del Segundo-Nivel. Ese era el mismo modus operandi que yo había visto entre los traficantes que tenía como objetivo en Estados Unidos. Diego y yo bromeábamos sobre «tiempo de drogatas»: los traficantes de droga, cualquiera que sea su nivel en la organización, son criaturas de la noche, que se despiertan y hacen negocios siempre que estén listos.

Brady y yo ahora éramos testigos directos de la amplitud de la explotación de nuevos mercados por parte del Chapo. Guzmán estaba deseoso de encontrar almacenes refrigerados y situar sus operadores en Inglaterra, Holanda, las Filipinas e, incluso Australia.

También sabíamos sobre la inmensa red de distribución del Chapo por Estados Unidos, pero nos agarró fuera de guardia su profunda infiltración en Canadá. En términos de beneficios, el Chapo estaba haciendo más negocio con cocaína en Canadá que en Estados Unidos. Era una clara cuestión de precios: la cocaína al por menor en las calles de Los Ángeles o Chicago se vendía por 25 mil dólares el kilo, mientras que en grandes ciudades canadienses se vendía por más de 35 mil dólares.

Sus lugartenientes clave del cártel podían aprovechar las debilidades en el sistema canadiense: el exceso de altos cargos de la Policía Real Montada canadiense obstaculizaba los esfuerzos de los cuerpos policiales incluso para los arrestos y acusaciones más rutinarios por drogas.[1]

Era un combinado perfecto para el Chapo: policía obstaculizada y un apetito insaciable de los canadienses por coca de gran calidad. A lo largo de los años, el Cártel de Sinaloa había construido una estructura de distribución formidable, metiendo de contrabando cargas de cocaína por la frontera de Arizona y transportándola para guardarla en departamentos y almacenes en Tucson o Phoenix, antes de llevarla en auto hasta la frontera en Washington donde las cargas eran metidas en helicópteros privados. Esos pájaros cruzaban la frontera y soltaban la coca entre los elevados pinos torcidos de Columbia Británica (Canadá).

Los hombres del Chapo tenían conexiones con sofisticadas pandillas iraníes del crimen organizado en Canadá que

---

[1] A diferencia de Estados Unidos, cuyo sistema de cuerpos policiales engloba a muchas agencias especializadas (DEA, HSI, ATF y FBI), Canadá tiene solamente la RCMP, conocida también como Montados.

facilitaban la compra de aviones, intentando introducir de contrabando cargas por toneladas utilizando paracaídas dirigidos por GPS, a la vez que enviaban cajas de *teléfonos inteligentes* con PGP encriptados al sur de México a petición del Chapo. Una red de motociclistas criminales, principalmente el grupo Los Ángeles del Infierno, también movía su cocaína por carretera y la vendía a minoristas por todo el país.

Pero Canadá no era siempre una travesía fácil para el Chapo. En cierto momento le dio su confianza a un muchacho de veintidós años de Culiacán que hablaba inglés decentemente (Jesús Herrera Esperanza, alias «Hondo») y lo envió a Vancouver para que dirigiera su distribución de droga y de dinero por Canadá. La tapadera de Hondo, y era una vida dulce para un joven de Sinaloa, era matricularse en un programa de comercio en la Universidad de Columbia, en el centro de Vancouver, cerca de su lujoso departamento en el piso trece del condominio. Hondo solo asistía a algunas clases y, en cambio, pasaba la mayoría de su tiempo en clubes o llevando a navegar a las muchachas por la costa de Columbia Británica.

No obstante Hondo era descuidado y alardeaba con frecuencia de su conexión con Guzmán. Una noche, Brady y yo pirateamos la cuenta de Facebook de Hondo y vimos una actualización de estado que decía:

**¡Puro #701!**

—¿Qué diablos está poniendo este tipo? —preguntó Brady.

—¿Puro siete-cero-uno? —Y repentinamente cobró sentido—. No es un código, colega, es *Forbes* —me reí—. Es el número del Chapo en la revista *Forbes*.

Guzmán había sido catalogado por la revista como el hombre que ocupaba el puesto 701 entre los más ricos del planeta.

Hondo, claramente, era un eslabón débil entre todos los operadores. Estaba muy emocionado llevando la vida del narco joven que ignoraba sus funciones diarias para la OTG del Chapo. En cierto momento, había millones de dólares inmóviles y sin recoger en Vancouver, Calgary, Winnipeg, Toronto y Montreal, todo de la venta de cocaína y heroína del Chapo.

Al fin, por frustración, el Chapo (espejo mediante la oficina-5) le dio a Hondo una orden directa:

«Quiero un reporte cada noche a las siete en punto. Cuánto has vendido y cuánto dinero tienes. Divídelo por ciudades».

Cuando Hondo comenzó a enviar las cifras, nosotros leíamos los reportes cada noche. Vancouver: 560 mil dólares y 95 kilos de coca. Winnipeg: 275 mil dólares y 48 kilos. Toronto: 2 millones y 150 kilos...


**YO COMENCÉ A VER** también cuán atascado podía estar Guzmán en los detalles.

En julio de 2013 una panga rápida manipulada y equipada con cuatro motores fuera de borda Yamaha de 350 caballos y 130 recipientes plásticos llenos de combustible, zarpó desde Ecuador con dos jóvenes mexicanos al timón. Habían almacenado su carga en una red de pesca: pesadas bolsas de basura que contenían 622 kilos de cocaína. Los hombres dejaron atrás las costas de Ecuador, trazando un rumbo en zigzag, evitando barcos pesqueros y patrulleras, durmiendo al raso y comiendo durante una semana tan solo callos de hacha enlatados y galletas saladas mientras se dirigían al norte hacia Mazatlán, en Sinaloa (México).

Nunca hicieron la entrega. Puestos sobre aviso de que un barco de la marina mexicana se dirigía a interceptarlos, los dos jóvenes decidieron soltar la carga. Algo parecido había sucedido a otros contrabandistas del Chapo varios meses antes; también ellos casi fueron interceptados, por lo que tiraron sus kilos de coca al océano y después prendieron las latas restantes de combustible convirtiendo su lancha motora en una bola de fuego mientras ellos saltaban al Pacífico; estuvieron a punto de ahogarse. Esa vez, el soplo llegó con bastante antelación para que los hombres pudieran lanzar por la borda la red de ladrillos de cocaína que habían impermeabilizado, atándoles una boya color naranja para que así pudiera ser detectada por aire y la recogieran.

El Chapo estaba furioso: perder una carga ya era malo, pero perder dos era inaceptable. Turbo, su lugarteniente marítimo de contrabando, con base en Mazatlán, envió una barca tras otra hasta la zona del lanzamiento a 60 millas (95 kilómetros) de la costa, en un intento desesperado por encontrar la carga perdida.

Nos dimos cuenta, sin embargo, de que el Chapo estaba a punto de explotar cuando envió a su mejor piloto, Araña, en un viejo Cessna para buscar esa boya, realizando varios vuelos al día en círculo sobre el Pacífico.

«Esa mierda probablemente ya estará en *China* —se quejó Araña a otro piloto—. No puedo pasarme otro día volando por encima del océano. Estoy muy asustado. El jefe puede pedirme que haga cualquier cosa y lo haré, pero esto no. *No* voy a volar hasta allí otra vez».

Brady y yo no podíamos creer cuánta fuerza de trabajo estaba empleando el Chapo para intentar recuperar su carga de 622 kilos. No tenía sentido que el narcotraficante más rico del mundo buscara con tantas ganas 622 kilos.

**YO HABÍA COMENZADO A** detectar y comprender un patrón psicológico en mi presa: el Chapo fijaba su atención en las minucias, como el precio del combustible para el avión o el número preciso de pesos que se pagaba a su gente. Y era tacaño. Por ejemplo, Guzmán autorizaba pagos mensuales de solo dos mil pesos mexicanos (aproximadamente 165 dólares) a centinelas militares dispersos a lo largo de la frontera entre Colombia y Ecuador. ¿Por qué daba el dinero tan a poquitos a esos eslabones clave en su maquinaria de mordidas institucionales?

El Chapo Guzmán parecía ser el ejecutivo de una extensa organización de tráfico de drogas multimillonaria, pero también pasaba horas cada día actuando como un departamento de quejas del personal. Brady y yo no podíamos evitar reírnos algunos días cuando leíamos los intercambios entre los lugartenientes del Chapo que se quejaban de que no los apreciaban o, peor aún, de que no recibían sus pagos mensuales a tiempo.

**TAMBIÉN YO PODÍA QUEDARME** atascado en mis propias obsesiones, hasta el punto de ser peligrosamente ajeno a lo que sucedía a mi derredor en la oficina.

Una mañana, estaba tan inmerso en los esquemas laborales que las palabras comenzaron a juntarse borrosamente en la pantalla que tenía delante de mi vista, moviéndose para delante y para atrás. ¿Estaba sufriendo un ataque de pánico? Miré al perchero y me di cuenta de que uno de los brazos se movía de un lado a otro.

*Un terremoto.*

Ciudad de México tenía temblores pequeños con frecuencia, pero ese fue el primer terremoto importante que yo sentía. Después del gran terremoto en 1985, que mató a más de diez mil personas, muchos edificios nuevos se construían para que se desplazaran junto con la tierra. La embajada estadounidense estaba hecha de mármol y ubicada sobre ruedas antisísmicas para ese propósito.

**AQUELLA NOCHE MIENTRAS CONDUCÍA** hacia la casa, iba pensando sobre un apodo totalmente nuevo que había leído en el mundo del Chapo. «Naris» (la nariz) era un mensajero enviado constantemente por el Segundo-Nivel (otra vez mediante la oficina-6) para cambiar de autos a menudo, recoger personas y dejarlas en ubicaciones concretas. ¿Cabía la posibilidad de que él fuera el recadero personal del Chapo?

Estrechar el radio de la ubicación de Naris era mi nueva prioridad ahora.

Estacioné mi Tahoe en la calle a una manzana de mi apartamento, algo que hacía de vez en cuando para cambiar mi rutina, y al caminar a la casa me di cuenta de que era el Día de los Muertos, cuando los mexicanos celebran a los fallecidos vistiendo disfraces elaborados y pintándose la cara como si fueran calaveras con flores y colores brillantes. Las calles estaban llenas de personas que marchaban para celebrar en los cementerios; mi esposa estaba dando una fiesta en casa para todas las mujeres del barrio, decorando calaveras de azúcar que ella había hecho desde cero. Rápidamente había hecho amistad con la extensa red de la embajada e inmigrantes; había invitaciones para que los niños jugaran juntos y celebraran las fiestas en todos los días feriados importantes en México, como ese.

Yo sonreí al ver a mi esposa, que aprovechaba al máximo nuestro tiempo en el país, cuando me dirigí al dormitorio trasero para quitarme el traje y la corbata.

Por desgracia, no había tiempo para que me uniera a las celebraciones.

Me senté en la esquina de la cama y comencé a leer rápidamente un hilo de mensajes de Brady.

—¿Cuántas veces se ha casado el Chapo?

—Ni idea —respondí—. Que yo sepa, se ha casado al menos con cuatro o cinco mujeres, pero nadie lo sabe con seguridad. Él nunca se divorcia; tan solo vuelve a casarse. Y eso sin mencionar a las mujeres con las que no se casa; el tipo está obsesionado con las mujeres.

—Ya lo veo —escribió Brady—. Comprueba esto. Acaba de llegar del Segundo-Nivel. Alguien envió varias fotos de mujeres en ropa interior. Parece que provienen de una *madame* a la que llaman Lizzy.

—Ha enviado un menú y puede escoger a la que quiera para la noche —escribió Brady—. Qué chusma tan cabrona.

—Degenerados —respondí—. Repugnante...

Luego, el Segundo-Nivel le ordenó a Naris que fuera a las «Galerías» a recoger a la muchacha de Lizzy después de que el Chapo hizo su elección entre las fotos.

Más adelante determiné que «Galerías» era un código para el centro comercial Plaza Galerías San Miguel, en el centro de Culiacán, al que el Chapo enviaba a sus visitantes a encontrarse con Naris o con otros mensajeros para que las llevaran a sus guaridas secretas.

**EL CHAPO NO SOLO** tenía fijación por las vírgenes menores de edad, sino que también se había obsesionado con la popular actriz mexicana Kate del Castillo, después de haberse enamorado de la famosa telenovela *La reina del sur*, en la que ella interpretaba el papel de una jefa de un cártel nacida en Sinaloa y que dirigía su imperio desde España. Yo había leído en una de las hojas de trabajo que el Chapo le había dicho al Lic Oro que consiguiera el PIN personal de Kate para que pudieran ponerse en contacto.

«Este tipo no tiene ninguna otra motivación en la vida aparte de mover droga y tirarse a tantas mujeres como pueda —le escribí a Brady—. Ninguna. O está obsesionado con el día a día de la OTG o con el sexo».

El sexo era el único receso en la rutina como adicto al trabajo que tenía el Chapo con el narcotráfico. Mantenía una puerta giratoria de mujeres, y entre medias invitaba a su esposa a su casa para compartir la misma cama; el sexo era casi constante.

Mi instinto de policía callejero intervino: cuanto más fuerte fuera la obsesión, más probabilidad había de que diera como resultado una debilidad que podía aprovecharse, un posible talón de Aquiles. Había oído incluso de una fuente confidencial que el Chapo y Mayo bromeaban con frecuencia diciendo que las mujeres serían su muerte al final.

**LA MAÑANA DESPUÉS DE** la fiesta del Día de los Muertos salí hacia mi Tahoe blindado para descubrir que me habían robado la llanta de repuesto. Había un pequeño agujero en mi parabrisas, una marca circular en forma de tela de araña en el cristal antibalas cerca del lado del conductor. Parecía un disparo desde cerca con una pistola.

Di unos pasos atrás poco a poco, alejándome del Tahoe, dirigiendo mi vista rápidamente de un auto a otro, buscando a cualquiera que pudiera estar vigilándome.

Mis ojos se posaron en alguien que estaba sentado en el interior de un Lincoln Navigator negro al otro lado de la calle. Pasaron por mi mente imágenes del hombre con la cicatriz en la cara que había visto durante la entrega del dinero.

¿Podría ser el mismo tipo?

No iba a quedarme allí para descubrirlo. Me subí rápidamente al Chevy, donde al menos estaba protegido por el blindaje.

Llamé a mi esposa y le dije que se quedara en casa todo el día mientras yo me alejaba lentamente, esperando que el Navigator me siguiera.

Pisé el acelerador, hice un giro rápido a la derecha, después otra vez a la derecha, y rápidamente perdí de vista al Lincoln en mi espejo retrovisor.

———

**CUANDO PASÉ AL LADO** de la Sala Kiki en la embajada, sonó mi teléfono.

—Hola, Tocallo ha preguntado a Inge si puede matar a un tipo en la cárcel —dijo Brady—. Él conoce la ubicación exacta del tipo, la celda donde está y todo.

Sabíamos que Inge era la abreviatura de *ingeniero* y, sin embargo, también otro apodo con el que los lugartenientes y trabajadores de la OTG llamaban al Chapo en los mensajes por BlackBerry.

—¿Qué está diciendo el Chapo?

—Es extraño —dijo Brady—. Le está diciendo a Tocallo que reúna más información. Quiere saber más.

Eso realmente era típico del Chapo. A pesar de su reputación inflada por los medios de comunicación como un narcotraficante homicida, a estas alturas yo sabía que el Chapo parecía deliberar mucho, incluso ser cauteloso, cuando autorizaba el uso de la violencia. En Sinaloa, la mayoría de los traficantes no lo pensaban dos veces antes de matar a alguien, especialmente en el terreno montañoso de la Sierra Madre, donde se crió el Chapo; disputas familiares y guerras de balaceras eran un sencillo hecho de la vida allí.

Sin embargo, el Chapo debió haberse vuelto más sabio con los años. Muchas veces, cuando sus lugartenientes reportaban un problema grave, una ofensa mortal, el Chapo realizaba su propia versión de una investigación policial, haciendo una serie de preguntas para obtener más hechos.

Mi mente se remontó a mis tiempos en los Cuerpos Especiales en Phoenix, cuando Diego y yo nos pasábamos horas sentados con nuestro abogado auxiliar estadounidense, redactando formulaciones de cargos, siendo bombardeados con preguntas continuamente como si ya nos estuvieran interrogando en el estrado de los testigos:

«Y ¿*cómo* sabe usted esto, Drew? ¿Estaba *usted* allí? ¿*Quién* le dijo eso?».

El Chapo era exhaustivo con sus interrogatorios. Por lo general, pensaba en el mejor curso de acción durante un día o dos antes de hacer las llamadas pertinentes para resolver el problema, incluso si el resultado final era una sentencia de muerte.

Brady y yo confirmamos eso cuando vimos un video del Chapo grabado varios años atrás, vistiendo su gorra de béisbol oscura de su propia marca y caminando casualmente de un lado a otro bajo una palapa en lo alto de la Sierra Madre mientras un hombre no identificado está sentado en el suelo con sus manos atadas a un poste. La expresión del Chapo es calmada y fría mientras camina e interroga al prisionero.

**AHORA QUE BRADY Y** yo estábamos armando un buen porcentaje de la vida del Chapo mediante la intercepción del Segundo-Nivel, necesitábamos avanzar otra vez por la escalera de espejos. El dispositivo personal del Chapo no podía estar demasiado lejos en este punto.

—El Segundo-Nivel envía todo hasta un nombre de usuario catalogado como MD#8 —me dijo Brady un día.

—¿Tiene un nombre MD#8?

—Sí —respondió Brady—. El Segundo-Nivel le ha estado llamando Cóndor.

Yo repetí ese nombre una y otra vez en mi mente, intentando recordar si lo había oído antes. No recordé nada, pero a diferencia de los nombres de usuario de otros dispositivos espejo del Chapo, «Cóndor» parecía ser una persona real, o al menos el apodo de un narco. Los cóndores pasan su tiempo en terreno montañoso, planeando en el aire; ¿era ese nombre una pista de que él estaba situado muy alto en la jerarquía del cártel? No podía malgastar mi tiempo especulando; necesitaba saber exactamente dónde estaba ubicado Cóndor.

Puede que tuviera el PIN de Cóndor, pero aun así necesitaba el número telefónico mexicano correspondiente para localizarlo.

Y para eso necesitaba a Don Domínguez. Don era coordinador de personal de la División de Operaciones Especiales (DOE) de la DEA en Chantilly (Virginia). La principal función de los coordinadores de personal en la DOE era ayudar a los agentes que trabajan en casos de alto perfil en el campo coordinando esfuerzos para evitar conflictos entre operaciones, proporcionando fondos para escuchas telefónicas, y actuando como intermediarios con la comunidad de inteligencia.

Aunque era equivalente en rango a mi propio supervisor de grupo, de corazón Domínguez era un agente de la calle.

«Él no es como los otros funcionarios administrativos en D.C. —le dije a Brady—. Don es uno de los nuestros. Él lo *entiende*. Cree que realmente tenemos una oportunidad de capturar a este cabrón».

Envié el PIN de Cóndor a Don para que pudiera avanzar. Don tenía acceso a un pequeño equipo de técnicos en computación en la DEA, y cada uno de ellos había construido excelentes relaciones con los principales suministradores de servicio de telecomunicación, incluso canadienses como BlackBerry.

Una petición estándar a una empresa de comunicaciones tomaría al menos tres semanas para dar resultados, y para entonces Cóndor, y todos los demás usuarios, tendrían un BlackBerry totalmente nuevo y nosotros tendríamos que volver a empezar todo el proceso. Pero cuando Brady y su equipo redactaron una citación administrativa a BlackBerry solicitando el correspondiente número telefónico de Cóndor, yo estaba convencido de que Don trabajaría sin descanso para obtener rápidamente los resultados sobre el suscriptor.

EN EFECTO, EN MENOS de veinticuatro horas, Don Domínguez lo consiguió.

—Don acaba de enviarme el número de Cóndor —le dije a Brady, ansioso por pulsar el botón de localización de mi computadora.

—¿Dónde está? —preguntó Brady.

Minutos después, mis ojos se alegraron cuando recibí los resultados y envié las coordenadas a Brady:

**24.776-107.415**

—Está en Colonia Libertad.

—¿Colonia Libertad?

—Sí —dije yo—. Parece un barrio pequeño y en decadencia en la parte suroeste de Culiacán.

Ahora teníamos un BlackBerry en el corazón de la capital de Sinaloa. La red se iba estrechando: era la primera localización que teníamos fuera de Durango.

**«CÓNDOR» ESTABA EN CULIACÁN.** Una ciudad con un promedio de 675 mil habitantes ubicada en el centro de Sinaloa, al oeste de la Sierra Madre, Culiacán es el lugar de nacimiento de todo el narcotráfico de México y había desplazado a Medellín (Colombia) como la capital mundial del narco. Desde los tiempos de Miguel Ángel Félix Gallardo hasta el reinado actual del Chapo, todos los jefes de los principales cárteles provenían de la ciudad o de los pequeños pueblitos cercanos.

Culiacán también era famosa por su cementerio Jardines del Humaya, el «camposanto de los narcotraficantes», con sus mausoleos de 600,000 dólares con aire acondicionado, incluida una espléndida piedra de mármol para uno de los hijos del Chapo asesinado, Edgar, y un altar muy grande a Jesús Malverde, el santo patrón bigotudo del narcotráfico. La leyenda decía que Malverde fue un bandido de los montes de Sinaloa que robaba a los ricos y se lo entregaba a los pobres hasta su muerte en la horca en 1909.

**RECORDÉ QUE DIEGO ME** habló de visitar Jardines del Humaya cuando estuvo una vez de vacaciones en Culiacán. Diego me dijo que se quedó asombrado por la inmensa cantidad de dinero que los traficantes habían empleado en el altar para que siguiera prosperando. Ahora Culiacán era conocida como una ciudad de criminales, francamente vedada para las autoridades de fuera de Sinaloa, lo cual era un problema porque la mayoría de los policías y militares locales habían sido corrompidos por la organización del Chapo.

De hecho, ningún cuerpo policial o personal militar de afuera se había atrevido nunca a entrar en Culiacán para realizar una operación, por temor a una venganza inmediata.

Aun así, pese a cuán distante e intocable me parecía Culiacán, esta era nuestra primera indicación de que el Chapo podría estar en la capital mexicana del narco.

**RÁPIDAMENTE AGARRÉ EL SIGUIENTE** vuelo desde DF hasta El Paso y me reuní con Brady, Joe y Neil Miller, el otro miembro del equipo base de Brady en el HSI.

—Neil es nuestra excavadora —dijo Brady riéndose—. No lo piensa dos veces para hacer enojar a alguien mientras consiga realizar el trabajo. Bienvenido a su dominio.

Brady abrió una puerta que reveló su cuarto de guerra recién creado, una zona de conferencias remodelada y apartada discretamente de todos los demás en la oficina de campo del HSI en El Paso. Habían tomado la sala recientemente y la habían llenado con más de una decena de computadoras y esa misma cantidad, como mínimo, de traductores para rastrear todas las escuchas en los dispositivos de la oficina, los lugartenientes del Chapo y ahora el Segundo-Nivel.

Pero a pesar de los recursos, Brady seguía estando nervioso y tenso.

—¿Cómo sabemos que no hay otras cien capas más hacia la pirámide del Segundo-Nivel y las oficinas? Creo que estamos chingados. Los espejos podrían ser interminables.

Pausé por un segundo antes de darle la noticia a mi compañero.

—No, no hay *cientos* —le dije—. He estado analizando los números de Cóndor, mirando su contacto más frecuente. Acabo de descubrirlo: dos. Hay solo *dos* capas.

Cóndor no estaba en contacto con otros PIN, solamente con el Segundo-Nivel.

—Se detiene aquí —dije—. Cóndor no está reenviando ningún mensaje. Él es el final de la línea.

Brady no podía creerlo.

—Cóndor o está escribiendo torpemente miles de mensajes al día en un BlackBerry nuevo y reenviándolos (una tarea casi inconcebible), o está en la misma habitación que el Chapo, recibiendo órdenes dictadas personalmente del jefe —dije.

Brady fue rápidamente a la sala de escuchas y regresó varios minutos después con Neil.

—Lo *tenemos*, hermano —dijo Brady.

—¿Qué quieres decir?

—Lo estoy viendo aquí mismo.

Brady me mostró una hoja de esquemas que había entrado esa mañana del Segundo-Nivel a Cóndor, preguntando si *el generente* (el gerente) estaba despierto ya.

Quedaba claro que Cóndor estaba en la misma casa, o incluso en la misma habitación, que el jefe.

Cóndor había respondido:

«No, aún está durmiendo...».

# ABRA LA PUERTA

**EL MÁXIMO-NIVEL SE HABÍA** convertido en mi vida.

Localizar ese dispositivo BlackBerry, el más cercano al Chapo, consumía todo el tiempo. Mientras pudiera localizar al Máximo-Nivel, desde las seis de la mañana hasta bien pasada la medianoche, ninguna otra cosa importaba. Aun cuando estaba en la cama con mi esposa en La Condesa, mi mente nunca estaba lejos de cazar ese Máximo-Nivel.

A esas alturas yo sabía *cómo* dirigía el Chapo el día a día de su imperio narcomultimillonario; lo único que necesitaba era la ubicación del jefe. Eso no era tan sencillo como parecía, dada la afición del Chapo a saltar de un lado a otro continuamente, moviéndose de una casa segura a otra, del campo a la ciudad, a veces por horas. Con cada localización, yo etiquetaba meticulosamente el lugar con una tachuela amarilla en mi mapa de Google, marcando las coordenadas junto con la fecha y la hora indicando dónde había sido localizado el dispositivo de Cóndor en Culiacán.

*Máximo-Nivel.*

Si Cóndor estaba junto al hombre, cada nueva localización me ayudaba a comenzar a establecer el patrón de vida[1] de El Chapo.

Brady, Neil y Joe trabajaban también sin descanso, interceptando cuantos dispositivos espejo pudieran identificar, las Oficinas 1 a la 10 y el Segundo-Nivel, y también un nuevo espejo fundamental cuyo nombre de usuario era «Usacell». Determinamos rápidamente que «Usacell», parecido al nombre de otro importante proveedor mexicano de servicios de telefonía, Iusacell, era un duplicado, otro dispositivo del Segundo-Nivel manejado por el usuario Telcel, en Durango.

«Es bastante obvio que es el mismo tipo —me dijo Brady—. Ha etiquetado cada uno de sus dos BlackBerry con el correspondiente proveedor de servicios para distinguirlos».

Puede que el dispositivo Usacell fuera otro espejo, pero sacó a la luz mensajes aún más importantes que el Chapo pensaba que estaban ocultos. Si los dispositivos de las oficinas estaban enviando doscientos mensajes al día a Telcel en el Segundo-Nivel, enviaban esa misma cantidad a Usacell. Brady y yo calculamos que estábamos interceptando cerca del setenta y cinco por ciento de todas las comunicaciones de la OTD que llegaban y salían del jefe.

La ventana al mundo del Chapo estaba brillando cada vez más.

---

[1] «Patrón de vida» es el término técnico en investigación para el historial de localización de un objetivo hasta el momento presente.

—Por ahora, deberíamos quedarnos en el Segundo-Nivel —dijo Brady.

En el Segundo-Nivel podíamos interceptar cada orden que llegaba del Chapo y cada comunicación que llegaba de los dispositivos de las oficinas.

—Sí, definitivamente ese es el agujero donde está la miel —dije yo.

Si Cóndor y las oficinas dejaban sus BlackBerry, Brady y yo podríamos identificar con facilidad sus nuevos PIN mientras siguiéramos interceptando los dos dispositivos del Segundo-Nivel: Telcel y Usacell.

La oficina-4 también comenzaba a producir información valiosa, pero observé algo diferente sobre este espejo: la oficina-4 no solo parecía enviar mensajes por la cadena hasta el Chapo mediante el Segundo-Nivel, sino que también era responsable de enviar mensajes de orden y control, la mayoría relacionados con las operaciones del Chapo en Canadá, a otro jugador importante cuyo nombre de usuario era «Panchito».

—¿Viste el resultado del conflicto entre operaciones sobre Panchito? —le pregunté a Brady—. Está por todo el FBI en Nueva York.

—Sí —dijo Brady—. Lo vi.

—Nuestro Panchito tiene que ser Alex Cifuentes —dije.

La oficina del FBI en Nueva York afirmaba que aún tenía interés en el Chapo después de que comenzaron a enfocarse en él por medio del veterano narcotraficante colombiano Hildebrando Alexander Cifuentes Villa, que se había mudado a Sinaloa alrededor del año 2008, actuando como aval humano para todos los envíos de cocaína del Chapo generados por la familia Cifuentes-Villa en Medellín.

Tras el fracaso de la operación en Cabo, la información nueva del FBI se fue secando lentamente. Alex, como todo el mundo llamaba a Cifuentes, era uno de los hombres que el Chapo tenía como mano derecha.

De hecho, meses antes de mi reunión de coordinación en Ciudad de México, mientras estaba en Nueva York, me había sentado con el FBI y les hablé de la estupenda relación de trabajo que estaba construyendo con el HSI y el equipo de Brady.

«Nos estamos moviendo con rapidez —dije—. Este tren no va a detenerse. Si ustedes quieren subirse y compartir su información, ahora es el momento de hacerlo».

Ese no era mi primer intento de coordinar una investigación conjunta con el FBI. Había descubierto que sus agentes especiales eran educados y profesionales, pero también sabía que se resistían mucho a compartir. Era típico del FBI mantener bien guardadas sus cartas: así eran entrenados en Quantico. El FBI creía que ellos eran la principal agencia de cuerpos policiales, pero cuando se trataba de trabajar en una investigación sobre drogas, en especial cuando se enfrentaban a la compleja estructura de los cárteles mexicanos, su pericia no podía igualarse a la de la DEA.

Por mucho que yo intentara hacer que todos cooperaran, sabía que iba a ser difícil.

El archivo del FBI estaba formado en su mayor parte por inteligencia histórica sobre Cifuentes, que ahora era buscado por la DEA y el FBI tras haber sido acusado federalmente de múltiples cargos por tráfico de drogas. Pero en lugar de compartir su información con la DEA, el FBI comenzó a dársela a la CIA, con la esperanza de que ellos pudieran producir algo que les diera la delantera.

Yo sabía que en cualquier información que una agencia policial federal pasara a la CIA, la fuente perdería instantáneamente el control de cómo se clasificaba, se distribuía y se utilizaba esa inteligencia. Los agentes que trabajaban en la embajada sabían eso muy bien, y precisamente por esa razón Brady y yo habíamos decidido que la CIA no tenía cabida alguna en nuestra investigación.

Casi cada información que lográbamos sobre el Chapo era obtenida judicialmente por escuchas autorizadas por los tribunales, de modo que la evidencia recopilada podía utilizarse para acusar al Chapo y a otros en su OTD en un tribunal federal estadounidense. Era exactamente así como la DEA trastornaba y finalmente desmantelaba las OTD. La CIA, por otro lado, manejaba ampliamente material clasificado y de alto secreto que era difícil, si no imposible, presentar ante los tribunales.

Yo no necesitaba a la CIA, pero también sabía que ellos estaban ansiosos por involucrarse ahora que Brady y yo estábamos cobrando impulso hacia la ubicación exacta del Chapo.

—Los del FBI y los espías quieren convocar una reunión —le dije a Brady.

—¿Dónde?

—Langley.

—A la mierda —dijo Brady—. No los necesitamos.

—Necesitamos al menos estar en la misma onda cuando se trata de Cifuentes. Necesitamos enviar a alguien si tú o yo no vamos. Voy a hablar con Don.

Don Domínguez había estado siguiendo esos acontecimientos desde Virginia, por lo que estuvo de acuerdo en asistir en nuestro nombre a la reunión en las oficinas centrales de la CIA. El resultado de la reunión fue un acuerdo entre todas las agencias para arrestar a Cifuentes y apartarlo de la OTD del Chapo, pero *solamente* en el momento correcto. Era crucial que los esfuerzos fueran coordinados entre todas las agencias. Yo confirmé con el FBI que el PIN de Panchito era de hecho Alex Cifuentes, y compartí varias de las coordenadas de localización que había obtenido del BlackBerry de Cifuentes, que estaba en una zona rural al sudoeste de Culiacán.

**A FINALES DE NOVIEMBRE** de 2013 recibí un texto urgente de Brady en El Paso.

«Esto acaba de entrar», escribió Brady, citando las hojas de esquemas tras la traducción del español. Era el Segundo-Nivel transmitiendo a todos los dispositivos de las oficinas:

«Panchito fue atrapado en una batalla con soldados y Picudo fue a rescatarlo. Apaguen sus teléfonos porque conseguirán su PIN».

Yo llamé a Brady inmediatamente.

—¡Maldita sea! ¡Los del FBI nos fastidiaron! —gritó.

—Espera —dije—. Déjame verificarlo y saber lo que pasó.

Llamé a la DEA en Mazatlán, quienes a su vez contactaron con sus conexiones militares locales para ver si habían oído sobre un arresto reciente fuera de Culiacán.

Al principio, los mexicanos ni siquiera sabían *a quién* habían arrestado. La SEDENA[2] había encerrado a cierto tipo de mediana edad en un pequeño rancho, pero no creían que fuera colombiano, y su nombre no era Cifuentes.

—Están diciendo que tienen a un tipo llamado Enrique García Rodríguez —le dije a Brady—. Ahora mismo van a mandarme una foto de él junto con el pasaporte.

Brady permaneció en la línea mientras yo esperaba a que Mazatlán me enviara el correo electrónico.

Cuando llegó la fotografía, mostraba a un hombre de cuarenta y tantos años, con entradas en el cabello, barba canosa y complexión clara.

—Es Cifuentes, colega —dije—. Este pasaporte tiene un nombre falso. Panchito está acabado.

—¡A la mierda! —Brady estaba furioso.

Él sabía que era tan solo cuestión de tiempo antes de que todo lo que habíamos construido en el cuarto de guerra en El Paso se desplomara.

En efecto, minutos después las oficinas del Chapo ya estaban hablando de cambiar sus BlackBerry, y el Segundo-Nivel no tardaría mucho en hacerlo.

Y después el Máximo-Nivel: Cóndor.

Brady y yo nos quedaríamos, una vez más, sin nada.

---

[2] El ejército mexicano; abreviatura de Secretaría de la Defensa Nacional.

—Confirmé ahora mismo la foto con el FBI —dije—. Están diciendo que ellos no han tenido nada que ver con esto.

—Sandeces —dijo Brady.

—No lo sé con seguridad, pero puedo asegurarte que los de la CIA son quienes dieron la información a la SEDENA —dije—. Garantizado.

Después de colgar el teléfono con Brady, contacté con el grupo antinarcóticos de la CIA en Ciudad de México para hablar del arresto de Cifuentes. Al principio negaron saber nada, pero unos días después uno de los directores de la CIA me dijo la verdad: los espías habían pasado a la SEDENA todas las localizaciones rurales que yo le había dicho al FBI (la CIA afirmaba haber dicho a la SEDENA solamente lo que era un «tema de interés» en esa localización). La CIA entonces se dio media vuelta y se lavó las manos con respecto a todo el asunto después de transmitir las pistas; no hubo supervisión de la operación, y ninguna coordinación con sus homólogos mexicanos. De hecho, la CIA ni siquiera sabía si la SEDENA había capturado al hombre correcto, pues de otro modo habrían reclamado el mérito inmediatamente. Cuando yo confirmé que era Alex Cifuentes, sin embargo, la CIA estuvo más que contenta de entrar en escena y apropiarse del mérito.

Me enfermaba la CIA, pero también sabía que esa era sencillamente su manera de operar: reunir inteligencia de su propio gobierno y después compartirla descuidadamente con sus homólogos mexicanos.

«Son los cabrones espías —le dije a Brady—. Hablan con los mexicanos, y después se quedan atrás y observan el espectáculo de mierda. A la CIA no le importa un carajo el desmantelar las OTD internacionales; para ellos es solo otra estadística. Si pueden anotar la transmisión de inteligencia clave o un arresto, entonces pueden justificar su existencia».

Era un ejemplo clásico de ruptura en la comunicación, si no un antagonismo claro, entre la comunidad de inteligencia estadounidense y los cuerpos policiales federales. A esas alturas yo ya conocía el teje y maneje: la mayor parte de la actividad de la CIA en México nunca estaba coordinada ni comprobada con la DEA para evitar conflicto. Era cierto del enfoque que adoptaban en México, pero también era el modo de operar de la CIA en el resto del mundo. Con frecuencia causaban importantes alteraciones en investigaciones muy sensibles y autorizadas judicialmente, como la nuestra.

Cualquiera que fuese el caso, Alex Cifuentes había sido arrestado prematuramente por la SEDENA, y nosotros quedamos para recoger los pedazos. Prácticamente cada BlackBerry que habíamos interceptado detuvo sus comunicaciones el día después del arresto de Cifuentes. Yo estaba furioso, pero contenía mis emociones al hablar con Brady, pues no tenía caso añadir más gasolina al fuego. Sin embargo, eso no lo detuvo a él.

—Estoy más que harto del FBI —dijo Brady—. Nunca más vamos a compartir ni una pizca de información con ellos.

—Lo entiendo —dije—, pero necesitamos mantener un equilibrio aquí. Lo que pasa es que no sé qué más puede tener la CIA proveniente del FBI que podría torpedear esto aún más. Tenemos que mantenerlos cerca.

—Muy bien, colega —dijo Brady—. Sigue jugando a ser Suiza; es lo que mejor se te da. Escucha, si yo estuviera en México en este momento, estaría ahogando a algunos cabrones.

—*ARGO* —DIJE—. ¿HAS VISTO esa película? ¿Con Ben Affleck?

—¿Sobre la operación de Hollywood con los iraníes?

—Eso es.

—Claro que sí. «Argo, vete a la mierda».

Yo me reí.

—¿Crees que podríamos sacarlo adelante?

—¿Con el Chapo? No lo sé...

Durante años, Alex Cifuentes había estado buscando productores, guionistas y autores; todo a petición del Chapo.

Por extraño que pareciera, y dadas las precauciones que tomaba para proteger su ubicación y el secretismo de sus comunicaciones, el Chapo tenía fijación con contar la historia de su vida, de mendigo a millonario. Estaba desesperado por ver en la gran pantalla su ascenso desde ser ese niño pobre que vendía naranjas en La Tuna hasta llegar a ser el narcotraficante más rico del mundo. En las hojas de esquemas leíamos a veces cómo el Chapo discutía sobre la idea de una película, telenovela o libro. El Chapo entretendría a *cualquiera* que estuviera interesado en oír su historia.

Por lo tanto, por medio de sus contactos Alex Cifuentes recibía recomendaciones de varios cineastas y escritores, y después lo revisaba para el Chapo. Si eran satisfactorios, Cifuentes entonces programaba una reunión personal con Guzmán en una ubicación segura, en algún lugar en Culiacán o en un rancho en las montañas.

Brady y yo supimos al menos de un cineasta aspirante, al que conocíamos solo como Carlino, que había llegado en avión desde Cabo. Carlino tenía relaciones en Hollywood y afirmaba haber trabajado con los productores del éxito televisivo de la Fox, *Cops* (Policías).

El Chapo conocía el programa *Cops* y estaba muy interesado en seguir adelante.

—Tenemos que llegar a ellos —dijo Brady.

—Apuesto a que se subirían a nuestro barco —dije—. Ya he hablado con mis muchachos en Los Ángeles. Tienen algunos agentes de la DEA con conexiones con productores. Estarían dispuestos a trabajar con nosotros.

—¿Preparar nuestra propia versión de *Argo*?

—Eso es.

—¿Cómo lo haríamos? —preguntó Brady.

—Tú podrías estar en el centro del escenario como el director —le dije—. Solo necesitaríamos un camarógrafo que trabaje con nosotros como tapadera. Tú serías perfecto, colega. Mantén tu cara de póker de siempre. Nunca sonrías. Ponte unos lentes con marco de carey y limítate a gruñir y maldecir a todo el mundo.

—Podría arreglarme bien con eso —dijo Brady.

—Vayamos a Los Ángeles para ver qué opciones tenemos —dije—. Con Cifuentes encerrado, encontrar al agente infiltrado adecuado para actuar como productor o guionista puede que sea nuestro único modo de sacar a este cabrón de Culiacán.

—Podríamos titular la película *¡Saludos al Generente!* —dijo Brady.

—Maldición, no. Ya he visto esa frase demasiadas veces.

Yo estaba mirando atentamente un mapa de México, buscando todas las posibles ciudades turísticas para tener una reunión.

—La belleza de esto —dije— es que el Chapo ni siquiera tendría que salir del país. Regresaría a Cabo si fuera para comenzar el rodaje de una película basada en su vida. ¿Vallarta? Probablemente incluso Cancún valdría. Cualquier lugar en la Riviera Maya. Él tiene antecedentes de que viaja allí; se sentiría seguro.

**EL CHAPO NO SOLO** estaba sosteniendo reuniones con productores y escritores, también supe de una memoria flash en la que él tenía la primera parte de un guión cinematográfico sobre su ascenso al poder. Había permitido a su esposa Griselda López Pérez y a su hija Grisel Guzmán López que lo revisaran, pero se quejaron de que el guión no las mencionaba a ellas lo suficiente.

El narcotraficante le concedía a Griselda, su segunda esposa, un nivel especial de respeto e incluso de deferencia. Brady y yo habíamos interceptado las quejas de Griselda: ella a menudo demandaba más dinero para sus hijos y el Chapo accedía, entregándole más de diez mil dólares cada pocas semanas.

A pesar de estar separados y ser la ex, estaba claro que ambos seguían estando cerca. A Guzmán y Griselda les quedaban tres hijos, Joaquín, Grisel y Ovidio, que eran algunos de los favoritos del Chapo.

Durante meses, Brady y yo habíamos estado interceptando a Joaquín y a Ovidio. Los hermanos tenían los nombres en código de «Güero» y «Ratón».

Al ser de piel clara, el uso del nombre Güero para Joaquín era una elección obvia.

Recordé la primera vez que Diego me había enseñado la palabra *güero*, años atrás cuando estábamos escuchando narcocorridos durante nuestros tiempos en el Cuerpo Especial en Phoenix. «Ven al DF conmigo», me había dicho Diego. «Aprende algo de jerga, come la comida callejera; no te tomarán por gringo, amigo. Todos te llamarán *güero*...».

—¿Y por qué Ratón? —preguntó Brady.

Yo había estudiado la fotografía que tenía de Ovidio.

—Porque se parece a un ratón —dije y eso nos hizo partirnos de la risa. El muchacho sí que tenía grandes ojos negros y orejas muy despegadas...

Güero y Ratón hablaban constantemente con su padre mediante el espejo de la oficina-1, al igual que su medio hermano Iván.

Los dos grupos de hermanos operaban en parejas, pero Güero y Ratón parecían estar implicados más profundamente en los negocios diarios del Chapo que Iván y Alfredo. Según los mensajes que estábamos interceptando, sin embargo, los cuatro hijos eran jugadores clave en la dinastía de narcotráfico del Chapo, y estaban más cerca de él que ninguna otra persona en su organización.

Esos muchachos eran unos «quiero y no puedo»: la vida extrema de narco estaba en su sangre; habían seguido los pasos de su padre desde temprana edad. Solo al observar sus comunicaciones diarias, supe que los cuatro muchachos lo significaban todo para el Chapo.

**UNAS SEMANAS DESPUÉS DEL** arresto de Alex Cifuentes, Brady, Joe y Neil, con la ayuda de su fiscal principal, Camila Defusio, finalmente pudieron enderezar el «barco» en El Paso; habían producido las declaraciones juradas y volvían a cobrar vida, enviándome nuevas escuchas a centenares.

El HSI se movía a la velocidad de la luz, debido a que la gerencia en El Paso proporcionaba un apoyo pleno a Brady y su equipo.

Brady me dijo que esta era la investigación sobre drogas más importante en la que el HSI había participado. Yo sabía que los jefes de Brady estaban totalmente implicados en su éxito y habían estado engrasando toda la logística desde un segundo plano durante meses. Nunca había visto nada parecido. Los jefes de Brady hacían que siguiéramos avanzando sin la menor interrupción burocrática. Era impresionante.

Brady y su equipo habían vuelto a subir, y ahora estábamos interceptando un puñado de teléfonos de las oficinas y un nuevo dispositivo del Segundo-Nivel. Pero esos obreros en Durango, a pesar de lo valiosas que eran las escuchas, no nos acercaban más al Chapo mismo. Solamente localizar el Máximo-Nivel podría hacer eso.

**YO HABÍA ESTADO ESPERANDO** para encontrar el nuevo dispositivo del Máximo-Nivel, y por fortuna no nos tomó mucho tiempo. Esta vez, el nombre de usuario era MI-26 y en los esquemas todo el mundo le llamaba «Chaneke».

—¿Quién es este ahora? —preguntó Brady—. ¿Qué le sucedió a Cóndor?

—No estoy seguro, colega.

—¿Quién diablos es Chaneke?

—Por ahora —dije—, supongamos que es nuestro nuevo Cóndor.

Localicé el teléfono en mi computadora portátil.

—Perfecto. El dispositivo de Chaneke está en ese mismo barrio. Justo en Colonia Libertad. Ahí es donde tenía a Cóndor.

Rápidamente busqué en Google el nombre Chaneke. Como muchas de las palabras en los esquemas, resultó que era un mal deletreo fonético. *Chaneques* estaban, de hecho, entre los cientos de dioses y espíritus sagrados de los antiguos aztecas. Criaturas legendarias en el folclore mexicano, son las «pequeñas personas que te roban el alma». Las imágenes de *chaneques* que encontré, esculturas y dibujos precolombinos, se parecían a duendes diminutos con ojos enormes. Según la tradición azteca, los *chaneques* eran guardianes del bosque que atacaban a los intrusos asustándolos tanto, que sus almas abandonaban sus cuerpos.

Este Chaneke del Máximo-Nivel era también un tipo de guardián: el intermediario directo del Chapo. En las escuchas, los obreros no dejaban de referirse a Chaneke como «Secre».

—Tiene que significar que es el secretario del Chapo —dije—. Y estos nombres de usuario MD-8 y ahora MI-26 creo que son de helicópteros.

—¿Quizá Chaneke sea un piloto de helicóptero? —preguntó Brady.

La razón, al menos por el momento, seguía siendo un misterio, pero una cosa estaba clara: Cóndor podría dirigir un barco pequeño, pero a los obreros en la organización del Chapo les disgustaba intensamente Chaneke.

—Todos *odian* a Chaneke —dijo Brady—. El Segundo-Nivel y las oficinas no dejan de quejarse de él. Parece que los está castigando. Constantemente preguntan cuándo va a pagarles El Señor. Un obrero de una oficina se ha estado quejando de que necesita el dinero para comprar comida para su hijo; y el Segundo-Nivel le dijo: «No te preocupes, Cóndor se ocupará de ti cuando regrese».

—Ahora lo veo. Dos *secretarios*: Cóndor y Chaneke. El mismo trabajo, pero hacen turnos —dije yo.

Determinamos que cada secretario trabajaba de quince a treinta días seguidos, sin ningún descanso. Probablemente comían lo que comiera el jefe, dormían cuando él dormía, y tecleaban cada orden y capricho que necesitara el Chapo vía esa BlackBerry del Máximo-Nivel.

—Hablando de «un patrón de vida», ¿puedes imaginar el de Cóndor? —le pregunté a Brady—. El tipo no tiene ningún tiempo privado. Es esclavo del Chapo las veinticuatro horas, todos los días de la semana.

Brady soltó una breve risita.

—Y el pobre bastardo duerme en el cuarto contiguo al del Chapo, escuchándolo con sus putas toda la noche.

Habíamos entendido que el Chapo, aún espantado por su casi captura en Cabo, ya no utilizaba teléfono. Ahora se limitaba estrictamente a dictar órdenes; sus dos secretarios asignados manejaban todas sus comunicaciones para que él ni siquiera tuviera que tocar el BlackBerry.

**BRADY Y YO TENÍAMOS** nuestros propios motivos para que no nos gustara Chaneke. Siempre que él tomaba el relevo de Cóndor, el protocolo de cambio de turno era seguido con una precisión casi militar, queriendo decir que Chaneke, el Segundo-Nivel y los dispositivos de las oficinas en Durango se deshacían de sus teléfonos casi inmediatamente, ya fuera tirándolos a la basura o regalándolos a familiares. En cualquiera de los casos, eso creaba al instante una pesadilla logística para nosotros. Los teléfonos que estábamos interceptando, por lo general centenares, dejaban de operar. En un instante, ya no había mensajes ni más hojas de esquemas que descifrar. Nuestra pequeña ventana al mundo interior secreto del Chapo desaparecía, al igual que el fantasmagórico narcotraficante.

Esa montaña rusa emocional de un día estar arriba, escuchando, y al siguiente estar abajo estaba comenzando a moler los nervios de todos.

—No sé cuánto más podrá soportar mi equipo —me dijo Brady después de que Chaneke hubiera quemado otra vez todos los teléfonos instantáneamente.

—Ya estamos ahí —le dije—. Aguanta, hermano. Esta última localización estaba en la misma zona en Culiacán.

**ERA SEGURO QUE ESE** enfoque en el dispositivo de Cóndor o de Chaneke nos conduciría directamente al Chapo, de modo que seguí localizando durante catorce horas seguidas. A esas alturas tenía una concentración de marcadores amarillos en mi mapa de Google, añadido a semanas de localizaciones y formando una diana circular en el corazón de la ciudad de Culiacán. Estaba mirando un claro patrón de vida. Aunque había alguna variación ligera en las localizaciones, parecía que Cóndor y Chaneke nunca se movían de esa zona de Colonia Libertad en Culiacán.

—¿Has visto las imágenes aéreas de esto? —pregunté a Brady.

—Parece que ahí abajo está una maldita villa miseria —dijo Brady—. Calles sucias; autos abandonados; lonas sobre patios traseros.

—Sí, el barrio miseria no tiene mucho sentido. ¿Por qué iba a estar refugiado allí el Chapo? Sabemos que sus secretarios necesitan estar presentes, allí mismo con él. Quizá se está escondiendo.

—Espera, están entrando esquemas —dijo Brady. Tenía un conjunto de esquemas nuevos recién traducidos—. Chaneke le dijo a Naris que fuera a recoger a Turbo en el Walmart 68. Naris va conduciendo un Jetta negro.

—Turbo está metido en una mierda importante —dije yo.

—Esos seiscientos kilos hace mucho que se fueron y Turbo es personalmente responsable —dijo Brady.

—Sí, podría ponerse feo. Turbo tendrá suerte si sale vivo de esto.

Varias horas antes, Chaneke, transmitiendo órdenes por el Segundo-Nivel, después a la oficina-5 y finalmente al coordinador marítimo del Chapo con base en Mazatlán, le dijo a Turbo que se dirigiera a «El 19». Su *tío* (otro apodo en código para el Chapo) estaba listo para verlo. Entonces se le dijo a Turbo que fuera al «Walmart 68 en Obregón», donde esperaría a que lo recogiera un Jetta negro.

Brady y yo habíamos establecido ya que El 19 era claramente el nombre en código de la OTD para Culiacán.

—Y yo conozco ese Walmart —dije—. Está al este de todas mis localizaciones del Máximo-Nivel, en Avenida Álvaro Obregón. Está cerca; el punto de recogida perfecto.

Observé los movimientos de Naris mientras seguía con su localización.

—¿Has entrado? —preguntó Brady.

—Sí, él está ahí en el Walmart. Ahora se dirige más hacia el oeste.

Seguí rastreando a Naris con localizaciones regulares, acercándome más al esquivo jefe.

**ABRA LA PUERTA. ¡ABRA LA PUERTA!**

Naris estaba enviando mensajes a la oficina-6, pero había un problema técnico en el sistema. Su petición de «abra la puerta» no estaba llegando al Segundo-Nivel, lo cual significaba que no estaban transmitiendo a Chaneke.

—Está atrapado ahí, en alguna puerta frontal —dijo Brady—. Echando humo.

Era un extraño giro de los acontecimientos. Yo sabía que Naris por lo general era muy cauto en cuanto a todas las comunicaciones, y casi siempre apagaba su BlackBerry antes de acercarse a la localización del Chapo; pero ahora Naris estaba atascado fuera de la casa, y sin nadie que le abriera la puerta decidió arriesgarse, encendiendo otra vez su BlackBerry para enviar sus mensajes rápidamente.

**¡CARNAL, ABRA LA PUERTA!**

—¡Eso es! —dije yo.

Naris estaba ahora directamente por encima de Chaneke.

—Sí, Naris está en la puerta —dije yo—. Lo tenemos, Brady. No estoy seguro en cuál casa, pero el Chapo sin ninguna duda está ahí dentro, en esa maldita manzana.

# DINASTÍA DE PATO

**DURANTE MESES, BRADY ME** había preguntado en quién podíamos confiar entre los homólogos mexicanos para lanzar una misión para capturar al Chapo.

—¿La Policía Federal?

—No; imposible.

—¿Alguna unidad en la SEDENA?

—Ni por asomo.

Pero ahora, con nuestra casi certeza de que el Chapo estaba viviendo dentro de ese radio de una manzana en mi mapa, la respuesta estaba clara.

—Hay solamente una opción real —dije.

Solamente una institución dentro del gobierno mexicano tenía la reputación de ser incorruptible: la Secretaría de Marina-Armada de México (SEMAR).

—¿Los marines? —dijo Brady.

—Sí —respondí—. Entre los homólogos, la SEMAR es lo único que tenemos...

—¿Confías en ellos?

—No puedo decir que confío en ellos —le dije—. No puedo decir que confío en *nadie* aquí. Nunca he trabajado con ellos, pero sé que son rápidos y apoyan, y siempre están preparados para la pelea.

Había estado estudiando el historial de SEMAR durante su trabajo con otros agentes de la DEA en la embajada; ellos habían ayudado a diezmar al Cártel del Golfo y después a los Zetas, en la costa oriental de México.

—Luce prometedor —dijo Brady.

—Hay una brigada especial aquí en Ciudad de México —dije—. Por lo que he oído, son los menos corruptos de todos.

Desde que comencé a trabajar con Brady y su equipo, no le había comunicado *nada* a ninguno de nuestros homólogos mexicanos.

Primero, los mexicanos no sabían aún que los cuerpos policiales federales estadounidenses podían interceptar mensajes PIN en BlackBerry entre dos traficantes en México. Segundo, no había modo alguno en que yo soltara prematuramente ninguna información sin tener bien fijada la localización del Chapo.

—Aún es demasiado temprano para acercarnos a ellos —le dije a Brady—. Y me dicen los jefes aquí que la SEMAR ni siquiera consideraría entrar a Culiacán. Es demasiado peligroso.

MIENTRAS TANTO, HABÍA APARECIDO repentinamente un nombre nuevo en los esquemas.

—Lic-F —dijo Brady—. ¿Has visto a este tipo? Sigo repasando sus mensajes. Es obvio que está muy cerca del Chapo; parece como si ayudara a coordinar la entrada y salida de Culiacán de cargas de coca, y está muy unido a Picudo.

—Sí —dije—. A mí me parece que él es los ojos y los oídos más fiables del Chapo. Es cauto y astuto; pero no creo que sea abogado. Algunas de esas hojas me hacen sospechar que en realidad tiene un trasfondo policial.

Pensar en el Lic-F me llevó de regreso a esa huida de la cárcel de Puente Grande, el soborno del Chapo a los guardias, e incluso los fallos de la gerencia de la prisión. ¿Lic-F? ¿El Licenciado? ¿Dámaso? ¿El exoficial de policía en la oficina de la Procuraduría en Sinaloa que se había hecho muy amigo del Chapo durante su estancia en Puente Grande?

—Creo que el Lic-F va a resultar ser Dámaso López Núñez —dije—, pero no puedo decirlo aún. Lo único de lo que estoy seguro es que este tipo es escurridizo; y tiene algunas conexiones importantes dentro del gobierno.

—Mira esto —dijo Brady—. Le está dando al Chapo el estado sobre un túnel.

Yo miré los esquemas del Lic-F al Máximo-Nivel. El Lic-F estaba dando al Chapo una descripción precisa de un túnel que había estado en construcción por más de un año. «Va a medir aproximadamente mil cien metros, y han finalizado ya más de seiscientos metros», leí en la traducción del mensaje. Y el Lic-F decía que necesitaba menos de un «rollo» (diez mil dólares) para terminar la construcción y seguir pagando el salario de los obreros del túnel.

—Mierda —le dije a Brady—. Ese túnel va a tener una longitud de más de un cuarto de milla.

—Están cavando hasta San Diego o Nogales, una de las dos —dijo Brady.

Al trabajar en la oficina del HSI en El Paso, Brady se había convertido en un experto en túneles a lo largo de la frontera entre Estados Unidos y México.

Era el Chapo quien había sido pionero del túnel narco en sus corredores clave de contrabando. Los túneles habían comenzado casi un cuarto de siglo antes, en la década de 1990, cuando se encontró el primero que cruzaba la frontera en Douglas (Arizona). El túnel de Douglas, cuyo costo para los traficantes se calculó en 1,5 millones de dólares, se originó en el interior de una casa en la ciudad de Agua Prieta (Sonora), y terminaba a unos trescientos pies (90 metros) de distancia en un almacén en Douglas. Utilizado para introducir de contrabando cargas de hierba para el Cártel de Sinaloa, los medios de comunicación le habían puesto el apodo de «Túnel James Bond», porque la única manera de tener acceso al pasaje subterráneo era abrir un grifo de agua exterior en la casa de Agua Prieta, que ponía en marcha un sistema hidráulico que levantaba una mesa de billar en una sala de juegos, lo cual a su vez dejaba al descubierto una escalera hacia abajo.

Nadie sabía exactamente cuántos túneles había construido el Chapo en los años posteriores. Desde ese primer descubrimiento en Douglas, las autoridades estadounidenses habían encontrado más de 150, casi siempre con las mismas características de construcción marca de la casa: ventilación, iluminación, a veces con raíles, y a menudo se incluía un potente sistema hidráulico.

**YO HABÍA DESCUBIERTO TAMBIÉN** a un personaje clave en la construcción del túnel: «Kava».

—Kava puede que sea un arquitecto —le dije a Brady—. Tal vez un ingeniero. Constantemente se reporta al Chapo, poniéndolo al día sobre sus obreros y los diversos proyectos que tienen en marcha. Uno de los trabajos está en Tijuana, probablemente el túnel del que habla el Lic-F.

—Podría ser —dijo Brady—. Todo lo que veo relacionado con el túnel lo estoy transmitiendo a mis muchachos en San Diego y Nogales.

El 31 de octubre de 2013, el Cuerpo Especial del Túnel en San Diego, que englobaba a la DEA, el HSI junto con Aduanas y Protección de Fronteras de Estados Unidos, descubrió un importante túnel entre un almacén en Tijuana y otro en San Diego. Yo seguí la cobertura que hicieron los medios en directo en la CNN, en la embajada.

Este «súper túnel», como lo denominaron las autoridades, llegaba hasta una profundidad de treinta pies (9 metros) con un recorrido en zigzag de un tercio de milla hasta la salida en un parque industrial al oeste del puerto de entrada de Otay Mesa. Transportar drogas por allí abajo debió haber sido una tarea claustrofóbica; el túnel no era lo bastante grande para que un hombre pudiera ponerse de pie, solo medía cuatro pies (1,20 metros) de altura y tres pies (90 cm) de anchura, pero sí tenía ventilación, luces, puertas hidráulicas y un sistema eléctrico de raíles.

El Cuerpo de Inmigración y Aduanas estadounidense encerró a tres sospechosos y realizó una incautación de importancia durante el descubrimiento del súper túnel: más de ocho toneladas de mariguana y 325 libras (147 kilos) de cocaína.

Brady y yo sospechábamos que el súper túnel fue obra del Chapo, no por las conversaciones en las hojas de esquemas sino porque tras su descubrimiento, los BlackBerry de la OTD se quedaron inmediatamente en completo silencio al respecto.

—Asombroso —dijo Brady—. Todos están callados. Son disciplinados. Pierden un túnel de ese tamaño, ¿y nadie dice ni una maldita palabra?

—Con tantos proyectos de túneles en los que está trabajando Kava, el Chapo ya tiene que estar acostumbrado a que sucedan estas cosas —dije—. Malditos, probablemente tienen en construcción al menos otros cinco súper túneles.

**MIENTRAS BRADY Y YO** estábamos en medio de la intensidad de crear estrategias en nuestra operación de alto riesgo para capturar al Chapo, la embajada en Ciudad de México fue sacudida por noticias impactantes. A mitad de diciembre de 2013, una operación de captura conjunta que implicaba a unidades de la DEA y la Policía Federal mexicana en el muelle turístico de Puerto Peñasco, al sur de la frontera de Arizona, se volvió muy violenta.

Yo acababa de desayunar y me estaba ajustando el nudo de la corbata cuando sonó el teléfono. «Ven aquí *ahora mismo*», dijo mi supervisora de grupo. «Marco y los muchachos están acorralados en Sonora en una balacera. Están pidiendo ayuda».

Agarré rápidamente mi computadora portátil y me dirigí a mi vehículo de incógnito. La mayoría de los días, el agente especial de la DEA Marco Pérez se sentaba a mi lado, pero aquella mañana en particular, Pérez, varios otros agentes de la DEA y la Policía Federal mexicana estaban realizando una operación encubierta en Puerto Peñasco para arrestar a Gonzalo Inzunza, alias «Macho Prieto», un líder de alto rango en el Cártel de Sinaloa. Macho Prieto dirigía su propia organización de tráfico de drogas bajo el paraguas del cártel. Protegido de Ismael «Mayo» Zambada García, Macho Prieto era considerado «muy violento».

Entré rápidamente en la embajada esperando oír que él estaba alejado del peligro, y enseguida me informaron de lo que había salido mal. La Policía Federal se había acercado a la puerta del condominio de Macho en la oscuridad antes del amanecer, y la respuesta de Macho había sido instantánea. Los policías comenzaron a recibir disparos desde el otro lado de la puerta de Macho y sus guardaespaldas, y segundos después había una balacera en medio de un barrio residencial acomodado y lleno de turistas estadounidenses, solo a pasos de distancia de la blanca arena de la playa. Los hombres de Macho, armados con AK-47 y ametralladoras automáticas, dispararon hasta quedarse sin municiones.

Macho pidió refuerzos y unos hombres armados llegaron desde otros condominios, disparando a los policías desde los balcones y los vehículos. El «vagón de guerra» de Macho, un Ford blanco F-150 blindado con una ametralladora calibre 50 montada en la parte trasera debajo del remolque, entró chirriando por las puertas frontales del complejo, aplastando una barricada de autos de la PF mientras francotiradores disparaban una ráfaga tras otra al parabrisas, hiriendo al conductor. El vagón de guerra se alejó rápidamente y descontrolado, vertiendo gasolina y aceite al pavimento. Desde la parte frontal y trasera del camión saltaron varios pistoleros y corrieron para unirse a la lucha.

«Están resguardados en la parte trasera del complejo —dijo mi supervisora, con su oído en un receptor telefónico—. Puedo oír los disparos por el teléfono en un segundo plano; no se detienen». Pérez y los otros dos agentes de la DEA estaban por allí en la parte trasera del complejo, a cubierto, detrás de un pequeño muro de cemento. Los agentes estadounidenses fueron localizados en la oscuridad y no podían dejar sus posiciones porque la PF tenía dos helicópteros Blackhawk en el aire, disparando granadas a los malos y convirtiendo vehículos en bolas de fuego.

Incluso autos de la policía comenzaron a responder, pero no para unirse a los buenos; los policías locales, todos ellos pagados por Macho, estaban recogiendo a los pistoleros heridos del cártel y se los llevaban como si fueran un servicio de ambulancia. El equipo de la PF era pequeño, estaban sobrepasados, y ahora corrían el riesgo de ser rodeados por los hombres de Macho.

En medio del caos, los guardaespaldas de Macho pudieron sacarlo por la puerta trasera y meterlo en un auto para escapar, pero Macho sangraba mucho. Cuando finalmente la PF pudo entrar en el departamento, vieron charcos de sangre y huellas color escarlata por todas partes. Macho se había metido en una bañera caliente en un intento por controlar su hemorragia, convirtiendo el agua burbujeante en agua espesa de un color rojo oscuro. Había más manchas en los pisos y en la puerta trasera. Macho Prieto había logrado escapar a la balacera, pero pronto moriría por sus heridas.

Dos policías federales mexicanos resultaron también heridos de gravedad; el equipo de la DEA se los llevó rápidamente en un convoy cruzando la frontera estadounidense hasta Tucson. No podían arriesgarse a quedarse en México ni un minuto más por temor a ser atacados; ningún lugar en Sonora sería seguro cuando se corriera la voz de que la PF había matado a Macho.

Todos los policías federales heridos se recuperaron en un hospital en Arizona; ningún agente de la DEA había sido herido; Macho estaba muerto, de modo que la operación fue catalogada como un importante éxito contra el Cártel de Sinaloa, pero también fue una de las operaciones internacionales más mortales que la DEA había dirigido jamás.

**CULIACÁN SIEMPRE HABÍA TENIDO** mucho peso en mi mente. Incluso mucho más tras la sangrienta operación para capturar a Macho Prieto.

Tal como Macho mantenía el control con puño de hierro de su territorio en Sonora, así la ciudad de Culiacán estaba en manos del Chapo. Brady y yo sabíamos que sería casi imposible atraparlo en ningún lugar en Culiacán, pues podríamos terminar en un tiroteo con una ciudad entera. Si Macho podía reunir a tantos combatientes en el pequeño pueblo turístico de Puerto Peñasco, ¿cuántos tendría el Chapo acudiendo a ayudarle si fuéramos a capturarlo en Culiacán? Esa era precisamente la razón por la cual Brady y yo trabajábamos tan duro para encontrar una ubicación fuera de la ciudad donde pudiéramos agarrarlo rápidamente, sin mucho ruido, y esperábamos que sin una batalla de armas.

—¿Cuántos hijos tiene el Chapo?

Era nuestra quinta llamada telefónica del día y ni siquiera habíamos llegado al mediodía.

—Con todas las mujeres con las que ha estado, nadie lo sabe realmente —dije yo—. ¿Cientos? Podrías estar viviendo en la puerta contigua de uno de ellos —Brady soltó una gran carcajada.

—Pero realmente —continué—, solo necesitamos prestar atención a los cuatro hijos clave.

Con la temporada de Navidad aproximándose, vi que Ratón y Güero hacían viajes regulares a Culiacán; el Chapo les decía dónde reunirse, en algún lugar que él llamaba «Pichis».

—Sale este nuevo «Pichis», una y otra vez. Hoy mismo de nuevo: «Nos vemos en Pichis» —Brady leía de una hoja de esquemas recién traducida.

Yo también había estado diseccionando esas hojas.

—Sí, lo he visto. No tengo ni idea de lo que significa Pichis; pero él está construyendo allí una piscina y algunas palapas. Kava le ha estado enviando reportes regulares sobre la construcción.

Estar vigilante en extremo para encontrar referencias a reuniones entre todos los jugadores era una de mis principales prioridades, en especial si esas reuniones se planeaban fuera de la ciudad. Comencé a localizar simultáneamente los teléfonos de Güero y Ratón cuando ellos se dirigían al sur hacia Culiacán;

después más localizaciones, hasta que tenía seis marcas rojas en mi mapa de Google, trazando una línea torcida por la autopista estatal 5 de Sinaloa.

Pero entonces, nada más. Después de unos cincuenta minutos, los teléfonos de los hijos dejaron de tener señal. ¿Quizá estaban tan metidos en la espesura de los bosques que ninguna torre de celulares los alcanzaba? ¿O habían apagado sus teléfonos, o les habían sacado las baterías, justamente antes de una reunión?

Brady y yo no pudimos rastrear más lejos a los muchachos, pero pudimos examinar el lenguaje del Chapo. ¿Qué diablos significaba ese nombre de Pichis?

**DÍA 24 DE DICIEMBRE** de 2013, 10:34 de la noche. Yo acababa de servirme un vaso de rompope casero mientras ayudaba a mi esposa a terminar de envolver los últimos regalos de Navidad para los niños, cuando mi teléfono vibró con un mensaje de texto de Brady en El Paso.

«Otro viaje a Pichis».

Esta vez no eran solo Güero y Ratón, sino también Tocallo. El Chapo les había dicho a los tres que se reunieran con su conductor en la gasolinera en «Celis», y él los llevaría el resto del trayecto. Mi esposa levantó las cejas cuando yo me giré hacia la computadora y comencé a localizar.

«Celis» era el pequeño pueblo de Sánchez Celis.

—Puedo ver una gasolinera en el límite sur, pero todas las localizaciones terminan por allí —le dije a Brady.

Era la una en punto de la mañana de Navidad, y Brady y yo habíamos estado arriba y abajo con Google Earth, examinando esa zona desolada de tierra de labranza de Sinaloa que se difuminaba en un pantano más cercano al Pacífico, en busca de cualquier señal de la ubicación de alto secreto del Chapo.

Entonces todas las piezas del rompecabezas comenzaron a encajar.

—Él pidió esos hidrodeslizadores hace un par de meses, ¿no? —dijo Brady.

—Sí, y entonces habló de construir una piscina cerca de unas palapas en Pichis —respondí—. Entonces va a ser en algún lugar sobre el agua, cerca de la ensenada de Pabellones.

—¡Lo encontré! —interrumpió Brady—. *Pichis*. Una abreviatura. El nombre corto para el club Pichiguila de caza de patos.

Brady ya había ido al sitio web del club. Yo hice lo mismo, y me encontré con una página de inicio que anunciaba «la mejor caza de patos en Norteamérica». El sitio web incluso destacaba que el presidente Dwight D. Eisenhower había cazado en la zona, aunque antes de que se estableciera el club.

Yo me asombré por la inquietante relación que tenía con mi pasado en Kansas. ¿El Chapo era cazador de *patos*? Guzmán apenas encajaba en el perfil de un hombre de campo, aunque se había criado en las remotas montañas de la Sierra Madre.

—¿Puedes imaginarlo de pie en mitad de un pantano con botas de goma hasta las rodillas, esperando a que pase volando una bandada de ánades?

—El Chapo no tiene tiempo para esa mierda. ¿Patos? Maldición, no. Él preferiría cazar jovencitas —dijo Brady.

El club estaba ubicado en el extremo norte de la ensenada de Pabellones. Pero mis localizaciones cerca de Sánchez Celis estaban demasiado alejadas del club; el Chapo no podía estar por allí en la sala de reuniones. Brady y yo continuamos con nuestro desfile aéreo virtual, acercándonos con el zoom, alejándonos, examinando cualquier estructura hecha por el hombre. Justo después de las 3:30 de la mañana me encontraba por encima de dos zonas circulares color marrón que se parecían a viejas palapas.

¡El premio gordo!

Recordé a mi padre enseñándome una lección clave cuando yo tenía diez años: siempre que caces patos, querrás sentarte en la «X». La «X» es el lugar donde se sabe que los patos se alimentan o se relajan. No era distinto para el Chapo.

Guzmán necesitaba salir de sus claustrofóbicas casas seguras de Culiacán para comer carne asada, relajarse, sentarse bajo las estrellas en mitad de la nada y respirar aire fresco durante unas horas. Un lugar apartado donde pudiera reunirse con sus hijos para hablar cara a cara de los negocios del cártel.

—Encontré nuestra X —dije—. Es la ubicación de éxito.

Brady se rió cuando le dije el nombre que yo le había puesto al refugio secreto del Chapo en la laguna.

—Dinastía de Pato.

# LOS HOYOS

**LA SALA KIKI ESTABA** llena de trajes. Yo estaba sentado en el centro de la mesa, al otro lado del director de la DEA. La administradora Michele Leonhart había volado hasta la embajada para ser informada específicamente sobre todos los casos de alto perfil en los que habían estado trabajando los agentes de Ciudad de México.

Leonhart no era ajena a historias de agentes que cazaban a jefes esquivos. Ella había comenzado su carrera en la DEA como agente callejero en el sur de California, y con su trabajo había ascendido en los distintos rangos hasta ser nombrada administradora de la DEA por el presidente Obama en febrero de 2010. La última vez que la había visto fue en 2006 cuando crucé la plataforma en mi graduación en Quantico. Antes de comenzar a informarle sobre los últimos avances en el caso del Chapo, vinieron a mi mente una vez más sus palabras en mi ceremonia de graduación:

*Salga y trabaje en grandes casos.*

Sonreí, sabiendo que ahora, seis años después, estaba a punto de cumplir la promesa que había hecho con aquel apretón de manos.

Informé a Leonhart de la buenísima relación que había formado con el HSI y hasta dónde habíamos llegado, mostrándole mi mapa de Google y la gran concentración de localizaciones del Máximo-Nivel en el barrio de Colonia Libertad.

—Lo tenemos localizado en el radio de una manzana, señora —dije—. Y cada semana, o cada semana y media, sale de Culiacán.

—¿Saben dónde va él?

—Sí, a la costa —dije yo—, a un escondite privado que está construyendo no muy lejos de la ciudad.

Leonhart asintió con la cabeza.

—Estamos finalizando todos los detalles —le dije—. Quiero tener suficiente información para saber hacia dónde va a huir en caso de que volviera a escaparse. Casi estamos ahí, señora. Planeamos la participación de la SEMAR pronto.

Después de la reunión, me encontré con el director regional Tom McAllister en el pasillo.

—Habló usted con bastante confianza ahí dentro —dijo Tom—. Hizo algunas promesas importantes.

—Es la verdad —le respondí—. Lo dije tal como es.

No estaba siendo engreído. Sencillamente no tenía tiempo para pensarlo dos veces.

Había empleado años de mucho estudio cuando estaba en Phoenix con Diego, y ahora había pasado todos esos meses agotadores en las trincheras con Brady, Joe y Neil, descifrando el código del sistema de telecomunicaciones del Chapo mediante espejos. Podía decir sinceramente, sin arrogancia ni fanfarronadas, que nadie en la historia había estado nunca en una posición mejor para capturar al Chapo Guzmán.

Ahora tenía la localización actual del criminal más buscado del mundo. Me había saturado de todos los detalles más pequeños de la vida de Guzmán. Estaba tan metido en el mundo del Chapo que conocía prácticamente cada movimiento que hacía y estaba cerca de cada orden que él daba durante el día.

**AL LEER LAS ESCUCHAS** diariamente con tanto trabajo, línea por línea, podía ver una obsesión paralela a la mía: El Chapo también tenía su mirada *en todo*, en cada transacción y decisión en su esfera de narcotráfico. A su propio modo, el jefe era impulsado por una sed de conocimiento constante, al igual que yo. El Chapo necesitaba comprender cada detalle de su operación, incluso las cosas aparentemente rutinarias y aburridas. Esa necesidad de tener un conocimiento total rayaba en una compulsión. El Chapo era un jefe que requería tener todo el control.

Yo también necesitaba control. Muchas tardes, noches en que ya debería haber estado en casa con mi familia, me encontraba leyendo los resúmenes de los esquemas traducidos en mi MacBook, esperando encontrar algo, cualquier cosa, que hubiera pasado por alto:

El Chapo y Turbo, su operador marítimo con base en Mazatlán, hablan de pagos para una lancha motora de tabaco que hay que enviar a San Diego durante varios meses para que le instalen motores nuevos. Turbo pide al Chapo que deposite dinero en la cuenta de su esposa y dice que aún no ha recibido su pago bisemanal de diez mil dólares para sus gastos. Turbo también le dice al Chapo que está buscando adquirir boyas equipadas con GPS, claramente como resultado de su reciente pérdida de 622 kilos de cocaína en el mar.

Maestro, un piloto con base en Chiapas, pide al Chapo que envíe un pago para algunos comandantes militares anónimos. El Chapo responde que enviará un total de ciento treinta mil dólares en el avión: cuarenta mil dólares para pagar a cada comandante por cada evento y diez mil para el combustible del avión.

Raúl, un operador en Panamá, notifica al Chapo que ha encontrado un lugar en una colina a cinco kilómetros de la frontera con un rancho y espacio para una pista de aterrizaje clandestina, pero necesitará maquinaria pesada para limpiarlo.

Ratón está pidiendo «veinte rollos» (doscientos mil dólares) para la logística de mover veinte toneladas de mariguana en un tráiler hacia la frontera estadounidense. El Chapo le dice que Picudo lo entregará.

El Chapo le recuerda a Ratón que no deberían planear su barbacoa fuera de Culiacán porque ha habido mucha actividad militar y policial fuera de la ciudad. El Chapo sugiere que la hagan en la casa de su hijo Güero y que pueden pedir comida china.

El Chapo le dice a Ciento, uno de sus recaderos en Culiacán, que vaya a recoger la prensa al rancho de Pinguino para que puedan hacer los cuadrados (kilos) y que tenga cuidado porque se han detectado unidades militares y policiales en la zona de los ranchos.

El Chapo le pregunta a su contador Oscar cuánto efectivo tiene a mano. Oscar dice que 1.233.940 dólares sin incluir lo que Güero le entregó recientemente. El Chapo le indica a Oscar que haga las siguientes transacciones. Dar doscientos mil a Ciento y que Oscar le envíe confirmación después de hacer la transacción en el banco. Entonces le dice a Oscar que le dé a Pinto, otro obrero en Culiacán, 4.190 pesos para reparar un auto.

El Chapo le dice a su hijo Tocallo que se reunirá con él mañana.

El Chapo le pregunta a Araña cuántas cargas fueron tomadas de La Cienéga, una pista clandestina fuera de Culiacán. Araña mira una lista y reporta que se hicieron diez viajes en la última semana a dos mil dólares cada uno.

El Chapo le dice a Kava que se apresure con las escrituras para las nueve propiedades que les han dado. Kava le dice que se dirige a Tijuana para dirigir una evaluación de un lugar, probablemente el comienzo de un nuevo súper túnel.

Entonces habla con El Chapo de la compra de una casa de cambio que va a cerrar. El Chapo está interesado. Kava también va a mirar algunas otras propiedades en Mexicali y San Luis.

El Chapo habla con un consejero llamado Flaco que le pone al día sobre una audiencia en la ciudad portuaria de Lázaro Cárdenas concerniente a uno de los barcos del cártel que ha sido incautado.

El Chapo le envía flores y una banda local de cinco componentes llamada Los Alegres del Barranco a una muchacha de veintiocho años para que le dé una serenata por su cumpleaños.

**Y COMO UN RELOJ,** cada mañana el Chapo recibía un reporte de inteligencia de uno de sus consejeros de más confianza; Brady y yo lo conocíamos solo como «Sergio».

El Lic-F puede que fuera los ojos y oídos del Chapo en muchos aspectos de la OTD, pero reconocimos que Sergio era un jugador fundamental en cuanto a la seguridad personal del Chapo. Durante meses, Brady y yo observamos mientras Sergio reportaba los movimientos detallados de operaciones del gobierno mexicano, cuerpos militares y policiales, tanto dentro como fuera de Sinaloa.

«Hoy está programado que los vuelos de reconocimiento comiencen a las 10:00 horas y sigan hasta las 14:00 horas. Un helicóptero a la zona de Cruz de Elota, otro a Jesús María y el último a la zona de Navolato».

«Cuatro *sapos* (una referencia en código a los uniformes verdes de las tropas de la SEDENA) estarán realizando patrullajes hoy en los barrios de Las Cañadas, Las Quintas, Loma Linda y Villa Ordaz».

«La Policía Federal saldrá del aeropuerto esta mañana y habrá movimiento desde Mazatlán hasta Los Mochis; están buscando laboratorios de metanfetaminas».

«Dos soldados escoltarán por Culiacán una camioneta que lleva equipo de monitoreo».

El nivel de detalle era tan preciso que me parecía como si Sergio estuviera copiando y pegando directamente desde los planes operativos diarios del ejército mexicano.

—Sergio tiene personas sobornadas por todas partes —le dije a Brady.

—Sí —dijo Brady—. El Chapo tiene información de antemano sobre cada movimiento que se produce en Sinaloa.

Brady y yo nos habíamos vuelto casi insensibles a las filtraciones del ejército, después de leerlas cada día durante meses. Esperábamos que el Chapo también se hubiera vuelto insensible.

—No hay modo alguno de que él tenga tiempo para estar al tanto de toda esa información —dijo Brady—, con lo ocupado que está cada día dirigiendo la OTD.

—A pesar de eso, él tiene bien situada su red de seguridad —le dije—. Sabrá inmediatamente si hay incluso un olorcillo a operación contra él.

Brady interrumpió nuestra conversación con una hoja de esquemas recién traducida.

—Cóndor le dijo a Naris que el Chapo quiere comer sushi. Tiene que llevarlo a Los Hoyos —dijo Brady.

—Lo estoy localizando ahora —dije.

—Cóndor no abandonará —dijo Brady—, ahora está enviando al pobre cabrón a buscar cucharas de plástico y un par de bolsas de hielo.

Cuando el Chapo no estaba encerrado en su dormitorio con su última chica, era todo negocios, las veinticuatro horas del día, dirigiendo el día a día de su organización sin ni siquiera un descanso el domingo.

—Naris se está hartando —dijo Brady—. Mira esto: «Estoy pasando el día con mi familia», dice Naris. «Puedes decirle a El Señor que hoy no voy a hacer su maldito trabajo».

—«No voy a hacer su maldito trabajo» —repetí yo riéndome con tanta fuerza que olvidé enviar las coordenadas a Brady.

Cuando se las envié, la localización de Naris apareció exitosamente.

—El mismo barrio, hermano. Colonia Libertad. Y dentro de esa misma manzana.

—¿Qué es Los Hoyos? —preguntó Brady—. «Los Hoyos», ¿nombre de una calle?, ¿un almacén?

*Los Hoyos.*

Los dos lo estuvimos pensando. Silencio en la línea. Ambos nos estrujamos el cerebro... Entonces, una vez más, el rompecabezas de palabras encajó. Brady y yo lo dijimos en un perfecto unísono:

—Túneles.

Eso sin duda alguna encajaría en el perfil de un hombre conocido como el rey de los túneles.

—¿Recuerdas lo que oí de una de mis fuentes? Dentro de una de sus casas seguras, el Chapo tiene un túnel, la entrada está debajo de una bañera.

—Sí, claro que lo recuerdo; el túnel debajo de la bañera.

—Apuesto lo que sea a que por eso llaman Los Hoyos a ese lugar.

Pese a cualquier cosa a la que el Chapo se refiriera con Los Hoyos, yo seguí localizando el Máximo-Nivel y a Naris, enfocándome cada vez más cerca en esa manzana polvorienta en Colonia Libertad.

—Mis localizaciones están cerca, hermano. Su patrón de vida está claro. Ahora lo único que tenemos que hacer es encontrar una puerta.

**YO CONOCÍA A LA** persona perfecta a quien tenía que llamar cuando estuviéramos listos para pasar a ser operativos.

El alguacil Leroy Johnson, de Mississippi, había estado por años en el Servicio de Alguaciles y tenía la reputación de ser el principal experto en rastrear los teléfonos de fugitivos. Trabajaba principalmente fuera de Tennessee, pero había viajado también por todo Estados Unidos en misiones internacionales. Leroy había conducido suficientes operaciones de captura antinarcóticos en México para ponerse el apodo español de «El Roy». Su acento sureño era tan fuerte como su complexión; medía seis pies (1,82 metros), pesaba doscientas libras (90 kilos), y compartía mi pasión por la caza de un hombre.

«Este tipo es loco —le dije a Brady—, y es intrépido. Caminará por los peores barrios en Juárez para esposar a un tipo malo».

Yo sabía que si queríamos realizar cualquier operación de captura, necesitaríamos a Leroy y su equipo de alguaciles sobre el terreno.

A estas alturas comenzaba a acumularse la presión, desde Washington, DC, hasta Ciudad de México. Lentamente, se había colado la noticia entre la DEA y el HSI de que Brady y yo teníamos localizado al Chapo en un radio menor de una manzana. Los jefes en ambos lados insistían en tener una última reunión de coordinación. Yo podía sentir la inclinación burocrática, como en la embajada cuando había cambiado su peso durante el terremoto.

Ahora pasaba más tiempo intentando apaciguar a mis jefes y coordinar una compleja reunión entre agencias que enfocándome en el plan para actuar según nuestra información. Y para colmo, el equipo antinarcóticos de la CIA comenzaba a aparecer en el piso de mi oficina, dándome fragmentos de inteligencia obsoleta a la vez que hacía preguntas exploratorias, todo ello en un intento por conseguir saber todo lo que pudieran sobre mis planes.

**EL 16 DE ENERO** de 2014, a las 6:53 de la tarde, recibí un texto de Brady.

«El Chapo se dirige otra vez a Dinastía de Pato. Parece que ya está en camino».

«Maldita mierda —escribí yo—. A estas alturas deberíamos tener a bordo a la SEMAR. No vamos a tener muchas más oportunidades como esta».

Yo sabía que el Chapo estaba en su punto más vulnerable al dejar atrás Los Hoyos en Culiacán, viajando ligero con Cóndor y quizá Picudo o algún otro guardaespaldas. También había estado estudiando imágenes recientes de satélite de Dinastía de Pato. Las fotografías revelaban múltiples palapas, una piscina recién construida, completa con un bar dentro del agua, y varios otros edificios pequeños en el exterior. Aun podían verse a uno o dos obreros de la construcción en la propiedad. Eso corroboraba las hojas de esquemas: palapas, una piscina nueva, la necesidad de un hidrodeslizador... todas las cosas que el Chapo había discutido al azar a lo largo de los meses ahora cobraban sentido.

**DINASTÍA DE PATO ESTABA** en mitad de la nada; el terreno era llano y fácilmente accesible desde todas las direcciones, de modo que era el lugar perfecto para lanzar una operación de captura.

Sin embargo, el reloj seguía su marcha. La posibilidad de que le llegaran filtraciones al Chapo era demasiado grande. Lo único predecible sobre el Chapo Guzmán era que era impredecible.

Podía cambiar su patrón en cualquier momento y sencillamente desaparecer en la Sierra Madre durante meses.

Yo sabía que no podíamos seguir esperando; teníamos envuelta toda la investigación en un paquete con un gran lazo rojo encima.

—¿Crees que podemos arriesgarnos? —preguntó Brady.

—A la mierda —dije yo—. Sí, incorporemos ahora mismo a la SEMAR. Voy a cancelar la reunión con los jefes.

No teníamos ninguna otra opción: era el momento de actuar.

MI PRIMERA LLAMADA FUE al alguacil Leroy Johnson, en Tennessee.

—Vamos adelante —le dije.

—¿Una operación de captura?

—Venga aquí.

—Estoy de camino —dijo Leroy.

La siguiente tarde, me senté con Leroy mientras tomábamos un par de botellas de Negra Modelo en un bar tranquilo enfrente de la embajada, abrí mi MacBook y le mostré la gran concentración de marcadores que tenía en mi mapa de Google.

Había ya tantos, que apenas se podía ver la ciudad de Culiacán: estaba totalmente cubierta con marcadores de colores. Me acerqué con el zoom, describiendo el significado de cada color y forma.

—Los amarillos son mis localizaciones del Máximo-Nivel —expliqué—. Los rojos son para los hijos y también para todos los otros operadores del Chapo. Los azules son puntos de interés, cualquier ubicación importante mencionada en las hojas de esquemas. Los iconos de torres son torres de teléfonos celulares.

—Bien —dijo Leroy.

—La «R» es para lugares de reunión, o localizaciones frecuentadas por sus mensajeros. Los círculos rojos son donde creemos que él tiene otras casas seguras. Los pequeños aviones marcan pistas clandestinas; hay cientos de ellas.

—¿Y las estrellas amarillas? —preguntó Leroy.

—Son mis localizaciones más cercanas, las que tienen un menor radio —me acerqué más al barrio de Colonia Libertad—. El Chapo está aquí en esta manzana.

—Increíble —dijo Leroy—. Tienes marcado todo este mapa, Drew. Casas seguras, localizaciones, torres de celulares. Diablos, nunca he visto un patrón de vida tan ubicado. Lo tiene acorralado.

—Aún no —dije—. Tenemos mucho con lo que trabajar, pero aún no tenemos una puerta.

—Ah, la encontraremos —dijo Leroy con confianza—. Cacemos a este hijo de puta.

———

**TODO AQUELLO EN LO** que Brady y yo habíamos trabajado duro para mantenerlo en secreto, e incluso algunos de nuestros propios hombres en la DEA y el HSI no conocían muchos de los detalles, estaba a punto de quedar al descubierto para nuestros homólogos mexicanos.

El almirante Raúl Reyes Aragonés, el comandante de más alto rango de la SEMAR en el DF, conocido comúnmente con el apodo de «Furia» (por el modo en que él y su brigada de élite arrasaban y destruían organizaciones mexicanas de narcotráfico), llegó a la embajada estadounidense en un Mercedes blindado, seguido por su capitán y varios lugartenientes.

Furia tenía una figura impresionante: unos sesenta años de edad, pero muy en forma, parecía que aún podía realizar cincuenta flexiones en cualquier momento. La cabeza calva de Aragonés estaba bronceada y tan brillante que parecía que se la habían pulido. Llevaba una camisa formal con cuello blanco de la marina, almidonada y sin una sola arruga. Sus manos eran suaves y estaban bien cuidadas; cuando sonreía, sus dientes resplandecían de lo blancos que estaban; *demasiado* blancos, pensé yo, como si su dentista los hubiera blanqueado. Era la sonrisa de un vendedor.

—¿Quieres al Chapo? —pregunté inmediatamente cuando el almirante se reclinó en su silla giratoria de cuero en la sala Kiki.

—Pues, claro que sí —dijo el almirante—. ¡Claro que queremos al Chapo! Dime cuándo y dónde.

Le expliqué que el Chapo y toda su organización temían a la SEMAR, a quien denominaban *las rápidas*. Mientras hablaba, sentí una presión repentina en el pecho, como si acabara de terminar una carrera de diez kilómetros en medio de ese aire de la capital: tenía mucho que decir, pero estaba casi demasiado nervioso para expresar mis pensamientos con palabras...

Había pasado años construyendo para llegar a este momento; ¿cómo podía soltarlo de repente? ¿Cómo podía comenzar a revelar todos los secretos y técnicas que me había tomado tanto tiempo perfeccionar? A nadie le habían contado el cuadro *completo*, nadie en la tierra sabía todo lo que sabía yo, y ahora ¿se suponía que tenía que soltarlo todo en el regazo de un almirante de aspecto impecable al que acababa de conocer?

Entendiendo que si íbamos a cazar al Chapo necesitaríamos ayuda militar, respiré profundamente y miré a los ojos al almirante; ese tipo con la sonrisa resplandeciente y un uniforme inmaculado era la clave para poner en acción la operación.

—El Chapo a veces sale de la seguridad de su fuerte en Culiacán para escaparse a una laguna que tiene alberca y un bar en el agua.

—¿Por qué esta localización? —preguntó el almirante Furia.

—La proximidad a Culiacán —dije encogiéndome de hombros—. Es un viaje corto, y está en un lugar remoto para cualquier ojo entrometido. Al Chapo le gusta reunirse con sus hijos, hacer negocios cara a cara. Algunos asuntos no pueden tratarse por teléfono. Es un club de caza de patos abandonado llamado Pichiguila y el Chapo se refiere a él simplemente como «Pichis». Ha tomado viejas palapas, ha hecho que las renueven y las ha convertido en un lugar bastante bonito. Yo lo llamo Dinastía de Pato.

Hubo algunas risitas por la mesa.

—Dinastía de Pato —dijo alguien.

—Hemos seguido a sus hijos; bueno, hemos seguido las *localizaciones* de los teléfonos de sus hijos, y nos llevan justamente

CAZANDO A EL CHAPO

ahí, cerca de las palapas. Y también lo mismo con las localizaciones del dispositivo del Máximo-Nivel.

—¿Cómo sabes que Guzmán está detrás del teléfono que estás localizando?

—Él utiliza *espejos*, un sistema de capas, que hemos descifrado y en el que nos hemos infiltrado —le respondí—. Los llamamos niveles. En términos de él, son *secretarios* y él es el mánager: el *generente*. Excepto uno de dos secretarios: Cóndor o Chaneke, simplemente los llamamos Máximo-Nivel, está siempre al lado del Chapo.

—Bien —dijo bruscamente el almirante Furia—. Él viene a ese club de caza Pichiguila en la laguna. ¿Y no viaja con muchos guardaespaldas? Nuestros reportes dicen que Guzmán siempre lleva consigo muchos hombres armados, podrían llegar a ser hasta cien...

—Esa información es *histórica* —le interrumpí—. Está desfasada. En algún momento sí, el Chapo puede que viajara por las montañas con esa cantidad de hombres armados. Hace años, quizá. Ahora no. Él se mueve de manera rápida y austera; tiene un grupo íntimo de guardaespaldas leales; probablemente siempre vaya armado, vistiendo chaleco antibalas y quizá en un vehículo blindado. Pero no, ¿esos reportes de cientos de hombres armados del cártel que conducen en un convoy de Suburban negros en todo momento? Ya no son válidos. En este punto, puedo asegurar que cuando el Chapo baja a esas palapas que construyó cerca del club Pichiguila lo hace con un par de hombres de su total confianza.

Podía ver que el almirante estaba enganchado a mi historia; y efectivamente, al final de mi presentación estaba listo para poner a nuestra disposición a todos sus hombres y sus recursos. Trazamos un ambicioso plan: lanzar de modo simultáneo un ataque por tierra y por aire sobre las instalaciones del Chapo en la laguna.

El elemento sorpresa sería clave: necesitaríamos tener a la SEMAR en posiciones en el perímetro en mitad de la noche a fin de capturar al narcotraficante en una redada antes del amanecer. Ellos situarían cuatro de los principales helicópteros de la SEMAR en una base en La Paz, cerca del extremo sureño de la península de Baja; llevarían a las brigadas de élite desde Ciudad de México para dormir en las bases de la SEMAR en Sinaloa, rodeando Dinastía de Pato.

—Cuando los helicópteros y mis hombres estén en posición, esperaremos hasta recibir luz verde por tu parte —dijo el almirante—. No nos moveremos hasta que nos digas que el dispositivo del Máximo-Nivel está allí.

—Exactamente —le dije—. Cuando nuestras localizaciones indiquen que él está en Dinastía de Pato, se lo haremos saber inmediatamente.

—Y tu equipo de alguaciles se unirá a nosotros en La Paz, ¿correcto?

—Sí, señor. Estarán con ustedes en caso de que necesitemos rastrear el teléfono. Si el Chapo se va inesperadamente, no hay nadie mejor que el Roy y sus muchachos para rastrearlo. También enviaré a Nico Gutiérrez con ustedes para que sea mi enlace con la DEA sobre el terreno.

**EL AGENTE ESPECIAL NICOLÁS** Gutiérrez era un nativo de habla española que se sentaba a mi lado en la embajada y me ayudaba a localizar teléfonos y descifrar parte de la jerga más ininteligible y errores ortográficos en las hojas de esquemas. Un exmarine corpulento como un defensa de fútbol, Nico era el tipo perfecto para ser mis ojos y mis oídos en el terreno.

Gutiérrez vivía para operaciones de captura como esta. Ya tenía empacado su equipo táctico y estaba listo para trabajar con la SEMAR.

Fuera de la sala Kiki, me encontré de nuevo con el director regional McAllister.

—Bueno, Drew, aquí es donde su mundo comienza a girar —dijo Tom con una sonrisa.

—¿Girar? Señor, ya tengo la sensación de que está a punto de desatarse.

Tom era un ejecutivo veterano y experimentado de la DEA que dirigía casos de alto nivel por toda Latinoamérica, Europa y el Oriente Medio. Él entendía mejor que nadie cuán duro había trabajado yo para llegar donde estaba.

—Tengo archivada una orden de silencio con el jefe de posición aquí —dijo Tom—. No se permitirá a la CIA hablar con nadie de esta operación.

Me sentí muy agradecido de que Tom, y mis otros jefes, me hubieran permitido trabajar sin interrupciones o cualquiera de los dramas políticos que a menudo podían plagar una investigación de esta escala. Todos habían trabajado diligentemente desde un segundo plano, asegurando que solamente quienes necesitaran tener información estuvieran al día.

Con el volumen de inteligencia que entraba diariamente, Brady tenía que quedarse en el cuarto de guerra de El Paso, mientras que yo establecí un centro de mando en la embajada con un grupo de analistas de inteligencia, junto con todos mis jefes. Brady y yo queríamos estar los dos sobre el terreno con la SEMAR, pero también sabíamos que para evitar que el tren descarrilara, necesitábamos estar en nuestros puestos haciendo lo que habíamos estado haciendo casi a todas horas durante nueve meses.

—La SEMAR está lista para moverse. Lo único que tiene que hacer el Chapo es salir de su agujero de rata para acudir a una reunión una última vez —le dije a Brady.

—Desde el momento en que llegue a Dinastía de Pato, está chingado —dijo Brady—. En esa laguna, no tendrá ningún lugar a donde huir.

**YA NO HABÍA MARCHA** atrás; le dije a la SEMAR todo lo que necesitaban saber, y el 19 de enero los marines comenzaron a hacer sus primeros movimientos, volando hasta la base en La Paz y moviendo tropas terrestres a las bases locales en Sinaloa en El Castillo, La Puente y Chilango.

Esa misma noche, a las 10:00 en punto, Brady me llamó.

—Maldita mierda —dijo.

—¿Qué pasó?

—Tienes que ver esto. Está entrando.

Era una hoja de esquemas nueva. El Lic-F al Chapo.

—Sergio acaba de reunirse con la persona del agua que tiene al equipo especial en MEX. Le va a dar diez rollos al mes.

Sentí que un agudo dolor me golpeaba el estómago. «La persona del agua»: código para los marines. Y el «equipo especial en Ciudad de México»: posiblemente la brigada de Furia. ¿Se veía comprometida toda nuestra operación? Diez rollos. Eso significaba que le estaban pagando al contacto cien mil dólares al mes por la información. Intenté expresar con palabras mi enojo, pero no pude.

—Espera. Es peor —dijo Brady.

A estas alturas yo ya tenía las hojas de esquemas y la traducción en mi propia computadora.

Lic-F: Ahorita llegaron tres rápidas del agua al castillo, puros encapuchados (son fuerzas especiales del agua) como que quieren operar en Culiacán. Al rato nos avisa el comandante ya que platique con ellos a ver que logra saber.

Lic-F: Están reportando cuatro trillas grandes en la calma. Hay que estar pendientes pues no vayan a querer cruzar el charco.

—Están reportando cuatro helicópteros en La Paz…

—Están sobre nosotros —dijo Brady.

—«No vayan a querer cruzar el charco» —repetí en voz alta.

El Charco: la laguna. Yo sabía que eso era el código para el Mar de Cortés, que separa el continente mexicano, incluida Sinaloa, de la larga y delgada península donde estaba ubicada la base de La Paz.

**FILTRACIONES. MALDITAS FILTRACIONES. EL** goteo, goteo, goteo constante se había convertido ahora en una inundación.

—Jesús —dije en un susurro.

—Conoce cada uno de nuestros movimientos —dijo Brady.

Releí los mensajes dos veces más, y entonces me quedé mirando al torbellino multicolor de marcadores en mi mapa de Google.

Los del agua.

Encapuchados.

Estar pendientes.

Cruzar el charco.

El Lic-F estaba reportando cada movimiento militar al Chapo inmediatamente. Miré otra vez esa larga península, en la base de La Paz, y después otra vez el corazón de Culiacán. Mi patrón de marcadores de localización se puso borroso y se convirtió en un feroz caleidoscopio.

«¿Drew?»

Hubo silencio entre nosotros durante un largo rato. Entonces oí mi voz repitiendo, como si estuviera en un trance.

«Sí. Él conoce cada uno de nuestros movimientos».

# TERCERA PARTE

# LA PAZ

«¿DREW?»

Oía a Brady, pero no podía empujarme a mí mismo a responder.

De pie al lado de la ventana podía sentir que acumulaba calor en mi pecho; mi cara y mi cuello ardían de frustración y enojo.

Yo siempre intentaba jugar a ser el diplomático, «Suiza», como decía Brady. Se me había dado bien fomentar las buenas relaciones y la colaboración entre agencias; cuando se producían encontronazos, parecía que yo siempre apaciguaba los ánimos. Nunca perdía los nervios. Enojarme nunca hacía ningún servicio al propósito de avanzar la investigación.

Pero ahora estaba a punto de explotar.

Agarré con más fuerza el BlackBerry en la palma de mi mano.

«Alguien en esa sala podría ser corrupto», dijo Brady.

¿El Chapo tenía un contacto en una alta esfera en Ciudad de México que estaba en la movida por cien mil dólares al mes? El nivel de corrupción, el grado hasta el cual Guzmán había comprometido a los jefes militares y policiales no solo en Sinaloa sino también incluso en la capital de la nación, de repente parecía insuperable.

En un instante pasaron por mi mente las caras del almirante, el capitán y los lugartenientes. Tan solo horas antes, les habíamos revelado todo en la sala Kiki, ¿y uno de ellos podía ser un corrupto?

¿Cuál de ellos?

Yo estaba entre las sombras de mi sala en La Condesa, con el teléfono en la oreja y mirando los autos que estaban estacionados en la oscura calle. Mientras estaba allí de pie, mirando por la ventana y viendo la forma fantasmagórica del reflejo de mi propia cara en el frío vidrio de la ventana, de repente tuve la sensación de que me estaban observando.

¿Quién estaba dentro de esos autos estacionados abajo?

El nuevo Charger.

El viejo Toyota.

*El teléfono*: ¿era seguro?

Alguien podría estar escuchando cada palabra.

—¿Qué quieres hacer? —preguntó Brady.

Respiré profundamente antes de responder.

—No hay ninguna otra opción —dije—. Tenemos que confrontar al almirante; ahora. Tienes que venir.

**A LA MAÑANA SIGUIENTE,** conduje mi Tahoe blindado hasta el Aeropuerto Internacional de Ciudad de México y divisé a Brady a la orilla de la banqueta.

—¿Vamos a retirar todo? —preguntó Brady—. ¿No vamos a trabajar con la SEMAR?

—No. Seamos sinceros: sin los marines no se puede hacer. Punto. Vamos a ir a ver al almirante personalmente, a su tienda.

—Siguen advirtiendo al Chapo en los esquemas —dijo Brady, y me pasó su BlackBerry para que leyera.

«Tenemos que estar muy pendientes, como una puta embarazada, colega», escribió Cholo Iván, el feroz sicario que arrasó la ciudad de Los Mochis.

«Nunca hemos visto tantas tropas en esta base; nunca».

«Está pasando algo extraño; hay que estar pendientes».

«Las rápidas, señor. Las rápidas».

**CONDUJE HASTA EL SUR** del DF, dando volantazos, metiendo el Tahoe en los espacios entre el tráfico congestionado durante todo el camino. En la base de la SEMAR atravesamos una única puerta, custodiada por dos jóvenes marines armados con rifles automáticos, y fuimos escoltados hasta el piso superior a una sala de reuniones grande. Cuando nos acercábamos a lo alto de las escaleras me di cuenta de que no había dormido ni comido en veinticuatro horas. Estaba demasiado nervioso y desconcertado por la idea de sentarnos y enfrentar al almirante; aún no sabía quién podía ser la fuente de las filtraciones.

La sala de conferencias estaba rodeada por oficinas a ambos lados. Se suponía que la reunión sería privada (solamente Brady, el almirante Furia y yo), pero había marines por todas partes, entrando y saliendo de las oficinas. Todos iban vestidos con uniformes de batalla (BDU, por sus siglas en inglés), incluso el joven marine que nos sirvió café y galletas, y una pantalla grande proyectaba toda la información que yo había dado el día antes. El almirante Furia estaba sentado a un extremo de la larga mesa de roble, con aspecto calmado, y llevaba puesta otra de sus impecables camisas blancas. Brady y yo nos sentamos en la esquina cerca de él.

Brady y yo intercambiamos miradas de preocupación, y entraron en la sala más oficiales. Había ya el doble de oficiales sentados alrededor de la mesa que en la primera reunión en la embajada estadounidense. No reconocía a ninguno de esos jefes de la SEMAR. Esa no era una reunión privada.

—Mira esta mierda —me susurró Brady—. Este lugar podría estar lleno de filtraciones...

Estábamos allí para hablar de una operación de alto secreto para cazar al criminal más buscado del mundo, pero la sala era un hervidero de actividad igual que el mercadillo en Reforma al que mi esposa y yo llevábamos a nuestros hijos las mañanas de los domingos.

—Sí, demasiados malditos ojos y oídos —susurré, pero el almirante nos hacía gestos impacientes para que comenzáramos.

—Estamos aquí para hablar de la información que está en peligro —comencé—. Hemos recibido mensajes que muestran que el objetivo (me reprimí de pronunciar en voz alta el nombre del Chapo) está viendo todo lo que está sucediendo con su gente en Sinaloa y La Paz. Básicamente, está recibiendo actualizaciones en tiempo real. Alguien de un grupo de élite de la SEMAR en Ciudad de México está proporcionando la información.

El Chapo Guzmán tras su primer arresto en junio de 1993.

AP Photo/Damian Dovarganes

Subiendo al Learjet de la DEA en ruta a Ciudad de México en junio de 2010, llevando en efectivo los 1,2 millones de dólares dentro de cajas de FedEx.

Diego sentado con Mercedes Chavez-Villalobos y sus colaboradores en el restaurante La Rosita en Panamá, en junio de 2009. Fotografía tomada secretamente por mí durante la operación encubierta.

Con los 2.513 kilos de cocaína incautados en Guayaquil
(Ecuador) en noviembre de 2010.

El Chapo con su gorra de béisbol negra marca de la casa, cargando un AR-15 fuera de
un rancho mexicano varios años después de su primera huida de la cárcel en 2001.
Departamento de Justicia de Estados Unidos

Una fotografía incautada en una BlackBerry en la mansión de El Chapo en Cabo San Lucas tras su huida de las autoridades mexicanas y de la DEA en febrero de 2012.

J. G. L.
FELIZ DIA DE AMOR
Y LA AMISTAD
EN ESTE DIA TAN
SPECIAL TE MANDO
ESTAS FLORES CON
MUCHO "AMOR" TE AMO.

La tarjeta, encabeza por sus iniciales J.G.L., que El Chapo envió junto con flores a sus numerosas novias en Culiacán el Día del Amor y la Amistad (Día de San Valentín).

La Comisión contra el Crimen de Chicago nombra a El Chapo Enemigo Público Número Uno, sustituyendo a Al Capone, en febrero de 2013.

AP Photo/M. Spencer Green

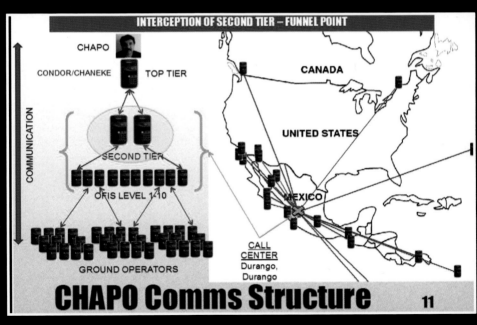

Un diagrama que creé para mostrar la estructura de comunicación de los dispositivos espejo de El Chapo.

**Video de El Chapo interrogando a un hombre atado a un poste bajo una palapa.**

Fuente anónima

**Fotografía aérea de Dinastía de Pato que muestra más construcciones: múltiples palapas, una casa y una piscina.**

Imagery © 2017, Digital Globe, © 2017 Google, INEGI

Paquetes de cocaína almacenados en el túnel en la Casa Segura 3 junto con bananas falsas de plástico utilizadas para transportar la droga.

ARRIBA: Mi mapa en Google mostrando ubicaciones pertinentes en Sinaloa, incluidas pistas de aterrizaje clandestinas por toda la cordillera de la Sierra Madre, marcadas con iconos azules de avión.

ABAJO: Mi mapa en Google mostrando las localizaciones de los dispositivos del Máximo-Nivel (amarillo) y otros blancos y ubicaciones importantes.

Imagery © 2017, Digital Globe, © 2017 Google, INEGI

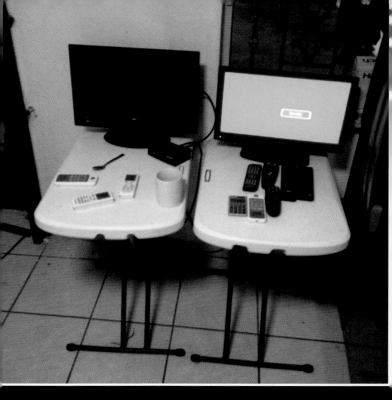

ÍBA: Pantallas utilizadas para monitorear videos de vigilancia en todas la casas seguras de El Chapo; ubicadas en el garaje de la Casa Segura 1.

ABAJO: Tumbado por primera vez en un catre de saco de papas en las «barracas» al aire libre de la SEMAR en Culiacán.

La SEMAR llegando a la Casa Segura 2, haciendo la entrada a primera hora de la mañana del 17 de febrero de 2014. Tomada por mí con iPhone.

Brady y yo sentados en el sendero de El Chapo fuera de la Casa Segura 3, descansando un poco antes del siguiente asalto.

Varios sujetos fuertemente armados fueron detenidos en el interior de la casa de Picud

Dentro del túnel por debajo de la Casa Segura 3 se utilizaron luces fluorescentes y estantes temporales para almacenar grandes cantidades de cocaína.

Brady saliendo del túnel que había debajo de la bañera en la Casa Segura 3.

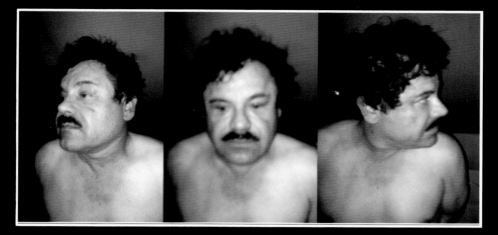

ARRIBA: El Chapo mostrado ante la prensa mundial tras su llegada al Aeropuerto Internacional de Ciudad de México desde Mazatlán el 22 de febrero de 2014.

ABAJO: Brady y yo momentos antes de la captura en el Hotel Miramar: estoy usando la gorra negra de El Chapo y cargando el rifle AR-15 encontrado en la habitación del hotel de Guzmán.

AP Photo/Eduardo Verdugo

Brady y yo con El Chapo custodiado: el narcotraficante más buscado del mundo durante el interrogatorio en la base de la SEMAR en Mazatlán.

AP Photo/Eduardo Verdugo

El Chapo mostrado ante la prensa mundial tras su llegada al Aeropuerto Internacional de Ciudad de México desde Mazatlán el 22 de febrero de 2014.

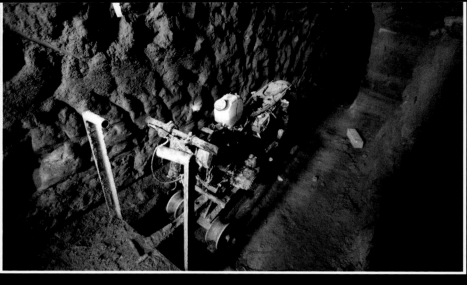

El túnel de 1,5 kilómetros de longitud por el que El Chapo huyó de la cárcel de Altiplano el 11 de julio de 2015. Tuberías de PVC metían aire fresco al pasaje, y se habían puesto vías metálicas para que El Chapo pudiera escapar en un vagón unido a la estructura de una motocicleta modificada.

AP Photo/Eduardo Verdugo

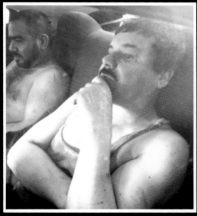

El Chapo y Cholo Iván sentados en el asiento trasero de un vehículo tras la captura el 8 de enero de 2016 en Los Mochis (Sinaloa).
Fuente anónima

El Chapo sentado dentro de la cárcel de Cefereso N. 9 en Ciudad Juárez (México)
Cuenta oficial de Twitter de Miguel Ángel Osorio Chong, Secretario de Gobernación (Interior), México.

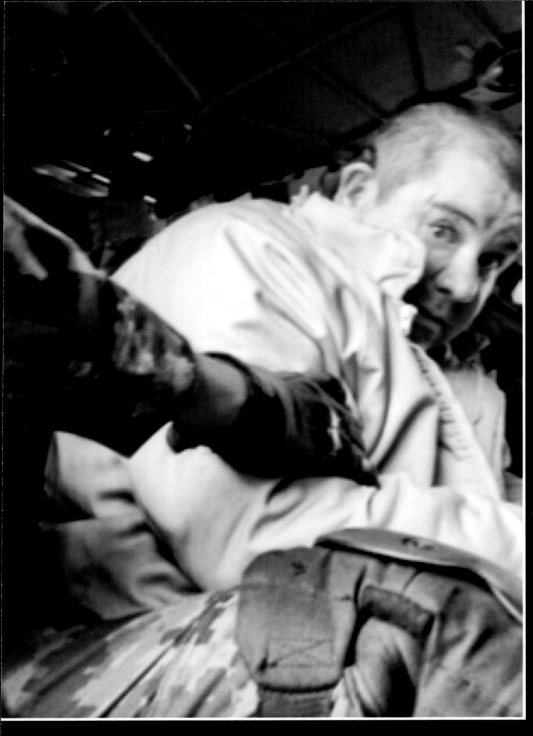

El Chapo siendo extraditado desde México a Estados Unidos el 19 de enero de 2017.
Fuente anónima

# LA PAZ

Le mostré los mensajes al almirante Furia.

Los encapuchados.

Las rápidas.

Los helicópteros.

Por si cruzan el charco.

Furia admitió que sabía que había filtraciones en la SEMAR. Dijo que no era nadie de *su* tienda, pero no le sorprendía que el Chapo supiera todo lo que estaba sucediendo en la costa del Pacífico. Me aseguró que haría todo lo que pudiera para descubrir la fuente de las filtraciones inmediatamente.

—La seguridad es primordial para mí —dijo Furia—. Si queremos que esta operación sea un éxito, necesitamos el máximo secretismo con esta información.

Tuve que reprimir una sonrisa. Mirar alrededor de la sala, al número de caras desconocidas y los oficiales que entraban y salían, hacía que esa afirmación causara risa. Yo sabía que si Dinastía de Pato estaba en peligro, y si el Chapo abortaba sus planes de ir a la ensenada de Pabellones, no tendríamos otra opción sino la de intentar entrar en Culiacán.

Una operación de captura en Culiacán: solo decirlo en voz alta evocaba imágenes de un baño de sangre. Nadie quería eso. La balacera fatal con Macho Prieto y sus pistoleros estaba demasiado fresca en la mente de todos; pero en este punto no había marcha atrás, y yo tenía que hacérselo saber al almirante.

—¿Qué más tiene sobre los planes del objetivo para el viaje? ¿Sabe desde dónde llegará? —preguntó el almirante, dando sorbos a su café con leche.

—En este punto, sí —le dije—. Tenemos marcada su localización en un rango muy estrecho. Lo tengo en un radio de una manzana dentro de Culiacán.

—¿Culiacán? ¿Sabe dónde está él en este momento?

—Bueno, sí; no tengo la dirección de una calle, pero sí conozco el barrio. Estamos seguros de que es la ubicación de una de sus principales casas seguras.

El almirante estalló, gritando que le estábamos reteniendo cosas.

—¡No me cambias mi pañal! ¡Y no me das el biberón! —Furia dio un fuerte golpe sobre la mesa con su mano tan cuidada—. Necesitamos establecer confianza inmediatamente.

Yo le expliqué que no era una cuestión de *confianza*. Yo quería darle a la SEMAR la mejor inteligencia que tuviéramos. Ahora hice el papel de diplomático, me disculpé y le dije al almirante que le había proporcionado toda nuestra inteligencia, exponiendo la red de casas seguras en Culiacán donde parecía que el Chapo pasaba la mayor parte de su tiempo.

El almirante Furia respiró profundamente, escuchando con atención. Brady añadió que no era nuestra intención ofenderle y que no estábamos acusando.

—Mira —dijo Brady—, sabemos que también tenemos personas corruptas trabajando en nuestras agencias, incluso en Estados Unidos.

—Nadie quiere al Chapo más que *nosotros* —dijo el almirante Furia—. Yo quiero capturarlo más que *ninguna otra persona* en esta sala. Ustedes los estadounidenses puede que no entiendan esto, pero su captura es más importante para México que para Estados Unidos. Él es una mancha en todo nuestro país.

Me quedé impresionado por la sinceridad de su estallido emocional. La atmósfera en la sala finalmente se calmó; se había hablado de las filtraciones, y Brady y yo hicimos exactamente lo que el almirante quería: «abra las cartas». Mostramos años de inteligencia, llevando al almirante a recorrer meticulosamente cada detalle del mundo secreto del Chapo.

Justo antes de salir de la sala, capté la atención del almirante una última vez.

—Señor —dije—, hay una sola cosa que puede fastidiar toda esta operación.

—¿Y qué es?

—*Los primos* —dije.

Los primos: un eufemismo muy conocido para la CIA. Yo sabía que el almirante tenía a un par de muchachos de la inteligencia de la SEMAR en la nómina de la CIA, y a veces ellos proporcionaban información de la DEA directamente a los espías. La CIA podía reclamar que la inteligencia era original y actuar en base a ella sin coordinarse con nadie.

El almirante convocó a dos oficiales, un capitán y un lugarteniente, y les dijo, con bastante teatralidad, como si fuera para los oídos de Brady y los míos:

—Nada va a *los primos*. ¿Entienden? Es una orden directa.

**AL IR CONDUCIENDO A** la embajada tras la reunión, llamé a Nico para ver cómo iba todo.

—¿Cómo van las cosas por allí, amigo?

—Todo bien, mijo —dijo Nico—. Estos tipos están listos para salir. Yo iré en el helicóptero principal, y el Roy y un par de sus muchachos irán en otro detrás de mí.

—Bien, has visto las filtraciones, ¿cierto? El almirante va a hacer todo lo posible para encontrar al tipo que está pasando la inteligencia aquí, y ha trazado otro plan.

Mientras esperábamos a que el Chapo se moviera, era crucial que la SEMAR comenzara a difundir una historia plausible de contrainteligencia, pues había demasiado *halcones*, y el Chapo tenía una amplia red de vigilantes que espiaban para él en Sinaloa. Y por lo tanto, la SEMAR comenzó a difundir que estaban realizando amplias misiones de entrenamiento con helicópteros, tropas terrestres y brigadas extra en la costa del Pacífico, de modo que la gran presencia militar allí no causara más alarma a la gente del Chapo.

La SEMAR también había coordinado el avión gubernamental en La Paz, para localizar además el dispositivo BlackBerry del

Máximo-Nivel en el momento en que el Chapo decidiera salir de su refugio de Culiacán y dirigirse hacia la laguna, a la caza del pato.

**BRADY VOLÓ DIRECTAMENTE DE** regreso a El Paso para trabajar en el cuarto de guerra del HSI. Pasó una semana completa sin ningún movimiento de los *secretarios*.

—¿Hay algo? —preguntó Brady.

—No —respondí—. El Máximo-Nivel no ha salido de esa maldita manzana de casas.

—Yo me estaría volviendo loco; loco de remate. Imagina no salir de tu casa, no ver la luz del sol, ¿durante una semana completa?

Pero si alguien estaba acostumbrado a permanecer encerrado en una casa segura, era Guzmán. El Chapo parecía contentarse con quedarse en una ubicación durante semanas. Sus operaciones diarias de narcotráfico parece que no se veían afectadas por los movimientos de la SEMAR.

Pasó otra semana más.

—Él no va a salir —dije—. Se nos está acabando el tiempo con la SEMAR. Nico me dijo que han estado realizando «misiones de entrenamiento», volando con los helicópteros alrededor de Cabo, pero ya se están cansando incluso de eso. Los marines están ansiosos.

—Aguanta; esto está entrando —dijo Brady, leyendo una escucha recién traducida—. El Chapo está enviando a Naris a

Dinastía de Pato para observar cualquier actividad de los marines en las carreteras.

Después de localizarlo, pude ver a Naris merodeando, haciendo su propia tarea de detective. Varias horas después, se reportó directamente a la casa segura del Chapo. Brady y yo supimos que Naris había hablado con un ranchero de mediana edad en las inmediaciones del club Pichiguila; el vecino dijo que él y sus hijos podían oír un zumbido en el cielo diariamente, pero cuando miraban arriba no veían nada. Se estaba reportando mucha actividad en la base de La Paz. A estas alturas, el Chapo estaba seguro de que se estaba cociendo algo grande; el pobre Naris estaba situado al lado de la carretera, con los ojos pegados al cielo, esperando el ruido como si fuera un brigadier mayor en Londres durante el bombardeo alemán.

—Puede que el Chapo conozca *todos* los movimientos de los marines —dije yo—. Lo único que aún tenemos a nuestro favor es que parece que no sabe *quién es* el objetivo.

—Tienes razón —dijo Brady—. Si lo supiera, hace mucho tiempo que ya no estaría.

—Y hasta ahora no hay mención alguna de «gringos» en las hojas de esquemas, ¿verdad? —pregunté.

—Ninguna.

**—HAZ LAS MALETAS —DIJE—**. Necesitamos volver a trazar una estrategia y motivar a las tropas. Vamos a reunirnos con Nico y el Roy.

—Muy bien —dijo Brady—. Puedo llegar en un par de días.

La esposa de Brady acababa de dar a luz a su hijo, por lo que sabía que no era un momento ideal para que él le dijera que tenía que irse de El Paso.

—Lo siento —dije—. No, me refiero a ahora *mismo*; tenemos que mantener el impulso. Esa brigada ha estado ahí demasiado tiempo, y todo el mundo se está poniendo malditamente ansioso.

Los marines habían estado en espera en la base por dos semanas completas, simplemente limpiando sus armas y comprobando su equipamiento, cuando lo único que querían hacer era hincar sus dientes al Chapo y su organización.

—Vamos a reunirnos con el almirante cara a cara; yo salgo esta noche. De miércoles a viernes. Tres días, realmente rápido, y trazamos de nuevo la estrategia. Vuela a Cabo San Lucas; yo te recogeré allí y nos iremos a La Paz.

El nombre de la base de la fuerza aérea ponía una sonrisa en mi cara. Se conocía oficialmente como Base Aérea Militar N. 9, La Paz, Baja California Sur, pero todo el mundo la llamaba simplemente La Paz. Yo no sabía lo que nos esperaba, pero estaba seguro de que no era probable que durante un tiempo pudiera ver un momento de paz...

**FUI RÁPIDAMENTE A MI** casa en La Condesa para despedirme de mi esposa y mis hijos.

Aquella noche me senté en el borde de la cama de mi hijo, asegurándole que estaría en su fiesta de cumpleaños el siguiente fin de semana.

—¿Lo prometes?

—Lo prometo, colega. No me la perderé.

De ninguna manera iba a quedarme toda una semana. Le di un beso en la frente a mi hijo y le dije que regresaría con tiempo de sobra para la fiesta.

Sí, un viaje corto, le aseguré a mi esposa. Tres días máximo. Ni Brady ni yo íbamos a llevar ningún equipo táctico ni pistolas. Empaqué un par de camisas, unos tejanos, y ropa interior en mi maleta de mano y bajé las escaleras hasta mi Tahoe negro.

**LO ÚNICO QUE BRADY** y yo teníamos que hacer era trazar un plan B con los jefes de la SEMAR por si el Chapo nunca sacaba los pies de su casa segura en Culiacán.

Sin embargo, había demasiada actividad inusual en Sinaloa. Un vuelo tras otro salía de la base BAM-9 de La Paz, rodeando Culiacán e intentando enfocarse en el diámetro de una manzana que yo había proporcionado. Las imágenes aéreas eran buenas, pero necesitábamos información factible sobre *direcciones*: algunas casas que la SEMAR pudiera atacar en redadas muy rápidas.

Mientras tanto, yo recibía imágenes actualizadas de Dinastía de Pato en mi MacBook. Por las fotografías, podía ver un hervidero de actividad en las cabinas recién renovadas: algunos obreros estaban ensamblando un puente hacia una isla artificial con una palapa grande y trabajaban en una casa para fiestas especialmente diseñada. El agua fangosa del pantano que hacía que la laguna fuera tan perfecta para la caza de patos no era obviamente un lugar donde el Chapo y su harén de mujeres quisiera sumergirse.

**EL AEROPUERTO INTERNACIONAL DE** Cabo San Lucas estaba lleno de turistas estadounidenses y grupos de rubias universitarias vistiendo pareos y chanclas, ansiosos por llegar a la playa. Los muchachos llevaban gorras de béisbol, shorts surferos y lentes envolventes, probablemente albergando ya las resacas.

Moviéndome por la terminal, pensé en la última vez que había estado en una playa. Justo seis meses atrás, estaba observando a mis hijos hacer castillos de arena en la costa de Florida, con los dedos de mis pies hundidos en las olas, cuando comenzó a vibrar mi BlackBerry, que estaba sobre una toalla de rayas; incluso en ese pacífico momento familiar, el Chapo no pudo evitar ser un intruso. Yo había descodificado los mensajes allí mismo en la playa, ensamblando un complot de asesinato por la información sacada de la DEA y el HSI.

El Chapo se estaba preparando para matar a su propio primo, un hombre de cuarenta y tres años llamado Luis, a quien todos llamaban Lucho. Guzmán era hábil; no iba a ser una ejecución pública, no habría sicarios en motocicletas cargando una AK y con pasamontañas. De hecho, nadie podría nunca relacionarlo con el Chapo.

En cambio, Guzmán planeaba simplemente enviar a Lucho al otro lado de la frontera a Honduras con la tarea de negociar. Policías corruptos hondureños que estaban en la nómina del Chapo harían un control de carreteras rutinario, como yo había hecho muchas veces cuando era ayudante del sheriff en Kansas, pero entonces plantarían una pistola y cocaína en la camioneta Toyota de Lucho, lo arrestarían, y lo llevarían a una cárcel hondureña, donde el Chapo había organizado las cosas para que lo mataran a cuchilladas, haciendo que pareciera que Lucho había estado en el lugar equivocado en el momento equivocado.

Yo me había levantado de mi toalla, caminé por la playa y, sin que me oyeran mi esposa y mis hijos, llamé a la DEA en Honduras. Efectivamente, Lucho había sido arrestado horas antes. Conseguimos poner al hombre en una unidad administrativa aislada y nos las arreglamos para detener el complot de asesinato. (Cuando me alisté para ser policía, nunca pensé que estaría salvando las vidas de miembros de alto rango del Cártel de Sinaloa.)

Tras pasar entre los turistas apresuradamente en el aeropuerto de Cabo, Nico me recogió en un Suburban blindado seguido por un pequeño convoy de *rápidas* (camionetas de la SEMAR personalizadas con ametralladoras montadas en la parte trasera) y nos dirigimos hacia la base BAM-9 en La Paz. Yo lancé mi bolsa sobre una cama libre, después exploré unos minutos los alrededores, estableciendo un centro móvil de comunicaciones en un cuarto lateral del tamaño de un armario de las barracas, un cuarto al que llamé Central Rara: MacBooks, varios iPhone y BlackBerry, cables y cargadores serpenteando por todas partes.

Brady aterrizó en Cabo desde El Paso unas horas después; fuimos a recogerlo y condujimos hasta La Paz. Inmediatamente nos sentamos e informamos al comandante de campo de la brigada de la SEMAR, el almirante con dos estrellas Antonio Reyna Márquez, alias «Garra».

Garra se reportaba directamente al almirante Furia, que se había quedado en Ciudad de México. Yo no estaba seguro de cómo había recibido este almirante el apodo de Garra, pero le encajaba perfectamente. Tenía un corte de cabello corto y erizado, la frente arrugada por el sol, nariz aguileña y mejillas elevadas que indicaban un antiguo linaje azteca. Era franco, calmado y directo. Garra inmediatamente demandó saber si aún podíamos contar con que el Chapo se dirigiera al sur, en un corto plazo, desde Culiacán hasta Dinastía de Pato.

—Me gustaría poder darle una respuesta definitiva, señor —le dije—. Nuestro mayor problema sigue siendo las filtraciones de información. ¿Hubo suerte en encontrar la fuente de información?

—No —dijo el almirante Garra—, aún lo estamos investigando.

**SOLO EN UN DÍA,** Brady y yo habíamos establecido un gran vínculo con la brigada. Éramos los únicos hombres blancos con ropas de civil en la base, y sobresalíamos mucho, pero el capitán Julio Díaz llegó con cajas de uniformes enviados por la marina y botas de combate color arena.

—Ustedes necesitan quitarse esa ropa y mezclarse —dijo el capitán Díaz—. Hay demasiados ojos por aquí.

Recordaba a Díaz por la reunión; todos lo llamaban el Toro. Me había caído bien desde el momento en que nos conocimos en Ciudad de México.

—Él me cae bien —le dije a Brady. Era una expresión que había aprendido en México y que significaba que alguien te transmitía buenas vibras—. Tan solo míralo. El Toro siempre está preparado, listo para actuar; ni siquiera puede quedarse quieto cuando está sentado.

No había mucho espacio entre las camas, pero yo estaba agradecido porque la SEMAR nos hubiera situado en las barracas de oficiales con aire acondicionado y duchas decentes. Brady y yo nos juntamos con Leroy y Nico para cenar; todos, incluidos los ochenta marines del DF, comían en el llenísimo comedor.

—Tenemos que ir allí —dijo Leroy, tomando unos sorbos de un extraño guiso de pescado—. A la mierda con esta espera. Él no va a salir.

—Mierda —dijo Nico riéndose—. ¿Por qué tantas prisas? Yo doy un par de vueltas alrededor de la base cada día. Móntate en un helicóptero y zumba por encima de algunas playas con estos tipos. La vida es buena.

**DE NUEVO EN LAS** barracas, descubrimos que no estábamos solos. Habían llegado dos jóvenes agentes de la DEA y estaban desempacando sus bolsas. Eran los dos agentes que dirigieron las investigaciones de Mayo Zambada y Rafael Caro Quintero (o «RCQ»). Un juez había puesto en libertad recientemente a Caro Quintero de una prisión mexicana tras haber cumplido veintiocho años de una condena de cuarenta años por su participación en el asesinato del agente especial Kiki Camarena. Ahora se le buscaba otra vez, y se creía que estaba escondido en el norte de Culiacán, en lo alto de la Sierra Madre.

Desde que comencé la coordinación con la SEMAR para la operación del Chapo, se hablaba en la embajada sobre compartir recursos con otras investigaciones viables de la DEA. Era el protocolo oficial, no había modo de rodearlo. Brady se había enojado cuando le hablé unas semanas antes sobre la posibilidad de hablar a la SEMAR de otra investigación.

—Tienes que estar bromeando —me dijo—. ¿Contarle a la SEMAR? ¿Para qué?

—Agentes de otros casos están afirmando que también tienen información factible sobre sus objetivos —dije—. Ahora que lo hemos alineado todo con la SEMAR, están diciendo que ellos estarán tan preparados como nosotros para despegar.

—Maldita mierda —dijo Brady, echando humo.

—Lo sé —le respondí—. Pero no hay nada que yo pueda hacer al respecto. La decisión se tomó por encima de mí.

Yo había hecho un trato de caballeros con los agentes de otros casos: quien tuviera la información más actualizada en el momento en que la SEMAR estuviera lista en La Paz, ese agente tenía autorización para dar luz verde a una operación. Por fortuna, yo sabía que la inteligencia que tenían esos agentes que habían llegado sobre Mayo y RCQ no se acercaba ni remotamente a lo que Brady y yo habíamos recopilado sobre el Chapo a lo largo de los últimos nueve meses.

—Solo podemos esperar que la SEMAR no se distraiga con todos estos objetivos diferentes sobre la mesa. Tenemos que mantenerlos enfocados —dije.

Yo sabía que Mayo frecuentaba la zona montañosa al este de Dinastía de Pato; un intento por capturarlo a él primero eliminaría inmediatamente cualquier posibilidad que tuviéramos de que el Chapo saliera de Culiacán. Él nunca se arriesgaría a eso, sabiendo que los marines estaban realizando redadas al sur de la ciudad.

Mientras desempacaban en las barracas, me aproximé a los dos agentes.

«Ustedes entienden que si nos lanzamos primero sobre Mayo o RCQ, nuestra operación Dinastía de Pato está acabada —dije—. Totalmente quemada».

Ellos asintieron con la cabeza, pero estaba claro que eso no les importaba. Me parecía que estaban emocionados por estar en medio de toda la acción en la base.

———

TRAS UN PAR DE días en La Paz, supe que no había modo alguno de que Brady o yo fuéramos a irnos pronto. Central Rara era nuestro nuevo centro de mando y teníamos a nuestra disposición a la SEMAR, en el caso de que tuviéramos que lanzar la operación.

Nico nos llevó a Brady y a mí al supermercado Walmart local, donde compramos provisiones y un par de mudas extra de ropa interior. Una fecha de regreso al DF era lo último que tenía en la mente.

Llamé a mi esposa desde el estacionamiento del Walmart.

—Cariño, no puedo irme —le dije—. No sé cuánto tiempo será, quizá un par de días más, te lo explicaré después.

—Bueno, por favor ten cuidado —dijo ella.

—Te amo.

Mi esposa había estado firme como una roca a lo largo de mi carrera en la DEA. Si estaba preocupada, nunca me lo decía. Éramos la pareja perfecta de ese modo: siempre aceptando y abrazando como equipo los momentos preciosos de la vida, incluso los que daban miedo.

Durante los días siguientes, Brady y yo estuvimos pegados a las sillas de madera dentro de Central Rara, leyendo nuevas hojas de esquemas y localizando al Máximo-Nivel hasta muy tarde, cuando todos los marines se habían ido a dormir. La mayoría de las noches nosotros éramos los últimos que quedaban en la sala, con todas las luces apagadas, trabajando con el resplandor de las pantallas de nuestras computadoras.

El Lic-F continuaba enviándole al Chapo actualizaciones sobre los movimientos de la SEMAR, solo que esta vez no había ningún retraso, con un tiempo de retardo de casi cero. Brady y yo observábamos cuando cuatro helicópteros de la SEMAR, dos Blackhawk y dos MI-17 rusos, despegaron de BAM-9 para realizar otra misión de entrenamiento.

—Aquí está —dijo Brady, leyendo en su BlackBerry en segundos.

«El Lic-F le acaba de decir al Chapo que cuatro helicópteros salieron de la base en La Paz, y parece que estarán realizando una misión de entrenamiento cerca de Cabo».

—En el blanco —dije yo.

Eso sí que era inquietante. No me sentía seguro en la base; aún tenía la sensación de que todos estábamos bajo vigilancia constante.

Tenía que haber alguien en la base que fuera corrupto. Pero ¿quién?


**EN MITAD DE NUESTRA** quinta cena en la noche, recibí una llamada de mi supervisora de grupo en Ciudad de México, pidiendo una actualización, aunque fue evidente con rapidez cuál era su plan. Ella me estaba dejando saber, no tan sutilmente, que estaba recibiendo presiones de oficiales dentro del «G.D.M.» (gobierno de México).

—Drew, el G.D.M. está detrás de mí —me dijo—. ¿En qué punto están ustedes? No tenemos tiempo *ilimitado* para esta operación.

Me dijo que la SEMAR se necesitaba inmediatamente para luchar contra el Cártel de los Caballeros Templarios en Michoacán. Los Caballeros Templarios eran una amenaza violenta, fundados por Nazario Moreno, un narco al que comúnmente se hacía referencia como El Más Loco, pero la idea de que ellos fueran una prioridad más importante que el Chapo para la DEA o la SEMAR era ridícula.

—¿Caballeros Templarios? —dije—. Lo siento, pero el G.D.M. está lleno de mierda. Estamos hablando del Chapo. Tengo casas seguras dentro de Culiacán; ubicaciones definitivas. Nunca ha habido un objetivo narco de más alta prioridad en la historia de México. Desde que he estado aquí en el terreno con la SEMAR, con su *almirante*, nadie ha dicho ni una sola palabra sobre Michoa...

—Se ha vuelto... bueno, político —dijo ella—. Yo solo puedo presionar hasta cierto punto, Drew. La SEMAR está hablando de sacar a toda su gente de La Paz.

Colgué el teléfono y me quedé mirando a Brady.

—Mi SG —dije—. Están hablando de cancelarnos, de sacar a la SEMAR de La Paz.

—Vete al carajo, hombre —dijo Brady, comiéndose su última cucharada de lentejas.

—No estoy bromeando. Ella dice que «esto se ha vuelto político».

Respiré profundamente. Lo típico: los jefes dicen una cosa y las tropas terrestres reportan otra. Ninguno de esos marines de las bases tenía intención alguna de dejar La Paz para ir tras los Caballeros Templarios.

Aun así, tenía la sensación de que todo el plan operativo estaba en peligro de desenredarse. El doble lenguaje ya era bastante malo; era potencialmente más dañino el número de políticos, jefes y burócratas en ambos gobiernos que sabían de la operación pendiente. Aparté a un lado mi plato de sopa, hice un conteo mental, y rápidamente perdí la pista: el director de la brigada antidrogas, el director del Departamento de Seguridad Interior, y todas las filas pasando por sus varios subordinados y agentes de supervisión en Washington, Arizona, California, Texas, Illinois. Y *los primos* lo sabían, claro está, más probablemente hasta llegar al director mismo de la Agencia Central de Inteligencia (FBI).

*Demasiadas bocas*, pensé. *Y demasiados egos.*

Yo no conocía la fuente precisa de las filtraciones, pero el efecto sobre nuestro objetivo estaba más claro que el agua. Maldición, *el Chapo* conocía más sobre los detalles precisos hasta el momento de lo que estaba sucediendo sobre el terreno, más sobre los movimientos operativos exactos de los marines, que nadie en el gobierno estadounidense aparte de Brady y yo.

—EL AVIÓN DETECTÓ AL mensajero de Mayo —dijo con emoción Leroy Johnson—. Lo están siguiendo. Al sureste de Culiacán. Creo que vamos a lanzarnos.

El Roy sabía que nuestra inteligencia sobre el Chapo debería haber tenido la máxima prioridad; pero Leroy simplemente no podía soportar por más tiempo estar sentado en las barracas. Se quedaba viendo películas en la sala hasta las 4:00 de la mañana, y parecía que su mente siempre estaba acelerada. Estaba emocionado y listo para salir al campo con los marines y perseguir a algunos tipos malos, independientemente de quiénes fueran.

Me volteé hacia Brady.

—Están diciendo que hay una opción del cincuenta-cincuenta de que este mensajero podría estar llevando comida a Mayo en las colinas. Van a lanzarse.

—Maldita sea.

Brady y yo observamos mientras Nico, Leroy y su equipo se ponían su equipo táctico que colgaba de sus camas y se incorporaban a equipos de marines que se subían a los cuatro helicópteros que estaban en la pista. Yo los seguí afuera, sintiéndome indefenso allí de pie, con el océano y el ruido del motor del helicóptero golpeándome en la cara. No había modo alguno de detener ahora esta operación.

Vi despegar a los helicópteros y después desaparecer por el horizonte del Mar de Cortés.

AL DÍA SIGUIENTE, YA tarde, los helicópteros regresaron a la base, y yo observaba mientras filas de marines agotados llenaban el comedor.

Ya me habían informado los resultados.

No habían capturado a Mayo, pero sí arrestaron a algunos de sus hombres e incautaron un alijo de armas AK-47, M-16 y escopetas que encontraron ocultas en bidones de 55 galones (200 litros) en un rancho cercano a la ubicación inicial del objetivo.

—No es bueno —me dijo Brady—. Ya han cesado varios dispositivos de oficinas en Durango, y las líneas están calladas.

Brady y yo sabíamos que eso llegaría, pues había sucedido lo mismo tras el arresto prematuro de Alex Cifuentes. Si todos los espejos dejaban de actuar, estábamos a punto de quedarnos sin nada una vez más.

Vi al agente del caso Mayo empacar sus bolsas en las barracas, asintiendo con la cabeza mientras salía.

—Bueno, parece totalmente feliz —le dije a Brady.

—¿Todo eso por una oportunidad del cincuenta-cincuenta? Adiós y hasta nunca. Al menos se va de aquí y la SEMAR puede enfocarse en el Chapo.

Cuando íbamos caminando al centro de mando desde nuestras barracas, Brady se detuvo mientras miraba fijamente su teléfono. Había llegado un mensaje nuevo desde el Máximo-Nivel, interceptado y traducido en el cuarto de guerra del HSI en El Paso.

—Mierda, seguimos vivos.

—¿Qué tienes?

—El Chapo le dijo a Naris que salga a comprar unas sábanas de satén rojo y las lleve a una de las casas seguras —dijo Brady.

El Chapo continuaba con sus tareas diarias, lo espiaran o no. Y cualquier temor que tuviera sobre los movimientos de la SEMAR al sur de Culiacán y en el cielo no había hecho mella alguna en su vida amorosa, sin duda no el Día de San Valentín, conocido en México como el día del amor y la amistad.

—Ha ordenado a Naris que consiga decenas de rosas para todas sus mujeres y que escriba el mismo mensaje en todas las tarjetas —dijo Brady—. Incluso quiere que Naris mismo firme en lugar de él con sus iniciales: J.G.L.

—J.G.L. —dije yo—. No llega a ser más personal que eso.

Ya no había ninguna duda en mi mente. El Chapo seguía estando en el interior de esa casa segura, en esa manzana destartalada en Colonia Libertad.

No había ni un solo momento de tranquilidad en La Paz. Yo seguía estando nervioso tras el reciente giro de los acontecimientos, con la SEMAR persiguiendo a Mayo.

Brady y yo sabíamos que teníamos que reenfocar a la SEMAR otra vez en la caza del Chapo, así que fuimos directamente a reunirnos con el almirante Garra en su oficina. Pude notar que Garra estaba cansado, tenía los ojos oscurecidos e hinchados; claramente, estaba decepcionado por los resultados de la redada a Mayo.

Garra parecía molesto tan solo por nuestra presencia en su puerta. No dijo ni una sola palabra, se limitó a levantar las cejas como una indicación de que fuéramos al grano.

—Señor —le dije—, el Máximo-Nivel no ha cesado.

—¿Aún lo tienen dentro de esa manzana?

—Sí. Sorprendentemente, el Máximo-Nivel sigue localizado en el mismo lugar —dije—. El Chapo parece sentirse cómodo en Culiacán y podríamos aprovechar eso. Él debe pensar que toda la actividad militar en La Paz era para la misión lanzada contra Mayo. Aún sigue ocupado en sus negocios. Acaba de hacer que envíen flores a todas sus chamacas para el día del amor y la amistad, pero no hay modo alguno de que él vaya a salir. Ahora no.

—Entonces, está sugiriendo que...

—Ir al territorio —dije asintiendo con la cabeza.

—¿En Culiacán?

El nombre de la fortaleza del cártel, llamada con frecuencia la Ciudad de las Cruces por sus altares improvisados dedicados a cientos de narcos asesinados, se tendió por mucho tiempo sobre nosotros en las barracas del centro de mando.

Un desfile de fotos policiales pasó por mi mente: Ernesto Fonseca Carrillo, Miguel Ángel Félix Gallardo, Rafael Caro Quintero, Héctor Luis «El Güero» Palma, Amado Carrillo Fuentes, Mayo Zambada, Manuel Salcido Uzeta (alias Cochiloco), los hermanos Arellano Félix, el Chapo Guzmán... prácticamente todos los narcotraficantes más infames de México tenían como hogar Culiacán. Entrar a la capital de Sinaloa era una idea intimidante, como intentar arrebatar el control de Chicago de las manos de Al Capone en el apogeo de la Prohibición.

Me quedé mirando a Garra y él a mí. Ambos parecíamos reconocer que esa era la única opción, pero ambos también sabíamos los inmensos peligros que planteaba.

Nunca se había *considerado* nada parecido a eso y mucho menos se había intentado. Para la SEMAR, y para dos agentes federales estadounidenses, dirigir la operación de captura en Culiacán sería como caminar sobre la luna.

GARRA LEVANTÓ SU TELÉFONO e hizo una llamada rápida al almirante Furia en Ciudad de México. Se giró para mirarnos a Brady y a mí.

—Empaquen su equipo esta noche —dijo Garra—. Saldremos a las ocho en punto mañana.

Esa noche, los marines organizaron una rápida fiesta de despedida en un rincón remoto y arenoso de la base, entre los cardones, o cactus gigantes, y las palmeras de hoja azulada. Hicieron una fogata y la SEMAR tuvo su propia versión de un carrito de comida lleno de platillos de carnitas, tacos de barbacoa y el favorito de los marines, tacos de sangre: tortillas de maíz blandas y rellenas de morcilla.

Al estar sentados alrededor del fuego, pensé en cuando yo tenía dieciocho años, en aquellas noches de los jueves con nuestro equipo de fútbol de secundaria en Pattonville, cuando nos juntábamos alrededor de la fogata y compartíamos historias como preparación para el gran partido bajo las luces de las noches de los viernes.

Allí en La Paz sentí que se formaba una camaradería parecida: bromas en español, tacos de sangre devorados, latas frías de Tecate una tras otra. Todos los marines estaban muy animados, sabiendo que en la mañana dejarían La Paz a sus espaldas.

Yo hice un gesto de asentimiento a Brady. Estábamos a punto de dar el gran salto.

Cruzaríamos el Charco y nos dirigiríamos al corazón de Sinaloa.

**A LA MAÑANA SIGUIENTE**, el 15 de febrero de 2014, me desperté antes del amanecer y me quedé en mi cama, con la mirada fija en el techo. Cuanto más pensaba en entrar en Sinaloa, se me hacía un nudo más grande en el estómago. Alcancé mi iPhone y le escribí a mi padre:

«No puedo ni comenzar a explicar lo que ha sucedido la última semana, papá. Vamos a tener que buscarlo hasta que salga de su agujero, lo cual no va a ser bonito. Pero es nuestra única opción».

«¿Cuándo entran?», fue la respuesta de mi padre.

«Nos preparamos ahora. Movemos bases y centro de mando a territorio enemigo. Ondeamos la bandera verde el lunes», escribí. «Vamos a desolar la ciudad».

# SIGUE A LA NARIZ

**LANCÉ MI MOCHILA POR** la puerta del King Air de la DEA y agarré un asiento en el lado izquierdo del avión; Brady, Nico y Leroy me siguieron de cerca.

Podía sentir que aumentaba el impulso; la SEMAR había vuelto a vigorizarse. Observé por mi ventana mientras los MI-17 cargados de marines comenzaron a despegar. Pero la SEMAR no iba a seguirnos; ellos se dirigían directamente a la base militar del Batallón de Infantería de Marina N. 10 (BIM-10) en Topolobampo, Sinaloa.

En treinta y ocho minutos el King Air cruzó el Mar de Cortés y aterrizó en el Aeropuerto Internacional de Mazatlán, a unas 125 millas (200 kilómetros) al sudeste de Culiacán.

Me quejé cuando vi nuestro camión. Alguien en la oficina de la DEA en Mazatlán nos había prestado el peor Chevy blindado de toda la flota: un Suburban de seis años de antigüedad con 200 mil millas (320 mil kilómetros). Incluso la capa tintada en las ventanillas se estaba desprendiendo. Yo había pedido concretamente dos vehículos blindados, ¿y eso era lo que nos daban?

—La USG. En su mejor versión —dije girándome hacia Brady, pero no había tiempo para quedarse atascado en el enojo o la frustración. Pusimos nuestras mochilas en la parte trasera del camión y nos subimos.

—¿Cómo están las líneas? —pregunté.

—Tranquilas —respondió Brady—. Demasiado tranquilas.

—No me sorprendería si él sabe que ya estamos aquí —dije.

Nico se puso al volante y Leroy en el asiento del copiloto, y nos dio un par de carabinas M4 desgastadas y pintadas de camuflaje del desierto.

—Puede que necesitemos esto —dijo Roy con una sonrisa.

—Ya era hora —dijo Brady—. Me he sentido desnudo desde que crucé la frontera.

Yo abrí mi MacBook y localicé al Máximo-Nivel. No hubo suerte. Lo intenté varias veces más.

—Creo que está apagado. Quizá ya no está.

—Vamos a necesitar un poco más de suerte —dijo Leroy.

Brady llamó a Joe y a Neil en El Paso y les dijo que comenzaran a buscar el siguiente número del Máximo-Nivel.

—Esperen, muchachos —dijo Nico dando un manotazo al tablero del vehículo—. Espero que este vejestorio lo consiga.

Salimos de Mazatlán hacia el norte, disparados por la columna vertebral de Sinaloa, encontrándonos finalmente con dos *rápidas* de la SEMAR en la Autopista Federal mexicana 15D al sur de Culiacán, que nos escoltaron durante el resto del trayecto para incorporarnos a la SEMAR en la BIM-10 en Topolobampo. La base estaba ubicada en un pequeño puerto en el Mar de Cortés, no muy lejos de Los Mochis: la fortaleza de Cholo Iván.

Ya se había puesto el sol, dejando una débil pincelada rosada en el cielo y un difuso resplandor por la autopista.

Nico hizo una parada para que pudiéramos orinar. Yo salí para estirar las piernas y me encontré intentando leer las expresiones de los marines que estaban en la parte trasera de las *rápidas*, vestidos con uniforme completo de camuflaje y chalecos antibalas, llevando todo su equipamiento táctico y sus metralletas negras.

De repente me di cuenta de que no tenía ni idea de cuál era la brigada con la que estaban esos tipos.

—Espero que estos tipos sean del DF —le dije a Brady mientras estábamos en la cuneta, con los autos pasando rápidamente por la autopista a nuestras espaldas.

—Si son lugareños, sí, estamos en peligro —respondió Brady—. Él sabrá que estamos orinando en su patio trasero.

Allí de pie, en campo abierto, experimenté otro arrebato de paranoia: imaginé a un par de marines pagados por el Chapo caminando hasta nosotros desde detrás, sacando sus pistolas y disparándonos, al estilo ejecución, allí mismo al borde de la cuneta.

—Vámonos —dije.

Los 245 kilómetros deberían habernos tomado más de tres horas, pero Nico puso el camión a 90 millas (145 kilómetros) por hora. En el camino pasamos salidas hacia Las Isabeles, Cinco y Medio, y Benito Juárez, suburbios de Culiacán que yo había estudiado durante horas, acercándome en mi mapa de Google.

La autopista estaba siniestramente tranquila, oscura como la boca de un lobo, con su asfalto desgastado cubierto de grava.

Finalmente estaba en la misma carretera estrecha por la que el Chapo y sus hijos conducían para llegar al escondite secreto en la ensenada de Pabellones.

Ahora estábamos tan solo a quince minutos en auto de las manzanas que yo había grabado a láser en mi memoria; teníamos al Chapo en la punta de los dedos... yo podía *sentirlo* ahora. Una señal, palpitando, emanando desde el centro de la ciudad...

Rodeamos Culiacán, donde el tráfico era más pesado; Nico rebasó a un par de camiones de tomates, dirigiéndose hacia el norte. Cuando pasamos por Guamuchilera Segunda, mi teléfono y el de Brady vibraron a la misma vez.

Era del HSI en El Paso; habían conseguido un nuevo número.

—El Máximo-Nivel ha regresado —dije sonriendo—. ¡Seguimos adelante en esto!

———

**DOS HORAS MÁS TARDE,** después de la medianoche, llegamos a la BIM-10.

La base de infantería de Topolobampo estaba ubicada en lo alto de una colina con vistas a las oscuras aguas del Pacífico. En la entrada, leí el lema de los marines en un cartel muy grande:

**TODO POR LA PATRIA**

Se había levantado una niebla repentina, cubriendo la base militar con un espeso manto blanco. Apenas se podía ver más allá de cinco metros por delante de los faros del Suburban.

Me bajé de un salto y respiré profundamente el neblinoso aire marino; aquí en Topo había un aura diferente que en La Paz.

En mi cabeza estaba escuchando esa vieja canción de Metallica, como hacía antes de cada partido de fútbol de los Tiger en Pattonville, ajustándome mis protectores de hombros y asimilando el campo en esos momentos de tensión antes de la patada inicial. No me di cuenta de que estaba cantando en voz alta, y también a un volumen considerable. Cantaba las estrofas de «Enter Sandman» mientras cargábamos nuestras bolsas en medio de la neblina hacia las barracas, subiendo los peldaños de las escaleras de dos en dos hasta el segundo piso.

—La vibra aquí es diferente —dije.

—Sí, yo también tengo esa sensación —dijo Brady.

—Estos tipos están listos para pelear.

Uno de los marines con cara de niño llegó y nos dijo que el almirante Garra había convocado una reunión de emergencia en la sala de mandos para la 1:00 de la mañana.

Brady y yo fuimos los últimos en llegar; oficiales de la SEMAR y otros marines ya estaban sentados alrededor de la mesa de conferencias, y apenas había espacio para que nosotros nos hiciéramos un hueco.

———

CAZANDO A EL CHAPO

**SE APAGARON LAS LUCES,** y todos miraban mis mapas en Power-Point proyectados en la gran pantalla.

Antes de poder decir nada, un par de analistas de inteligencia de la SEMAR se encargaron de la reunión. Eran los mismos tipos que yo sospechaba que estaban en la nómina de *los primos*. Lancé una mirada cautelosa a Brady: no podía creer lo que estaba oyendo. Los analistas de inteligencia de la SEMAR intentaban redirigir la operación para hacer un seguimiento a la misión de captura de Mayo Zambada.

—¿Mayo? —pregunté yo— ¿Otra vez?

—¿Qué diablos? —susurró Brady.

Cuando miré por la sala, incluso en la oscuridad pude detectar que asentían afirmativamente; algunos de los capitanes y lugartenientes de la SEMAR se estaban creyendo esa mierda. Incluso Nico y Leroy estaban de pie al otro lado de la sala, en conformidad con todo aquello. Yo no pude soportarlo más e interrumpí a uno de los analistas.

—Espera un momento —dije—. ¿De qué están hablando ustedes?

—Tranquilo, amigo —dijo Brady, agarrándome por el antebrazo.

Yo no podía bajar el volumen de mi voz.

—¡Mira! Escúchame: tenemos *aquí* al fugitivo más buscado del mundo, en la punta de nuestros dedos —di un paso hacia el frente y señalé la pantalla—. Tenemos al Chapo localizado en el radio de una manzana, ¿y ustedes están diciendo que quieren cambiar de objetivo y perseguir de nuevo a *Mayo*?

236

Respiré profundamente, recordando lo mucho que necesitábamos la colaboración plena de la SEMAR, bajé mi volumen de voz, y me dirigí al almirante Garra respetuosamente.

«Señor —dije—, nuestra información no será nunca mejor que la que tenemos ahora».

Quería decirlo incluso con más claridad: este podría ser el mayor éxito contra el narcotráfico en la historia de México y de Estados Unidos. Estábamos tan solo a horas de distancia de capturar al fugitivo más buscado desde que los SEAL de la Marina estadounidense cazaron a bin Laden.

«Estamos a punto de algo histórico aquí, señor. En trece años, desde que se fugó de Puente Grande, nadie se ha acercado más a capturar al Chapo Guzmán que lo que estamos nosotros ahora».

La sala se quedó en silencio.

Mi pecho jadeaba. Tragué saliva, echando una mirada a los analistas de inteligencia de la SEMAR. También podía oír la pesada respiración de Brady y, muy débilmente, las olas del Pacífico rompiendo sobre los acantilados fuera de las barracas.

El almirante sopesaba sus opciones, con su mirada saltando entre los analistas de inteligencia y yo.

Tras una larga pausa, Garra juntó sus manos de modo decisivo sobre la mesa. Había tomado una decisión.

«Vamos —dijo con calma— a activar la Operación Gárgola». *Gárgola.*

Era la primera vez que yo oía esa palabra. Gárgola era el código perfecto para la operación de captura: *G* de Guzmán.

Dinastía de Pato estaba muerta; Operación Gárgola estaba en vigencia. Los analistas ya se habían vuelto a sentar y no dijeron ni una palabra más.

Alguien encendió las luces, haciendo que todos entrecerraran los ojos. Era un poco antes de las 2:00 de la mañana, pero nadie iba a irse a dormir; al contrario, la brigada entera se apresuró a ponerse a trabajar.

La noche era ideal para la redada: Nico iría con un grupo de los marines en el Suburban, mientras que el Roy y su equipo irían con más marines en una Nissan Armada negra. El grupo de Nico esencialmente controlaba la seguridad para el Roy mientras su camioneta avanzaba por la colonia Libertad, en un radio de una manzana, alrededor de la casa donde yo estaba casi seguro de que el Chapo había pasado las últimas veinticuatro horas. Su único objetivo era encontrar una puerta.

Ahora me preocupaba el Cholo Iván. Ese matón estaba deseando recibir luz verde, por lo que aprovecharía cualquier oportunidad que tuviera para apretar el gatillo. Si el Cholo Iván y su gente en Los Mochis detectaban cualquier movimiento desde la base de Topo hacia Culiacán, cruzando por el sur su territorio, las cosas podrían descontrolarse rápidamente. Y si eso sucedía, la SEMAR, Nico y Leroy se encontrarían en poco tiempo en medio de una balacera masiva.

Les di un abrazo a Nico y a Leroy.

«Preséntenles un infierno, muchachos», dije, como había hecho muchas otras veces con Diego cuando estábamos en Phoenix antes de una reunión encubierta importante.

Eran las 3:00 de la madrugada cuando Brady y yo giramos entre la neblina para caminar hasta el centro de mando.

Establecimos rápidamente el puesto como habíamos hecho en La Paz, trasladando la Central Rara a Topolobampo. Saqué un mapa sobre el cual estaba rastreando los teléfonos de Nico y Leroy mientras se dirigían al sur por la autopista federal 1D, y los iconos color naranja en la aplicación «Encuentra a mis amigos» iban apareciendo mientras se acercaban a Culiacán.

—Nada en los esquemas sobre Cholo Iván —dijo Brady—. No creo que sepa que nuestros muchachos están por allí.

—Bien —dije yo mientras caminaba de un lado a otro con nerviosismo.

**SIN EMBARGO, EN CUANDO** amaneció, la ciudad se iluminó con las noticias. Brady y yo íbamos siguiendo todos los mensajes del Máximo-Nivel en tiempo real. El Chapo recibía actualizaciones casi cada veinte minutos del Lic-F y Sergio, que tenían a sus *halcones* en cada esquina, en cada calle, reportando al instante cuántas *rápidas* de la SEMAR entraban y salían de la ciudad y en qué puntos concretos estaban patrullando.

**SERGIO:** Ahorita estan por la canasta bienen puro gafe de agua no traen intel andan en rg en 19 a ver k cae hay las teníamos monitoriadas duraron paradas en la col popular en la calle río usumasintris y río grijalba.

«Ahora mismo están en la canasta [ciudad]. Todas vienen de las fuerzas especiales del agua. No trajeron con ellos inteligencia. Se dirigen a la RG en 19 [Culiacán] para ver qué sucede. Hemos monitoreado todas sus paradas en la colonia Popular, en las calles río Usumacinta y río Grijalva».

El almirante Garra había enviado grupos de *rápidas* detrás del Suburban y la Armada para comprobar la seguridad, pero les habían ordenado mantenerse a lo largo del límite de la ciudad, moviéndose en círculos como si fueran tiburones distantes. Tenían que responder solo si Nico, Leroy y sus grupos tenían problemas.

El mensaje de Sergio al Chapo continuaba.

Hay estan como escondidas toda la mañana y se movieron rumbo a la canasta.

Todos los *halcones* en la ciudad sabían qué autos y camionetas no eran de allí, pero no había forma alguna de hacer eso furtivamente en ninguno de los casos, ningún modo de evitar tener a los equipos de Nico y Leroy cazando dentro de ese radio de una manzana del Máximo-Nivel para localizar una puerta concreta.

—Hombre, ¿qué les está tomando tanto tiempo? —dijo Brady caminando de un lado a otro cerca de la parte trasera del MI-17, que estaba fuera al lado de la puerta del centro de mando.

—No lo sé —le respondí—, pero tienen que apresurarse. La ciudad se está calentando y no van a poder quedarse en esas calles mucho tiempo más.

Nico, Leroy y sus equipos ya habían estado por más de nueve horas dando vueltas por la colonia Libertad y los barrios circundantes, pero seguíamos sin estar más cerca que antes de localizar la puerta del Chapo. Localizar ese dispositivo del Máximo-Nivel en el terreno era más difícil de lo que esperábamos.

Entonces apareció un mensaje entrante desde el cuarto de guerra del HSI, en El Paso, en nuestro grupo de chat de WhatsApp. Era del Chapo a su cocinera, que usaba el nombre en código de «Lucía».

Lucía, aplasten la tina del baño. Y para ke tesalgas en el yeta con memo la aipa la tableta. La traes también.

«Lucía, aplasta la bañera para que puedas irte en el Jetta con Memo. Y la tableta iPad. Tráela también».

Lucía, bengase fijando ke no las siga ningun carro y borre los mensajes.

«Lucía, cuando venga, asegúrese de que ningún auto la siga y borre los mensajes».

Me quedé mirando a Brady.

—¿«Aplasten la bañera»? —pregunté.

—Podría haberse metido ya en un túnel.

—Sí, está comenzando a sentir pánico —dije—. Nuestros muchachos tienen que estar cerca, justo sobre la casa.

Llamé a Nico para pasarle las noticias.

—¿Ha habido suerte, hermano? —le dije.

—No, colega, ha sido difícil —respondió Nico—. Cada vez que tenemos una señal fuerte la perdemos. Hemos marcado algunos puntos de interés, pero nada firme aún.

**A LO LARGO DE** la tarde y hasta la noche, el Chapo iba recibiendo información cada vez más detallada: la SEMAR estaba interceptando el tráfico en un radio de la localidad, y los *halcones* de la ciudad reportaban cada giro que hacían el Suburban y la Armada, hasta el color exacto de las camionetas y cuántos hombres vestidos de camuflaje iban dentro.

—Los esquemas están escaseando —dijo Brady—. El Máximo-Nivel se ha callado.

—Mierda, estamos demasiado cerca, amigo.

Brady se puso al teléfono otra vez y de inmediato cambió la estrategia con Joel y Neil en El Paso.

—¡Tenemos que movernos!

Movernos, una escucha itinerante, era el modo más rápido en que podíamos rastrear legalmente a los miembros de la OTD del Chapo, que estaban desechando teléfonos y encendiendo otros nuevos mientras huían.[1]

—Espera —le dijo Joe a Brady—. Regresaremos de inmediato.

Joe, Neil y su equipo en El Paso habían estado trabajando sin descanso, durmiendo casi tanto como Brady y yo, haciendo todo el trabajo legal para así conseguir rápidamente la autorización para esa escucha itinerante con la ayuda de Camila, su procuradora principal.

Justo después de las 9:00 de la noche, mi iPhone vibró.

---

[1] Bajo la ley estadounidense, una «escucha itinerante» es una escucha que sigue al objetivo vigilado en vez de seguir un dispositivo de comunicación concreto. Si un objetivo intenta evitar la vigilancia tirando un teléfono y adquiriendo otro nuevo, moviéndose, o mediante cualquier otro método, por lo general habría que solicitar otra orden de vigilancia; sin embargo, una escucha «itinerante» sigue al objetivo y derrota los intentos de este por interrumpir la vigilancia cambiando su ubicación o su tecnología comunicacional.

—Drew, los cabrones policías no nos dejan tranquilos; están sobre nosotros —dijo Nico—. Han intentado detenernos muchas veces. Esta ciudad entera sabe que estamos aquí. Todos están cansados y hambrientos, y se están agotando. Amigo, esta mierda no está funcionando.

Brady y yo salimos y caminamos hasta la pista de helicópteros. Brady encendió un cigarrillo que uno de los marines le había dado. Era la octava ocasión que caminábamos en círculo alrededor del MI-17, sabiendo que Nico y su equipo necesitaban desesperadamente información factible.

—Maldita sea —le dije a Nico—. Naris es nuestra siguiente mejor opción. Encuéntralo y él nos dirá dónde está exactamente el Chapo.

—Entonces, ¿ir tras Naris? —preguntó Nico.

—Sí —le dije—. Sigue a la Nariz.

**DENTRO DEL CENTRO DE** mando de los marines, el almirante Garra estaba furioso con nosotros.

—¿Qué maldita mierda está sucediendo? Estamos en la misma maldita posición que cuando comenzamos. Nuestros muchachos están sobre el terreno y no han encontrado *una mierda.* Estoy recibiendo muchas presiones de mi gente en el DF, preguntándome incluso qué estamos haciendo en Culiacán. No podemos continuar mucho más tiempo; unas horas más y tendré que cancelarlo.

Yo podía entender la frustración del almirante; yo también la sentía.

—Señor —le dije con voz tranquila—, tenemos que ir tras Naris.

—El mensajero del Chapo es nuestra mejor opción, señor —añadió Brady.

—Si no encontramos a Naris, entonces podemos reevaluar la situación —dije yo—, pero si lo agarramos, estoy seguro de que él nos dirá dónde está exactamente el Chapo.

El almirante Garra se me quedó mirando fijamente y, sin decir ni una sola palabra, salió del centro de mando.

**AHORA EL CENTRO DE** mando estaba vacío, pues todos los demás marines habían salido para dormir un poco. Quedábamos solamente Brady y yo, así que abrí una botella de Johnnie Walker Red. La compré antes de salir de Mazatlán y la había escondido en la base del maletín de mi computadora, esperando que fuera una botella para celebrar... Encontré unos vasos rojos de plástico y le pasé uno a Brady. Mi estómago rugía por el hambre. ¿Cuánto tiempo había pasado desde que comí algo sólido? ¿Ocho horas? ¿Dieciocho horas? No lo sabía.

Brady y yo teníamos los ojos enrojecidos, pues los dos llevábamos dos días sin dormir. La brigada de la SEMAR finalmente dormía, ya que una oleada de agotamiento les había golpeado como si fuera un maremoto. Me di unos tragos del escocés y eché una ojeada a la hora y la fecha en mi teléfono: 12:00 de la noche, 17 de febrero de 2014.

Maldije en voz baja, meneando negativamente la cabeza. La promesa de un padre, rota: antes de salir del DF habíamos comprado la piñata, bolsas de regalos e invitaciones para mi hijo y sus amigos.

—Colega, ¿qué pasa? —preguntó Brady.

—Un momento, tengo que escribirle —dije yo mientras exhalaba un suspiro—. Es el día 17.

Tecleé todo lo rápido que pude y lo envié a las 12:02 de la noche.

Lo siento, me lo voy a perder, cariño. Esta semana ha sido una de las más difíciles de mi vida. Soy un zombi, estoy agotado y les extraño. Aquí es una lucha infernal. Dale un gran beso y un abrazo a mi hijo de mi parte y deséale un feliz cumpleaños. Los quiero mucho.

Me quedé mirando a Brady y apuramos nuestros tragos. Nada más que decir.

Brady tenía un hijo recién nacido y había dejado a su esposa sola para lidiar con eso; yo me sentía como una mierda por prometerle a *mi* hijo que llegaría para la fiesta de cumpleaños en el DF...

Busqué entre las canciones que tenía en mi iPhone. Tenía ganas de poner a todo volumen «Enter Sandman» o cualquier otra de Metallica o Nirvana. Incluso algún narcocorrido loco de

Los Tigres del Norte, algo duro y punzante, al máximo volumen para entumecer la mezcla de agotamiento y tristeza.

Pero todos los marines estaban durmiendo, podía oír a un par de ellos roncando, así que opté por «Cool Jazz for Warm Nights» y me di un trago muy grande de Johnnie Walker Red.

Brady soltó una risa cuando los sonidos suaves del jazz flotaron por el aire de las barracas; el lugar apestaba a sudorosa ropa de trabajo y botas mohosas. Estaba sonando la canción de 1957 «Everything Happens to Me» [Todo me sucede a mí], por el saxofonista Warne Marsh, cuando llegó un mensaje de Joe desde El Paso.

—Volvemos a estar vivos —dijo Brady—. ¡Bien hecho, Joey! Sigue mandándolos.

El primer mensaje que entró era del Chapo, que ahora se estaba impacientando más, pidiéndole al Lic-F un reporte de la situación. Estaba intranquilo.

Los bolas del agua donde kedaron

no saves??

«El grupo de marines, ¿dónde están ahora? ¿Lo sabes?».

MI TELÉFONO COMENZÓ A sonar. Mostraba las 12:34 de la noche.

Era Nico. Ningún saludo; se le oía intenso, sin aliento.

—¿Cuál es el número de Naris?

Yo tecleé rápidamente los dígitos del BlackBerry de Naris (los había memorizado).

Sospechaba por qué los necesitaba Nico, pero de todos modos le pregunté.

—¿Por qué?

Nico se rió.

—Tengo al hijo de puta delante de mí.

—¿De veras? ¿Tienes a Naris? —pregunté yo sonriendo y mirando a Brady.

Brady casi tumba su vaso plástico de Johnnie Walker.

—Sí —dijo Nico—. El tipo de la nariz grande está de pie aquí mismo, a seis pies (dos metros) de mí.

—Bien, ¿dónde te está diciendo que está Patas? —pregunté.

Patas Cortas era nuestro nombre en código descubierto para el Chapo durante la operación de captura.

—Dice que está en el tres —dijo Nico.

Solo momentos antes, Brady y yo habíamos interceptado un mensaje del Chapo que estábamos en proceso de descifrar:

Naris si cnl bas ten pranito ala birra y le llebes ala 5 y traes aguas. Seme olbido el cuete ai esta en el 3 en la cautiba atrás me lo traes.

«Naris, ve en la mañana y agarra la birria y las llaves y llévalas al cinco. Y trae agua. No olvides la pistola. Está en el tres atrás del [Chevy] Captiva. Tráeme la pistola».

Yo sabía que Naris estaba mintiendo; no había modo alguno de que el Chapo siguiera en la ubicación 3. Sabía con certeza que esa casa segura ya estaba vacía.

Le dije a Nico lo que acababa de leer.

—Te está mintiendo. Patas no está en el maldito tres. No hay nadie en la ubicación tres. Está vacía. Él está en el cinco.

Podía oír a Nico diciendo a la SEMAR que Naris les estaba mintiendo. Entonces colgó. Un par de minutos después, Nico volvió a llamar.

—Naris ha cambiado su canción —dijo Nico—. Tienes razón. Está diciendo que Patas está en el cinco.

—Envía al cinco a todos los marines que tengas —le dije.

# LA CUEVA DEL LEÓN

**LA PISCINA.**

Recordé que ese mismo día más temprano el Chapo había enviado a Naris a «El 5» para encontrarse con el tipo que le limpiaba la piscina.

Llamé a Nico inmediatamente.

—La piscina —dije.

—¿Qué piscina?

—Patas se ha referido antes al cinco como la Piscina. La casa que estás buscando tiene una alberca. Estoy casi seguro. Te enviaré las coordenadas de la zona. Naris estuvo allí esta mañana. Cóndor está localizado en la misma torre allí cerca.

—Muy bien —respondió Nico—. Vamos al cinco. Naris está a bordo.

Se abrió la puerta del centro de mando.

—¡Vámonos! —gritó el almirante Garra con sus ojos aún medio cerrados, como si le acabaran de despertar de un sueño profundo—. ¡Vámonos! —volvió a gritar—. Levantamos a Naris.

Me agradó saber que Garra había estado siguiendo los acontecimientos mediante sus propios marines sobre el terreno al igual que Brady y yo habíamos estado recibiendo actualizaciones de Nico.

Oír el ruido de la turbina del helicóptero MI-17 que estaba afuera, fue como una inyección de adrenalina. Brady y yo subimos un corto trecho de escaleras para agarrar nuestras escasas pertenencias, los teléfonos y el maletín de la computadora.

«¡No olvides los chalecos!», dijo Brady, mirando hacia atrás desde el estrecho marco de la puerta.

Agarré, del frío piso de azulejo, los dos viejos chalecos antibalas que habíamos obtenido en Mazatlán. Le lancé uno a Brady, que lo agarró mientras caminaba.

Saltando los peldaños de tres en tres salí del centro de mando, respirando profundamente el aire salado del océano. Mientras corría hacia el helicóptero, intenté ponerme el chaleco pero me di cuenta de que había agarrado uno que parecía diseñado para un niño. No pude soltar las correas y me lo puse, frenético, metiéndomelo por la cabeza.

Con las hélices del MI-17 girando por encima de nosotros, miré a Brady.

«Allá vamos —grité por encima del ruido del helicóptero—. ¡Está chingado!»

Casi no parecíamos agentes federales estadounidenses. Debajo de los chalecos color marrón y negro, los dos íbamos otra vez vestidos con los uniformes de camuflaje enviados por la SEMAR que nos habíamos puesto cuando llegamos a Topolobampo.

Me abrí camino por el inmenso hueco en la parte trasera del MI-17 y tomé un asiento en el frío banco de acero directamente detrás de la ametralladora del lado derecho. Brady se sentó a mi lado.

El almirante Garra tenía una expresión calmada, me pareció que casi *demasiado* calmada. Yo había estudiado al almirante durante las últimas semanas, intentando determinar lo que le movía. Experimentado comandante de la SEMAR con décadas de experiencia en la lucha contra las guerras del narco de México, Garra era como un ave de presa canosa: siempre calmado, incluso cuando era momento de lanzarse.

Sin nota alguna de emoción, como si tan solo fuéramos a recoger a algún traficante de droga en la calle y no a un narco multimillonario que había evadido la captura desde 2001, Garra gritó por encima del ruido del motor.

—Cuando lleguemos, lo meteremos en este helicóptero y lo traeremos aquí para el interrogatorio.

—Lo que necesitamos ahora mismo son algunas armas —gritó Brady.

Sí; ambos necesitábamos armas.

Miré por la cabina para ver si había algún rifle extra por allí. Todo aquello se estaba convirtiendo en una verdadera operación militar, pero Brady y yo habíamos caído en Sinaloa tan rápido que nunca tuvimos la oportunidad de prepararnos bien. Les habíamos devuelto a Nico y Leroy las carabinas M4 antes de que se fueran al sur de Culiacán.

Ya llevaba tres días enteros sin dormir. El helicóptero se levantó del suelo, inclinándose hacia el sur por la costa de

Sinaloa, dirigiéndose hacia el lugar de nacimiento y la fortaleza del cártel de la droga más poderoso del mundo.

El cielo nocturno resplandecía ahora con más brillo que la cabina del MI-17. Los marines se pusieron su equipamiento táctico y cargaron sus armas, incluido un Mark 19, un lanzador de granadas que colgaba de la plataforma trasera y dos minipistolas M134 que sacaron de las troneras a cada lado del aparato.

Entonces todo se quedó extrañamente en silencio. Nadie hablaba.

El artillero que estaba más cerca de mí sujetaba una luz verde táctica entre los dientes mientras revisaba su página de Facebook en su teléfono celular. Allí estábamos, en la captura del narcotraficante más buscado del mundo, y ese tipo estaba mirando despreocupadamente sus redes sociales como si estuviera sentado en el sillón de su casa. En mi BlackBerry puse al tanto rápidamente a mi supervisora de grupo en México. La gerencia de la DEA solo sabía que se estaba cociendo algo grande, pero yo no había comunicado todos los detalles. Cada vez que el personal del gobierno estadounidense trabajaba junto con el ejército de una nación que lo acogía, existía el potencial para una tormenta política; no a todos los directores en la Brigada Antidrogas y el Departamento de Investigaciones de Seguridad Interior les agradaba que Brady y yo hubiéramos salido de La Paz para aventurarnos a entrar en Sinaloa.

Unos minutos después, estaríamos poniendo nuestras botas sobre el terreno en Culiacán. Poner los pies en esa ciudad era una proposición de vida o muerte para agentes federales estadounidenses y para las fuerzas de la SEMAR por igual. Durante unos momentos pensé en qué escribir. Cuanto menos detalles supieran los jefes en este momento, mejor, así que opté por dos palabras.

«En ruta».

Cerré mis ojos y mi mente seguía acelerada mientras intentaba enfocarme en el sonido del helicóptero al atravesar el aire del océano.

¿Por qué no habíamos sabido nada de lo que estaba sucediendo sobre el terreno?

Brady y yo seguíamos revisando nuestros BlackBerry cada pocos minutos, y después miramos al almirante en busca de una actualización.

Garra no dijo nada.

Habían transcurrido cuarenta minutos de viaje y nadie había oído nada todavía. Si notificaban a alguien de una captura, con toda seguridad sería a Garra. Su equipo de entrada de la SEMAR sería el primero en atravesar la puerta, y serían los primeros hombres en establecer contacto con el Chapo.

¿Sería que los marines ya lo tenían custodiado y, por razones de seguridad, no avisaban al comandante por radio?

La cara de Brady, como siempre, mostraba su ceño fruncido. El almirante Garra se mantenía inescrutable.

El MI-17 se alejó en ángulo de la costa. Yo podía divisar el resplandor de las luces de la ciudad a la distancia mientras íbamos pasando por encima de pequeñas casas y grandes ranchos.

«Quince minutos», gritó uno de los miembros del equipo desde la cabina de mando.

Quedaban quince minutos. Justo entonces, la luz roja del indicador comenzó a parpadear en la esquina derecha superior de mi BlackBerry. Era un mensaje de Nico, con el equipo de entrada de la SEMAR en la ubicación cinco:

«El lugar es una fortaleza», escribió Nico. «Cámaras por todas partes».

El piloto comenzó a volar en forma de ocho sobre la ciudad. Yo miré hacia abajo a las calles, desiertas a excepción del frenesí de camionetas *rápidas* de la SEMAR, con ametralladoras en la parte trasera y cargadas de marines, que entrecruzaban las manzanas de calles como si estuvieran comenzando una misión de búsqueda.

Podía ver un helicóptero Blackhawk realizando una búsqueda sobre un cuadrante distinto de la ciudad, paralelo a nosotros. Miré a Brady y meneé negativamente la cabeza.

«¿Dónde diablos está?», dije en voz alta y mirando fijamente a un barrio residencial abajo, como si esperara ver a Patas Cortas corriendo por la calle desolada con su ropa deportiva. Lo único que quería era aterrizar y comenzar la caza. Éramos inútiles en el aire.

El viejo avión ruso se inclinó mucho a la derecha antes de hacer un rápido descenso a un terreno vacío de la ciudad.

Cuando nos acercábamos a tierra, de repente comencé a perder la orientación; aborrecía esa sensación. Siempre me había enorgullecido de mi intuitivo sentido de dirección. Cuando estaba en la universidad, a menudo iba al bar en la cajuela del auto de mi amigo porque había demasiadas muchachas en los asientos. Encerrado en la oscura cajuela, gritaba cada giro y cada nombre de las calles hasta que llegábamos al bar, sin perder nunca mi ubicación.

Sin embargo, ahora no tenía ni idea de dónde estábamos aterrizando o en qué parte de Culiacán estábamos. Incluso con luna llena, ni siquiera podía distinguir el norte del sur.

Nos bajamos de un salto del helicóptero justo cuando aterrizaba. Los marines salieron rápidamente y desaparecieron entre la espesa hierba del terreno abandonado. Brady y yo nos quedamos solos, incapaces de oírnos el uno al otro por el ruido de las hélices, entrecerrando los ojos rodeados de polvo y gravilla. Enseguida perdimos de vista a todos los marines; incluso perdimos a Garra. Brady y yo habíamos planeado quedarnos pegados a los hombros del almirante durante toda la operación de captura.

Saqué mi iPhone del bolsillo e intenté chequear Google Maps para localizar nuestra ubicación exacta. No hubo suerte. El Blackhawk intentaba ahora aterrizar en ese mismo terreno diminuto, y el torbellino de polvo hacía que fuera casi imposible ver nada.

«Jesús —dijo Brady entrecerrando los ojos. Había divisado a algunos de los marines subiéndose a las *rápidas* en la distancia, a unos doscientos metros—. Vamos, Drew».

Comenzamos a correr por el terreno desnivelado, saltando pedazos de cemento y de matorrales, mientras el Blackhawk aterrizaba. Desde el rabillo del ojo vi marines saliendo de ambos lados del helicóptero, cubriendo sus flancos con rifles.

Brady dirigía el camino conmigo detrás, cargando el maletín de mi computadora. Oí gritar a Brady.

—Esto es un giro hacia un espectáculo de mierda.

—Sí —le dije—. Sin rifles. Sin radio. Y si esas camionetas se van sin nosotros, estamos chingados...


**ESTÁBAMOS A UNOS VEINTE** metros de distancia cuando despegaron las *rápidas*. Comenzamos a perseguirlas, corriendo mucho hasta que llegamos a una brecha en la valla metálica que conducía a la calle. Pero llegamos demasiado tarde. Las *rápidas* ya se habían ido.

Sin aliento, rodeamos la esquina y entramos en la calle vacía.

Ya no podíamos ver las luces traseras de las camionetas, ni oír el ruido de los helicópteros a nuestras espaldas. Lo único que podíamos oír eran nuestras botas sobre el pavimento y nuestra rápida respiración.

Miré a un lado y a otro, intentando determinar en qué dirección íbamos; pero el pavimento, los árboles y los edificios se desdibujaron repentinamente convirtiéndose en sombras de color marrón y gris.

Mi mirada se enfocó. Detecté una silueta negra a unos cien metros de distancia.

Instintivamente llevé mi mano a la funda a la altura del muslo para sacar mi pistola, pero mi mano solo tocó mi pierna. No había funda, ni pistola. La silueta se iba acercando. ¿Era eso el cañón de un rifle?

Entonces Brady gritó.

«¡Es un amigo!». Cuando nos acercábamos, vi que era un marine muy joven que estaba solo en su puesto. Era flaco, con una nariz estrecha, respingona y ojos color pardo, y el casco que llevaba era demasiado grande para su cabeza. Se me parecía a un niño de doce años vestido de soldado. Brady y yo fuimos al trote hasta donde estaba.

«¿A dónde van? —gritó Brady— ¿Dónde se fueron todas las *rápidas*?».

El joven marine se encogió de hombros. Parecía tan perdido como nosotros, pero de todos modos decidimos seguirlo. Al menos el muchacho llevaba un rifle. Mientras caminábamos por la manzana, Brady le preguntó en español si tenía una radio.

El joven marine meneó negativamente la cabeza. Brady me miraba con preocupación.

Estábamos expuestos y desarmados. No había modo alguno de disfrazar nuestras caras de gringos; ni siquiera teníamos gorros o cascos militares.

Y a diferencia de Ciudad de México, aquí en Culiacán no sería posible que nadie nos tomara por lugareños.

*Esto es una maldita trampa*, pensé.

El Chapo había pagado a los militares; estábamos abandonados, sin pistolas ni radios, en el corazón de Culiacán y a punto de ser secuestrados. El video de nosotros siendo torturados y asesinados lo subirían a YouTube antes del amanecer...

«Colega, tenemos que regresar al helicóptero —dije yo—, *ahora*».

Pero ¿seguía allí el MI-17? Brady y yo abandonamos al joven marine y comenzamos a correr. Sabíamos que si el helicóptero despegaba, nos quedaríamos totalmente solos, desarmados y atascados en medio de la cueva del león.

**DE REPENTE APARECIÓ OTRO** convoy de *rápidas*, rodeando la esquina.

«A la mierda —dijo Brady—. Vamos con ellos».

Corrimos hacia las camionetas y un par de los marines que iban detrás nos indicaban que subiéramos, de modo que Brady y yo saltamos y nos subimos. Nos apretujamos entre los seis marines armados que estaban allí. Yo no sabía quiénes eran esos tipos de la SEMAR ni dónde nos llevaban. Eran más rudos que los que habíamos visto en la base en Topolobampo. Yo iba muy apretado entre un muchacho flaco de complexión oscura; él fumaba un cigarrillo, con su casco inclinado hacia un lado. La mayoría de los demás llevaban puestos pasamontañas para ocultar sus rostros.

Después de viajar unos minutos, nos estacionamos en el centro de una manzana residencial, un típico barrio de clase media. Cuando salté de la camioneta, miré a un lado y a otro de la intersección y pude ver más *rápidas* y marines en cada esquina. Mis nervios comenzaron a calmarse. Dos marines nos dieron a Brady y a mí pasamontañas negros para ocultar nuestras caras.

«Las cámaras», explicó uno de los marines.

La casa segura tenía cámaras de vigilancia dentro y fuera, por lo que todos tenían que tener la cara cubierta antes de entrar.

Brady y yo caminamos hasta una moderna casa color beige de dos pisos insertada entre otras dos casas del mismo tamaño. Yo estaba tan desorientado que aún no estaba seguro de dónde nos había dejado nuestra *rápida*. ¿Era ese el radio de la manzana que yo había estudiado tanto en mis mapas de Google? ¿Estábamos incluso en la ubicación cinco? No se veía por ninguna parte a Nico ni a Leroy.

Brady y yo atravesamos con cautela el garaje abierto de la casa, pasando al lado de un Mercedes negro de cuatro puertas, y después miramos la puerta frontal de la casa, que estaba muy estropeada. Faltaba uno de los paneles de la puerta, y la jamba estaba totalmente doblada formando chatarra de metal. La puerta había sido reforzada con seis pulgadas de acero; estaba claro que la SEMAR había empleado mucho tiempo para poder entrar.

**YO ATRAVESÉ LA ENTRADA.** La cocina, directamente delante, estaba amueblada de modo sencillo: mesa blanca de plástico y sillas plegables. Entonces hice el primer giro inmediato hacia la sala y entré en el dormitorio del piso inferior. Había ropa de mujer tirada por todo el cuarto. Lencería, blusas, medias, toallas usadas, y potes de pastillas abiertos regados por la cama y el piso.

Brady y yo entramos lentamente en el baño adyacente.

Estaba oscuro y tranquilo, y había mucha más humedad que en el resto de la casa. Yo intenté mover el interruptor de luz de la pared, pero estaba roto. Brady y yo utilizamos la linterna de nuestros iPhone mientras avanzábamos.

Ahí estaba; inconfundible en el ligero resplandor de la luz.

—Mierda —dije yo.

Esto es obra de Kava.

—Mira esta maldita mierda —dijo Brady mientras nos inclinábamos hacia delante.

La gran bañera blanca, equipada con hidráulicos, estaba levantada en un ángulo de cuarenta y cinco grados. Cuando nos acercamos más a la tina, un potente olor a moho llenó mis fosas nasales.

Miramos un sofisticado hueco hecho por el hombre debajo de la tina. Una estrecha escalera vertical conducía a un túnel que se prolongaba en dirección a la calle, aproximadamente a unos diez pies (3 metros) por debajo de la casa.

Brady descendió primero por la escalera y se abrió camino hasta el fondo. Yo iba detrás de él.

El aire mohoso era tan espeso y cálido que resultaba difícil respirar con las máscaras puestas. Encorvados, los dos recorrimos el túnel. Estaba muy bien construido, equipado con luces fluorescentes y puntales de madera. Continuamos hasta llegar a una pequeña puerta de acero que tenía un manillar circular de tamaño industrial.

Brady giró la rueda de acero en sentido contrario a las agujas del reloj, lo que dejó expuesto otro túnel oscuro. Un goteo de aguas residuales discurría por el piso, y el techo de cinco pies de altura (1,5 metros) hizo que tuviéramos que agacharnos y caminar como patos.

«Mierda», dijo Brady en voz baja.

Mirábamos a la oscuridad.

Estábamos mirando una entrada al laberíntico sistema de alcantarillas por debajo de las calles de la ciudad. Todo estaba muy oscuro en ambas direcciones, a excepción de un diminuto agujerito de luz a unas veinte o treinta manzanas de distancia.

Yo intenté contener la respiración. Miré en una dirección y Brady miró en la otra, esperando ver cualquier señal de vida: el susurro de una voz, llanto, pasos chapoteando por el agua fétida...

Nada.

«Se ha ido», dijo Brady.

El Chapo había vuelto a escapar.

# LA PISTA

**EL MUNDO DEL CHAPO** estaba patas arriba.

Y ahora también lo estaba el mío.

No había otra cosa que hacer sino continuar la cacería.

Subí por la escalera del túnel y salí lentamente, agachando la cabeza para evitar golpearme con la parte inferior de la bañera.

Aún no había señal alguna de Nico ni de Leroy.

Saqué mi iPhone y le escribí a Nico.

«¿Dónde estás?».

«El cuatro», respondió Nico. «En dirección al tres ahora. Nos vemos allí».

Podía ver el icono color naranja de Nico parpadeando a unas diez manzanas al este en la aplicación telefónica.

—Apuesto a que el Chapo podría ir caminando por los túneles directamente hasta el cuatro —dijo Brady.

—Sí, y no tiene que ver la luz del día.

Entramos en el que había sido tan recientemente el cuarto del Chapo y comenzamos a revisarlo todo: los montones de ropa, toallas, registros financieros, notas variadas, cajas de Cialis, Celebrex y otras pastillas con receta regadas por el cuarto.

A mí solo me importaba una cosa.

—Consigue todas las cajas de BlackBerry y tarjetas SIM que puedas encontrar —dije.

Necesitábamos cualquier cosa que nos diera pistas sobre dónde había huido el Chapo y a quién había acudido en busca de ayuda en los últimos minutos.

—Dios mío, están por todas partes —dijo Brady.

Había más de veinte cajas de BlackBerry solamente en ese cuarto. Brady y yo las juntamos rápidamente en un montón sobre la cama.

Comencé a tomar fotografías de cada PIN distinto impreso en el costado de cada caja. En cuanto enviara los PIN a Don, en Virginia, en la División de Operaciones Especiales de la DEA, ellos podrían darme los números telefónicos correspondientes casi de inmediato. Entonces podría empezar a trabajar en la localización de los dispositivos.

—Hay una buena posibilidad de que el Chapo tenga al menos uno de estos BlackBerry —dije.


**MIENTRAS SEGUÍAMOS PEINANDO LA** casa vacía, me encontré con el almirante Garra.

«Ven conmigo», dijo el almirante de repente, indicándonos a Brady y a mí que le siguiéramos al exterior.

Nos montamos en otra *rápida* y salimos a gran velocidad formando un pequeño convoy, siguiendo a todas las otras camionetas de la SEMAR. El rostro de Garra era resuelto, pero su frente estaba muy arrugada; estaba claro que seguía enojado porque el Chapo se había escurrido y huido por las alcantarillas.

Eran solamente las 4:30 de la mañana, aún estaba demasiado oscuro para ver claramente cuando se detuvo la *rápida*, pero en cuanto mis botas se plantaron en la calle de gravilla, supe con precisión dónde estaba. Era la manzana exacta que yo había estudiado durante meses en mi mapa de Google y en las imágenes en alta resolución.

Las *rápidas* llenaron la calle, con marines bajando e inundando el camino de entrada. Yo me quedé un paso atrás, analizando a la colonia Libertad. Observé mientras un par de marines conducían hacia la casa a un hombre vestido con una camisa polo roja y negra; incluso en la tenue luz lo reconocí inmediatamente como el mensajero Naris.

Naris estaba en silencio, con la cabeza agachada y las manos esposadas al frente, dirigiendo a los marines hacia una larga puerta de acero color marrón, robusta y electrificada. Yo sabía que era en esa misma puerta donde Naris había estado esperando afuera durante muchos minutos, tras haber salido a comprar gambas, o sushi o cucharas de plástico para el Chapo y gritando: «¡Abra la puerta!», rogando que Cóndor le dejara entrar.

Esta vez era Naris el que utilizaba unas llaves para abrirles la puerta a los marines. Ahora cooperaba en todo. Yo atravesé la puerta con los marines y me giré para mirar otra vez la calle. Estaba más enfocado de lo que había creído: no era un radio de *una* manzana, sino que mi marcador estaba tan solo a veinte pasos de distancia, enfrente del camino de entrada del Chapo, lo bastante cerca para golpear el garaje lanzando una pelota de fútbol.

El equipo de entrada echó abajo el candado de acero reforzado de la puerta lateral, por la que entraron decenas de marines. Yo seguí sus pasos, metiéndome totalmente en el mundo del Chapo. Esta era su casa segura principal, en la que había pasado el noventa por ciento de su tiempo.

Entré en el primer dormitorio a la derecha, recorriendo con la vista todo lo que había en el cuarto y tomando más fotografías de cajas de BlackBerry y tarjetas SIM. Los marines ya comenzaban a poner patas abajo todo el lugar.

Oí gritar a Brady:

«¿Por qué no están en las alcantarillas? ¡Entren en los malditos túneles!».

Yo sabía que no había modo alguno de detenerla ahora, ninguna manera de decir qué hacer a esta maquinaria de la SEMAR.

Había una bolsa de metanfetaminas sobre la mesa de la cocina. Eso era extraño, pues esnifar cristal no parecía típico del Chapo. En el dormitorio principal, más adelante en el pasillo, recorrí con mis manos la larga línea de camisas que el Chapo tenía y pateé las más de cincuenta cajas de zapatos apiladas en el clóset. Había un par de relojes caros; uno era un cronógrafo Jaeger-LeCoultre de oro rosado con cristal de zafiro, totalmente nuevo en su caja de Le Sentier (Suiza).

Sin embargo, aparte de los zapatos de diseño y algunos relojes suizos elegantes, todo parecía haber sido comprado al por mayor en Walmart.

«Los mismos sofás de vinilo barato —dije—. Misma mesa blanca de plástico. Mismas sillas plegables».

Me sorprendió ver que el Chapo se permitía tan pocos lujos. Esta casa no era mejor que la ubicación cinco. Eran casas cortadas por el mismo molde, totalmente funcionales y, casi con toda seguridad, diseñadas y construidas por Kava y su equipo.

Seguí al Toro, el feroz capitán de la SEMAR, junto con otros marines al cuarto de baño adyacente al cuarto del Chapo. El Toro empujaba hacia delante a Naris, claramente con una misión.

Yo rodeé la esquina y me encontré con Naris cara a cara.

Su prominente nariz estaba ahora muy enrojecida.

El mensajero del Chapo, con las manos aún esposadas, se acercó al lavabo y metió un pequeño objeto brillante, que podría haber sido un clip para papeles, en un agujero cercano al enchufe eléctrico que estaba al lado del espejo. Se oyó un crujido y, por un momento, pensé que Naris había recibido una descarga eléctrica, pero de algún modo había activado un interruptor interno que puso en movimiento el sistema hidráulico.

El sellador que había alrededor de la tina comenzó a resquebrajarse. Naris se acercó y agarró el borde superior de la bañera con sus manos esposadas, levantándola un poco hasta que la potencia del sistema hidráulico continuó con ese trabajo. El olor a moho y alcantarilla llenó otra vez el cuarto de baño cuando la bañera completa se elevó hasta ese mismo ángulo de cuarenta y cinco grados que yo había visto en la ubicación cinco.

Un lugarteniente de la SEMAR, a quien todos llamaban «Zorro», seguía gritando a sus tropas.

«¡Mira! Ajústense el equipo, entren en el túnel, ¡y *encuentren* al hijo de puta!». El Zorro dijo que no había tiempo para ir a la caza del *souvenir*. Esta era su oportunidad de agarrar al mayor narcotraficante del mundo.

El Zorro fue el primero en bajar por la bañera levantada, descendiendo a las fétidas alcantarillas llenas de aguas residuales. Desapareció rápidamente con su equipo; pero yo sabía que el Chapo estaba ya al aire. El tipo era tan resbaladizo como una rata de alcantarilla, y probablemente ya había salido al exterior hacía más de una hora por algún hueco de drenaje.

**SALÍ AL EXTERIOR Y** vi una lona azul muy grande por encima de mi cabeza, un toldo casero que se extendía por todo el sendero de entrada, desde la casa de invitados hasta la azotea de la casa principal. El Chapo sabía sin ninguna duda que siempre había ojos en el cielo observándolo.

La casa de invitados, equipada con un cuarto de baño y una cama grande, se había construido cerca de la esquina más alejada del pequeño terreno, no más lejos de treinta pies (9 metros) de la puerta lateral de la casa principal. Cuando asomé mi cabeza por allí, la SEMAR ya había hecho trizas el lugar. Imaginé que podría haber sido la residencia de la cocinera o la sirvienta interna del Chapo, pues todo aquel en México que podía permitírselo parecía tener una ama de llaves interna, pero también podría haber sido donde Cóndor se quedaba durante sus turnos de quince a treinta días como *secretario*.

Tras un examen exhaustivo de toda la instalación, el grupo de marines cambió de marcha sin advertencia previa, llenando las calles y subiéndose otra vez a sus *rápidas*. Agarré por el hombro a Brady mientras salíamos y señalé al Chevrolet Captiva blanco que estaba en el sendero de entrada; casi lo habíamos pasado por alto. Era el mismo Captiva que el Chapo había ordenado a Naris que llevara unas horas antes, con instrucciones de llevarle su pistola.

**AHORA ÍBAMOS A TODA** velocidad a la ubicación dos, que estaba a unas pocas manzanas, tan cerca que podríamos haber ido caminando. Cuando llegamos, abrí la puerta de la camioneta para salir y me detuve. Estaba a punto de pisar otro pedazo de asfalto que había estudiado por tanto tiempo en mis imágenes por satélite.

Hasta ese momento, todo se había estado desarrollando a la velocidad de la luz, pero la conmoción inicial y la ráfaga de adrenalina empezaban ahora a calmarse. Comencé a darme cuenta de cuán vulnerables éramos. En cualquier instante podrían tendernos una emboscada y nos veríamos en medio de una balacera, allí mismo en la calle. Imaginé oleadas de policías del Chapo y sus pistoleros, otros traficantes, policías locales corruptos, cualquiera que llevara armas, saliendo por la esquina y abriendo fuego. No habría ningún lugar hacia donde correr.

Miré en la camioneta en busca de un rifle extra, pistola o incluso un cuchillo; nada. Sentí una oleada de temor. Salí de la *rápida* y me apuré a abrirme camino entre la multitud de marines que se dirigían hacia la puerta, pues imaginé que era más seguro estar entre las tropas.

«La dos», como el Chapo se refería a ella, estaba construida como la tercera casa segura, con fuertes muros de cemento muy elevados para evitar ser observados desde la calle, y una valla de hierro forjado tapando las brechas; sin embargo, era lo bastante parecida al resto de las casas del barrio para no destacar. «La dos» estaba pintada de blanco, con un par de altas palmeras en el sendero de entrada al otro lado de la puerta, junto con un garaje adosado de una plaza. Yo estaba familiarizado también con esta ubicación. Había estudiado las detalladas fotografías aéreas de este mismo lugar en La Paz, cuando me enfocaba en las localizaciones de Picudo.

Una vez dentro, descubrimos que la casa estaba casi vacía. Los tres cuartos tenían una cama cada uno, pero había pocos muebles o ninguno.

—Este lugar parece un almacén oculto o una pensión de mala muerte —le dije a Brady.

La SEMAR había encontrado otra tina idéntica con sistema hidráulico en el cuarto de baño del dormitorio principal, solo que era casi imposible entrar, pues estaba llena de más de mil paquetes individuales del tamaño de una pelota de fútbol envueltos en papel color marrón y marcados con un número de cuatro cifras que parecía ser el peso. Metanfetaminas. Al final, calculamos que en ese túnel estaban apiladas más de tres toneladas de metanfetaminas.

Eso no tenía ningún sentido para mí. ¿Metanfetaminas con un valor de decenas de millones de dólares allí apiladas y poniéndose mohosas en las entrañas de Culiacán?

—¿Será este el almacén de efectivo del Chapo? —le pregunté a Brady.

—Podría ser —respondió él—. Dado el valor en la calle que tiene, podría vivir a la fuga durante años...

El sol estaba saliendo con rapidez, el horizonte de Culiacán era más brillante cada minuto que pasaba, y las calles comenzaban a cobrar vida. Yo me quedé un rato afuera en la calle, con algunos marines que comprobaban la seguridad. Observé que había una escuela elemental al otro lado de la calle; pronto estaría llena de niños.

Otra cosa también: sonaba una fuerte música por la colina. ¿Quién pondría una banda a un volumen tan alto a esas horas? ¿Era una señal de algún tipo de las personas leales al Chapo? ¿Un llamado a las armas?

**ANTES DE QUE ME** diera cuenta, Brady y yo estábamos de nuevo en el convoy, de viaje con Nico y Zorro en el Suburban blindado avanzando rápidamente hacia el norte a otra ubicación.

Era la primera oportunidad que había tenido de hablar con Nico cara a cara desde el frenesí de la primera redada antes del amanecer.

—¿Cuán cerca estuvieron ustedes de atraparlo antes de que huyera por el túnel?

—Cuando llegamos, ellos aún estaban dentro —dijo Nico—. Pude ver personas en la ventana en el piso superior. Alguien miró entre las persianas y, cuando conseguimos atravesar esa maldita puerta, él ya se había ido.

Miré a Brady, meneando negativamente mi cabeza con incredulidad.

—Sabíamos que tenía un túnel debajo de una bañera —dije yo—. Lo que no sabíamos era que tenía uno en cada casa segura.

El lugarteniente Zorro pareció molestarse especialmente por ese comentario.

—Nadie se me ha escapado antes —dijo—. Podíamos oírles correr, chapoteando en la distancia, pero no sabíamos dónde. Encontramos estos en el suelo de la alcantarilla —dijo señalando dos chalecos antibalas, uno negro y el otro verde pálido.

Metidas en los chalecos había cuatro granadas de mano de color negro con anillas doradas. Una de las granadas estaba envuelta con un billete de veinte dólares estadounidenses. Probablemente el Chapo planeaba lanzarla a sus espaldas para volar el túnel, pero no tuvo tiempo para hacerlo.

—Tenía la misma estructura en Cabo —recordé yo.

Zorro me entregó un *pendrive* (almacenador de información) rojo que se le había caído al Chapo en el túnel por la prisa. No había gran cosa en él aparte de un video de vigilancia del interior de alguna casa de chamacas. Debió haber sido otra de las obsesiones de Guzmán...

Unos minutos después llegamos a la ubicación uno. Allí, una puerta de garaje abierta color marrón conducía a un sendero de entrada cercado y oculto por una inmensa lona color verde que colgaba desde arriba.

En el garaje había un pequeño escritorio con varios monitores que mostraban imágenes de cámaras de vigilancia en todas las casas seguras del Chapo. Era obvio que alguien tenía la tediosa tarea de sentarse en otra silla de plástico barata en ese garaje vacío, observando el pequeño tablero de cámaras en las pantallas.

Este lugar era incluso más viejo que la ubicación dos; había azulejos color rosado y verde de la década de los sesenta por todo el baño, varios cuartos, y un sillón viejo y sucio en la sala. Las paredes estaban vacías. Tuve la sensación de que esta podía haber sido la casa segura original del Chapo en Culiacán, considerando su antigüedad.

Una vez más, un Naris aún esposado puso en movimiento la bañera hidráulica, que dejó al descubierto otra entrada a un túnel.

—Cada casa segura *está* conectada —dije yo.

Estaban lo bastante cerca entre ellas para poder tener acceso a todas por medio de la misma red de alcantarillas de la ciudad directamente bajo las calles.

Yo salí otra vez a la calle con Brady para recoger mis pertenencias. Ya había plena luz del día y reconocí la zona.

—Aquí es exactamente donde la SEDENA mató al 50 en agosto pasado —le dije a Brady—. Justo en esta calle.


**BRADY Y YO ACABÁBAMOS** de subirnos al viejo Suburban blindado cuando recibí un correo electrónico de mi grupo de analistas de inteligencia en Ciudad de México. Antes de salir de La Paz les había dicho que localizaran a otros miembros valiosos del cártel cada hora, cualquiera cercano al Chapo, para que pudiéramos ponerlos en la lista de objetivos en caso de que necesitaran ser localizados y arrestados.

Este último correo decía que las localizaciones de Picudo parecían haber viajado a alta velocidad, comenzando en Culiacán y terminando en la autopista 15D al norte de Mazatlán. Yo miré las horas.

Última localización antes de salir de Culiacán: 3:48 de la mañana.

Localización cerca de Mazatlán: 6:00 de la mañana.

Me acerqué un poco y le di un codazo a Brady.

—¡Esta es nuestra pista!

Yo sabía que si el Chapo confiaba en alguien, sería en Picudo. Puede que Guzmán no quisiera que ningún otro en la organización supiera que estaba huyendo; de hecho, el equipo del HSI en El Paso reportó que la mayoría de las líneas de la OTD seguían activas a pesar del caos en Culiacán, pero Picudo, su sicario principal, podía ir a buscarlo y sacarlo de la ciudad discretamente.

—Sí, parece prometedor —asintió Brady, estudiando las localizaciones y las horas de Picudo.

—Esta es nuestra pista —dije otra vez—. Te lo aseguro. El Chapo está en Mazatlán.

—¡Vámonos, güey! —dijo Brady.

Pero los dos sabíamos que no podíamos marchar a Mazatlán con trescientos marines. Desde la fuga en la ubicación cinco, Brady y yo ya teníamos a Joe y Neil otra vez en Texas encriptando para que apareciera el siguiente PIN del Máximo-Nivel. Cóndor obtendría pronto un nuevo dispositivo para poder ponerse en contacto otra vez con el Segundo-Nivel y los dispositivos de las oficinas, haciendo parecer que el negocio seguía operando con normalidad. Era solo cuestión de tiempo antes de que El Paso obtuviera ese nuevo número del Máximo-Nivel.

—¿DÓNDE ESTÁ TORO? —LE pregunté a Nico—. Tenemos que informarle que Picudo está de regreso en este momento.

Mi analista de inteligencia me había dicho que Picudo parecía estar en la autopista hacia Culiacán. Yo me preparé para lo peor.

—Puede que llegue aquí con un ejército de hombres —dije—. Listo para una lucha.

—No hay ningún otro lugar donde preferiría estar —dijo Brady mirando alrededor.

Ahora nos sentíamos totalmente integrados en esta brigada de la SEMAR, en medio de la capital de Sinaloa, y podía sentir un sutil cambio en la dinámica entre nosotros y los marines. Brady y yo ya no éramos agentes federales gringos con nuestros montones de información e imágenes por satélite. No importaba a cuántos narcos hubieran cazado ellos, pues nada se había acercado a tener la intensidad de esta operación de captura. El Zorro, por una parte, estaba impresionado con la información tan precisa que yo había estado localizando por más de dos semanas. Mi patrón de vida preciso, junto con toda la inteligencia a tiempo real generada por Brady y su equipo en El Paso, nos habían conducido directamente a la guarida de Guzmán.

En la ubicación cinco encontré a Toro saliendo de la cocina, y llevaba puesto un *shemagh* (pañuelo palestino) verde y negro. Con su cara envuelta por ese pañuelo de camuflaje, se parecía más a un agente estadounidense de operaciones especiales que a un marine mexicano. Para mí, su apodo tenía un doble significado: era como un toro, sí, pero también parecía ser la abreviatura de *tormenta*. Él había sido como un huracán en cuanto aterrizamos en Culiacán, arrasando con fiereza el submundo secreto del Chapo.

—¡Motor! ¡Motor! —gritó Toro de repente, llamando a uno de sus jóvenes lugartenientes para que pudiera traducir lo que yo estaba a punto de decirle. (Motor tenía solo veintitantos años, pero era ya un oficial muy respetado de la SEMAR, y había estudiado inglés a nivel universitario en Estados Unidos. Había sido parte de las reuniones iniciales de información que habíamos tenido Brady y yo con el almirante Furia y sus jefes en Ciudad de México. Por lo general, yo podía comunicarme bien con Toro en español coloquial, pero para las puestas al día operativas Toro se aseguraba de que Motor estuviera ahí para traducir, para asegurarse de que ningún detalle fundamental se perdiera o se entendiera erróneamente.)

—Tenemos que darle a Picudo —le dije a Toro, informándole sobre la pista que sospechábamos—. Picudo confirmará que Gárgola está en Mazatlán.

—Dale —respondió Toro sin vacilación.

—Bien, según nuestras localizaciones, parece que ahora está entrando en la ciudad —le dije—. Me comunicaré con Leroy y los alguaciles; y lo pondremos como el siguiente en la lista de objetivos.

**MIENTRAS TANTO, TORO Y** sus hombres seguían estrujando a Naris para obtener más información.

—¡Vamos a la casa de Cóndor! —dijo Toro, moviéndose hacia la calle.

Brady y yo nos subimos al asiento trasero del Chevy Captiva blanco blindado del Chapo; Toro lo había incautado en la ubicación tres y lo añadió a la flota de la SEMAR. Tenía las rodillas atoradas en la parte trasera del asiento del conductor, pero ahora agradecía estar protegido por la armadura del vehículo que antes era del Chapo. Brady y yo no teníamos aún ninguna pistola. Toro se montó en el asiento del copiloto y el Captiva salió rápidamente, siguiendo a un Jeep Cherokee color verde oscuro, otro de los vehículos blindados del Chapo que los marines habían tomado. Ese vehículo llevaba dentro a Naris: la Nariz nos estaba conduciendo a la siguiente ubicación a desmantelar.

Yo me volteé en mi asiento, mirando por la ventana trasera a la larga fila de *rápidas* que atravesaban las calles detrás de nosotros. Casi no podía creer el ritmo al que los marines iban aplastando y agarrando, destruyendo la infraestructura del Chapo.

Nos detuvimos rápidamente en la carretera de tierra y piedras delante de una residencia de dos pisos. El lugar parecía estar sin construir del todo. Unos perros callejeros vagaban por la calle mientras una madre joven que vestía unos pantalones tejanos muy ajustados y zapatos negros de tacón alto salió afuera con su hijo pequeño.

«¿Es esta la casa de Cóndor? —preguntó Brady—. Vaya agujero de mierda».

Los marines ya estaban dentro y, mientras despejaban la casa, habían encontrado un viejo rifle y una fotografía de un varón mexicano de piel clara y bien afeitado, con su cabello negro con un corte militar plano.

Brady estudió detalladamente la fotografía.

«Sí, a mí se me parece a un cóndor», dijo.

Después volvimos al Captiva del Chapo, una vez más recorriendo la ciudad con el convoy de *rápidas*, y finalmente llegamos a una casa en una colina empinada en un barrio residencial mucho más bonito.

En el momento en que entré por la puerta frontal, noté de inmediato que la decoración no encajaba con el estilo básico de otras casas del Chapo en Culiacán. Los muebles eran mucho más caros; los azulejos de mármol estaban brillantes y limpios; grandes obras de arte enmarcadas colgaban en las paredes.

Un mural en el interior al lado de la puerta principal estaba pintado con sombras profundas de color amarillo, anaranjado y rojo. Era un memorial: reconocí la cara de Edgar, el hijo asesinado del Chapo y Griselda, ascendiendo al cielo. Casi podía oír la voz de Diego, cantando la letra de aquel narcocorrido años atrás en Phoenix:

*Mis hijos son mi alegría también mi tristeza.*
*Edgar, te voy a extrañar*

Un Chevrolet Suburban blanco y un Hummer H2 estaban estacionados en el garaje, pero de repente quedó claro que Naris tan solo había revelado una vieja casa perteneciente a Griselda, la segunda esposa del Chapo. No había ningún signo de actividad reciente: no había comida fresca en la cocina, ni ropa sucia en los cuartos. De hecho, parecía que hacía muchos meses que ella no había vivido en ese lugar.

«Nos reagrupamos en la ubicación cinco», dijo Toro.

Los marines habían juntado montones de álbumes de fotos en uno de los clósets del dormitorio, y antes de irnos de la casa de Griselda agarré un montón de álbumes y los sujeté debajo de mi brazo.

Cuando llegamos a la ubicación cinco, subí las escaleras y me senté en el propio sofá de piel de imitación del Chapo. Me quité de la cara el pasamontañas negro por primera vez desde que me lo había puesto, y fue entonces cuando comencé a sentir la primera oleada de agotamiento. No podía recordar cuándo fue la última vez que había dormido, comido o bebido algo aparte de los pocos tragos de Johnnie Walker en la base en Topolobampo.

Brady subió las escaleras con un par de tazas de café instantáneo caliente que había encontrado abajo en la cocina, y me dio una.

«Leroy está abajo preparando unos huevos».

Brady y yo comenzamos a hojear los álbumes de Griselda, intentando encontrar algunas fotografías útiles del Chapo. Pero en todas las fotografías familiares de Griselda y sus hijos (Joaquín, Grisel y Ovidio) faltaba su padre. Bodas, bautizos, quinceañeros, fiestas... pero ni una sola foto con el Chapo.

Cuando terminamos con las fotos, Brady y yo investigamos en el resto de la casa. Al lado de una pantalla plana de televisión de cuarenta pulgadas que estaba en la pared de la sala había una segunda pantalla blanca pequeña, del tamaño de un monitor grande de computadora, y en el piso inferior —al lado de la pequeña alberca— encontramos esa misma disposición: una pantalla plana de televisión de cuarenta pulgadas en la pared y otro pequeño monitor blanco de vigilancia montado debajo, que mostraba imágenes de todas las casas seguras del Chapo en la ciudad.

«En cualquier lugar donde vea televisión —dije—, puede estar al tanto de lo que sucede en todas sus casas».

Claramente, esta era una de las casas seguras (la Piscina) donde el Chapo se sentía más tranquilo.

Volví al cuarto del Chapo para echar otro vistazo y abrí el clóset, de donde saqué un sombrero negro que estaba en el estante superior.

Era una de las famosas gorras del Chapo, de un solo color y sin logo, con la que se le podía ver en las pocas fotografías verificadas que existían del jefe desde su fuga de Puente Grande. El Chapo siempre llevaba la gorra negra en la cabeza como si fuera una parte esencial de su uniforme de cada día. Me metí la gorra negra por dentro de mi chaleco antibalas.

Era mi único *souvenir* de la cacería.

# SU CASA ES MI CASA

—¡ÁNDALE! ¡APÚRATE! ¡APÚRATE! —GRITÓ el capitán Toro.

Seguíamos estando en la Piscina, pero ahora todos salieron en desbandada para agarrar sus equipos y sus pistolas. Naris estaba revelando más ubicaciones. Brady y yo saltamos a la parte trasera del Captiva, y Toro se subió otra vez al asiento del pasajero.

—Zorro de Toro —seguía gritando Toro por radio, dando indicaciones mientras el Captiva salía rápidamente al frente del convoy.

Llegamos a otro barrio residencial. La SEMAR estaba apaleando la puerta para ingresar y yo entré después de la primera tanda de marines. El lugar estaba vacío, a excepción de bananas verdes, unos pepinos que estaban regados por el piso, unos polvos blancos en la encimera de la cocina (sustancias para mezclar con cocaína), y varias bolsas de basura negras llenas de hierba cultivada. Yo agarré una banana verde de las que había en el piso; era una falsificación, de las que se utilizan para los envíos internacionales de una cosecha mucho más lucrativa, pero estaban todas vacías.

«¿Qué te parecería ser el pobre diablo que tuvo que llenar de cocaína cada una de estas bananas?», dijo Brady.

Una sola banana falsa no podía contener más de medio kilo de cocaína cada vez, además de que habría sido la tarea más tediosa y trabajosa. Recordé inmediatamente que Hondo, en British Columbia, buscaba constantemente un almacén lo bastante grande para guardar «envíos de fruta» para el jefe. Probablemente, esas bananas falsas irían directo a Vancouver para ser descargadas y después enviadas a ciudades por todo Canadá.

De repente, llegó un mensaje del cuarto de escuchas en El Paso a nuestro grupo de chat.

Era el Lic-F reportándose mediante la oficina-3, a Cóndor y al Chapo.

Buenos días, cómo amanecieron. En la ciudad siguen con alboroto esos del agua, no han dormido.

El Lic-F continuaba:

Compadre andan bien bravos y todo el movimiento es contra la empresa.

El convoy ciertamente volvía a ir adelante a todo gas, machacando una casa tras otra.

Ahora estábamos en otro de los almacenes de Picudo. En el sucio patio trasero encontramos cinco gallos de pelea, con espuelas unidas a sus patas y andando por allí. Se rodeaban unos a otros como si fueran boxeadores profesionales ansiosos por pelear. Observé cuando uno de los gallos color rojo oscuro con plumas azules en las alas atacaba a otro. Eran gallos entrenados para pelear hasta la muerte. Agarré un cubilete de dados de cuero hecho a mano que colgaba de la pared, con marcas en uno de sus lados, un tributo al 50. Por el aspecto que tenían las cosas, el equipo de Picudo había limpiado cada almacén antes de que nosotros llegáramos.

**REGRESAMOS A LA UBICACIÓN** tres. Toda la calle estaba ahora bloqueada por las *rápidas* de la SEMAR. Seguía existiendo el riesgo siempre presente de una balacera, pero me sentía un poco más cómodo sabiendo que ahora teníamos al frente muchas tropas.

Brady y yo entramos en la cocina del Chapo, buscando algo para beber. Abrí el refrigerador y agarré las únicas tres botellas de cerveza Pacífico que quedaban.

«¿Las repartimos?», les pregunté a Brady y a unos cuantos marines.

Sonreí mientras me daba un trago frío de Pacífico, recordando aquella noche en Phoenix con Diego, cuando oí «El niño de La Tuna», retiré la etiqueta color amarillo canario y bebí mi primer trago de aquella cerveza. Le pasé la botella a un joven marine, después Brady tomó un trago y la pasó otra vez. Con la falta de sueño, ese pequeño trago de cerveza era suficiente. Solté una risita; sentía como si fuéramos muchachos universitarios que nos pasábamos una botella de whiskey.

Caminé hasta donde estaba Toro con un nuevo brío en mis pasos.

«Vamos a tener otra oportunidad —le dije, dándome cuenta de que sonaba un poco parecido a mi viejo entrenador de fútbol universitario en el descanso del partido cuando íbamos perdiendo por dos touchdowns—. Vamos a tener otra oportunidad —dije, sujetando aún la botella de Pacífico—. Esto no ha terminado. Tengo confianza, capitán».

Lo único que necesitábamos ahora era obtener el nuevo número del Máximo-Nivel. Le expliqué a Toro que el Chapo fue lo bastante inteligente para desechar todos sus teléfonos, pero el equipo de Brady en Estados Unidos seguía interceptando varios dispositivos de las oficinas, y esforzándose por interceptar el nuevo Segundo-Nivel para que así pudiéramos identificar el nuevo dispositivo del Máximo-Nivel que sin duda tenía Cóndor.

—Mis muchachos están en ello —dijo Brady—. Es solo cuestión de tiempo.

—Hasta entonces —le dije a Toro—, necesitamos agotar aquí toda nuestra información, Señor.

—Bueno, vamos por Picudo entonces —dijo Toro.

El siguiente objetivo a capturar se convirtió en Picudo, el sicario principal del Chapo y jefe de la plaza de Culiacán.

**LA SEMAR HABÍA TOMADO** ya cada una de las cinco casas seguras del Chapo en Culiacán, convirtiéndolas en bases temporales. Brady y yo habíamos bajado por la escalera debajo de la bañera en la tercera casa segura para ver más detenidamente el túnel.

Era el cuarto que habíamos visto esa mañana, y no era distinto a los otros a excepción de que tenía una estantería especialmente diseñada a lo largo de la pared que se había utilizado para almacenar cientos de kilos de cocaína. Los marines habían encontrado 280 kilos en los estantes, junto con cajas llenas de bananas falsas.

Yo llamé a Brady.

—Mira esto, amigo. La bolsa de viaje del Chapo.

De nuevo, era típica del Chapo, puramente funcional: una bolsa de plástico de supermercado con dos pares de ropa interior dentro. Eran los favoritos del Chapo, esos calzoncillos Calvin Klein que Marky Mark había hecho famosos. No había cepillo de dientes, ni zapatos, solamente esos Calvin Klein.

Brady se rió.

—Mierda, ¿cuántas veces se escapa uno por un maldito túnel bajo una bañera desnudo como para necesitar tener una bolsa lista y llena de calzoncillos?

———

**YA AVANZADA LA TARDE**, más equipos de la SEMAR aún estaban haciendo redadas en los almacenes del Chapo por la ciudad.

Un equipo regresó a la ubicación tres en una camioneta de reparto color blanco con compartimentos ocultos en las paredes y la parte de abajo. Yo observaba mientras los marines abrían esos escondites y sacaban otros cincuenta kilos más de metan-fetaminas. Esta vez las drogas estaban empacadas en recipientes plásticos estilo Tupperware con tapas de varios colores.

Un poco más tarde llegó un grupo de marines cocineros, llevando con ellos grandes ollas y utensilios de acero, y tomaron la cocina del Chapo. Yo me quedé atrás observando cómo la SEMAR se establecía en el campo aquí en Culiacán: todo el mundo pronto comenzaría a recibir tres comidas al día; los marines, incluso, habían llevado a un médico de su personal. Yo no tenía hambre aún, pero sabía que debía reponer fuerzas.

Brady y yo agarramos un par de sillas plegables de plástico y nos acercamos a la mesa plástica de la cocina del Chapo, haciéndonos un hueco cerca del lugarteniente Zorro. La cálida sonrisa de Zorro y su actitud optimista ocultaban su agotamiento. Yo observaba, impresionado, mientras Zorro cortaba con mucha destreza una lata de callos de hacha con su cuchillo Bowie.

—¿Cómo les gusta el campo? —preguntó el Zorro.

—A mí —dije—, me encanta.

Miré a Brady, que aún seguía casi sin creer que estuviéramos sentados en la cocina del Chapo.

Al arponear los callos de hacha de la lata con el filo de su cuchillo, el Zorro me recordó a uno de mis tíos en Kansas. Él tenía la misma sonrisa genuina, la misma actitud dura y preparada de un hombre nacido a la intemperie; me recordó a alguien con quien uno querría compartir un paquete de cervezas y sentarse ante una fogata escuchando sus historias de guerra.

De hecho, yo había escuchado ya por Leroy algunas historias sobre el Zorro (el Roy había trabajado anteriormente con el Zorro en operaciones enfocadas en el Cártel de Los Zetas). Un día, el Zorro se vio atrapado en una feroz balacera urbana; los hombres de Los Zetas estaban causándoles un infierno al Zorro y a su equipo desde las azoteas, pero el Zorro caminó con calma hasta las calles despejadas, con el sonido de las balas rozándolo, y situó metódicamente a sus tropas en posiciones estratégicas para disparar. El Roy decía que en todas sus operaciones, nunca había visto a nadie mantener tanto la calma bajo el fuego.

Mi BlackBerry volvió a vibrar: era otro mensaje desde El Paso. Lo leí y se lo pasé a Toro, que estaba sentado al lado del Zorro.

Cóndor, filtrado por la oficina-1 y al hijo del Chapo, Ovidio (Ratón):

La nana todo bien ai descansando oiga pero todo bien.

«Todo está bien con la abuela. Está aquí descansando. Escucha, todo va bien».

Sabíamos que Nana era un nombre en código que Ovidio y otros hijos del Chapo utilizaban a menudo para referirse a su padre. Era una buena señal que Cóndor estuviera enviando mensajes para asegurar que el Chapo estaba en algún lugar seguro y que no tenían de qué preocuparse.

**LEROY Y SU EQUIPO** de alguaciles, Nico, el Zorro y un puñado de marines ya se habían ido para rastrear a Picudo. Yo los envié cerca del Aeropuerto Internacional de Culiacán sabiendo que, basado en anteriores localizaciones, lo más probable era que Picudo viviera en un barrio de clase media cerca de allí.

El resto de los marines, Brady y yo nos quedamos en las casas seguras del Chapo. Descansábamos durante unos minutos mientras Leroy localizaba el teléfono que llevaba Picudo.

Cuando Leroy obtuviera una dirección definitiva, nos daría luz verde para que montáramos el convoy, acudiendo con toda rapidez; hasta entonces, podríamos tomar un breve respiro.

Brady y yo por fin fuimos también armados; Nico había podido conseguir un par de AR-15 de unos marines y nos las entregó a nosotros antes de irse.

«Mierda, mi poder adquisitivo acaba de cuadruplicarse», dijo Brady riéndose mientras acariciaba el rifle.

Desde que dejamos Topolobampo, su única posesión había sido su BlackBerry. Incluso había olvidado agarrar su reloj pulsera antes de subirse al helicóptero conmigo, y bromeaba con que ni siquiera tenía pesos suficientes para comprar un cepillo de dientes.

YO SALÍ PARA TOMAR un poco de aire fresco, tumbándome de espaldas en medio de la entrada a la casa del Chapo y mirando el cielo nocturno.

El agotamiento me golpeó tan duro que tenía la sensación de no poder moverme. Parecía como si el frío pavimento estuviera a punto de tragarme. Hice una llamada a mi esposa en nuestro apartamento en La Condesa, que no fue la mejor idea ya que inmediatamente comencé a reírme y a divagar.

—Las nubes nocturnas, cariño —le dije—. Las nubes de Culiacán. Estas son las nubes de Culiacán. Las mismas nubes que C miraría si estuviera aquí y pudiera mirar arriba.

—¿Dónde estás? —preguntó mi esposa tras una larga pausa.

—En la entrada de la casa de C.

—¿Qué?

—Estoy echado de espaldas, en el suelo, mirando las nubes. ¿Recuerdas cómo las veíamos cuando éramos novios? ¡Hay una que parece una pistola! ¿Dónde estaba ese parque al que íbamos antes de que nacieran los niños y donde nos quedábamos mirando las nubes durante horas?

Solté otra oleada de risa histérica.

—Me estás asustando, Drew —dijo mi esposa—. Date cuenta de que hablas sin ningún sentido.

Estaba sufriendo un grave ataque de risa. Brady salió para acompañarme e incluso él comenzó a reírse.

—Lo digo en serio, Drew; de veras pareces estar *mal*...

Al fin, me di cuenta de que mis divagaciones sin sentido eran alarmantes. Recobré la cordura.

—Estoy bien, cariño —dije—. Estoy rodeado de algunos de los guerreros más duros del mundo. Estos marines son los mejores tipos que he visto jamás. Tan solo, solo estoy un poco loco. Lo único que necesito es dormir bien un par de horas.

**Y ENTONCES ME DESPERTÉ** de repente. De algún modo, estaba sobre la cama del Chapo.

—¡Luz verde! —gritaba un joven marine—. ¡Luz verde! Vamos por Picudo.

Luz verde: íbamos a atrapar a Picudo.

Aún estaba oscuro en las calles de Culiacán. Me froté los ojos. Me dolía la cabeza, por lo que me di cuenta de que debí quedarme dormido solo unos cuarenta y cinco minutos. Cuando me incorporé, la bolsa de plástico del Chapo se despegó de mi espalda sudorosa como si fuera una piel muerta de serpiente. Lo último que recordaba era haber puesto la bolsa plástica debajo de mí sobre la cama para no agarrar ninguna ETS.

Me puse de pie, con las rodillas temblorosas, estiré los brazos por encima de mi cabeza y me incliné hacia atrás. Había estado perdido recordando en sueños aquella primera gran redada anti-drogas en Kansas: tres onzas de crack en ese auto en Deadhead. ¿Era todo esto un sueño? ¿Estaba realmente sentado sobre un alijo de tres *toneladas* de metanfetaminas pertenecientes al mayor narcotraficante del mundo?

Brady y yo nos movimos para ponernos los chalecos y colgarnos del hombro las carabinas. Cuando estuvimos listos, nos subimos al Captiva con Toro y otro joven lugarteniente de la SEMAR, apodado Chino, aparentemente por la forma achinada de sus ojos.

Partimos en otro convoy hacia un barrio de clase media cercano al aeropuerto de Culiacán. Leroy había localizado el teléfono dentro de una pequeña casa estilo rancho, rodeada por una valla metálica.

Miré mi reloj: 1:32 de la mañana.

No había ningún otro vehículo por las calles. La ciudad entera estaba o asustada o preparándose para la guerra. Agarré la empuñadura de mi AR-15, acercándola más a mi pecho, cuando giramos por la esquina hacia la manzana poco iluminada de Picudo. Si iba a producirse una balacera al estilo Macho Prieto, iba a suceder justamente aquí, en la casa de Picudo.

# EL 19

**AGACHÁNDOME, TOMÉ POSICIÓN TRAS** el panel frontal del Captiva, apuntando mi AR hacia las oscuras sombras en el estrecho sendero contiguo a la casa de Picudo.

Podía ver con el rabillo de los ojos una multitud de siluetas negras que silenciosamente se abrían camino hacia la puerta frontal. Entonces el silencio se vio interrumpido por el ruido del ariete. Los perros comenzaron a ladrar.

El ariete continuó por varios minutos y yo me iba poniendo más ansioso conforme pasaban los segundos. Sin duda, con la casa de Picudo bajo el asalto de la SEMAR sería solo cuestión de tiempo el que aparecieran en escena sus refuerzos.

Por fin se abrió la puerta y pude ver la fila de marines que entraban a la casa de Picudo. Hice una pausa, esperando oír una ráfaga de disparos.

Nada.

Saliendo de mi posición, entré en la casa y vi a tres hombres arrodillados en la sala, en fila contra la pared.

Me hice camino por la cocina y me dirigí a los cuartos posteriores.

La SEMAR tenía a Picudo sobre su cama a punta de pistola. *Nadie*, pensé, *ni siquiera un temido asesino del cártel, parece aterrador cuando se le despierta repentinamente cuando duerme, con el pecho desnudo y el cabello alborotado, a las 2:00 de la mañana.* Picudo no tenía aspecto de poder herir a nadie; estaba pálido, sudoroso y flaco.

En español, afirmó estar muy enfermo. Brady no lo creyó; agarró a Picudo por el brazo izquierdo y le hizo incorporarse bruscamente. Picudo dio un grito, un agudo gemido. Afirmaba que se estaba muriendo, pero ni Brady ni yo pudimos descifrar de *qué*, exactamente.

Brady arrinconó a Picudo en la cama. En ese momento entró en el cuarto el médico de la SEMAR y le dijo a Brady que se calmara; quería examinar a Picudo.

—No me fastidies —se quejó Brady conmigo—. ¿Van a creer a este patético actor que llora como una puta?

Escuché de cerca mientras el médico comenzaba a hacerle las preguntas de rutina a Picudo: ¿cuánto tiempo llevaba sufriendo esa rara enfermedad de la sangre?

Picudo dio un suspiro de alivio y se incorporó en la cama.

De repente, Brady dio un salto hacia delante; había visto la culata de una pistola escondida debajo de la cadera desnuda de Picudo.

Brady agarró a Picudo con más fuerza, orillándolo por su cara y sujetándolo con fuerza por el cuello y el brazo izquierdo.

—¡No lo toques! —gritó el médico— ¿Qué haces? No puedes tocarlo, está muy enfermo. ¡Podría morir!

Todos los marines en el cuarto también gritaban, empujando hacia delante, agitados.

—A la mierda con eso —dijo Brady—. ¡Tiene arma! Miren, ¡el hijo de puta tiene una pistola!

Brady lo mantenía acorralado mientras uno de los marines cacheó el cuerpo de Picudo y sacó el Colt .45 totalmente cargado y con un bala en la cámara. Si ellos se hubieran creído la mierda de este tipo, y bajaban la guardia el tiempo suficiente, Picudo podría haber sacado su revólver y habernos disparado a todos en el cuarto...

**AÚN PODÍA OÍR A** Picudo quejarse cuando entró en la cocina. Había un alijo de armas automáticas sobre la mesa, incluidas una AK-47, una AR-15, una TEC-9, y varias escopetas. Los hombres de Picudo habían estado listos para un último enfrentamiento, igual que el grupo de Macho Prieto en Puerto Peñasco, pero fueron agarrados por sorpresa.

Ahora, todos los pistoleros estaban detenidos: esposados, con los ojos tapados y alineados contra la pared. Los marines seguían llevando más teléfonos a la cocina para que yo los analizara. La mesa estaba llena de altos montones de BlackBerry y tarjetas SIM, lanzados de cualquier modo con todas las pistolas.

Había incluso un libro en español que me sorprendió ver: *La D.E.A. en México.*

Picudo, al igual que el Chapo, había estado estudiando sobre mi agencia y nuestro historial operativo en México (yo había visto ya un ejemplar; este libro de bolsillo, con las páginas dobladas, era bien conocido en la oficina de la DEA en Ciudad de México. Fue escrito a la carrera y apuradamente por algunos escritores para la revista *Proceso*, utilizando como fuentes tan solo a un par de dinosaurios de la DEA retirados, tipos que en la década de 1990 habían estado ubicados dentro del país. La mayor «revelación» fue que agentes especiales de la DEA que operaban en México en misiones antinarcóticos habían sido, ilegalmente, golpeados con pistolas).

Sin embargo, ahora no me importaba el libro ni las armas, y me incliné sobre la mesa de la cocina examinando todos los teléfonos. Reconocí algunos números que la División de Campo en Phoenix y la gente de Brady en El Paso habían estado interceptando.

Chino, el marine, sacó a Picudo fuera de la casa, identificado ya como Edgar Manuel López Osorio, e iba pavoneándose como si fuera el dueño de la ciudad, lo cual era efectivamente, como el jefe de la plaza del Chapo para Culiacán. Aún no le habían tapado la vista y pude mirar bien esos ojos fríos de acero.

Lo único que vi fue un abismo.

Chino metió a Picudo en la parte trasera de un Jeep Cherokee, donde se puso junto a él un marine de aspecto feroz, que medía seis pies, cuatro (1,92 metros) y era muy fornido, a quien todo el mundo llamaba «Chiqui». La cara de Chiqui era de puro azteca, ojos oscuros y juntos, y tenía la frente marcada con cicatrices. Yo nunca había oído hablar a Chiqui, pero para mí estaba claro que era el músculo en esta brigada.

«Vamos», dijo Chino.

El convoy se fue en medio de la oscuridad total; yo no sabía dónde se dirigían. Fuimos por una autopista que no estaba iluminada hasta que, a quince minutos fuera de Culiacán, llegamos a un rancho de pacanas perteneciente a la SEMAR, que lo había utilizado en el pasado para su entrenamiento.

Cuando nos bajamos del Captiva, vi a Picudo, con los ojos tapados, haciendo muecas mientras estaba sentado en la parte trasera del Jeep, con su cara iluminada claramente por los faros.

Ya había más de veinte personas (varios marines, Brady, Leroy, Nico y yo) rodeando la parte trasera del Jeep. La oscuridad se sentía más espesa ahora, y había electricidad en el aire: estaba claro que Picudo estaba listo para hablar.

Su voz era la de un fuerte barítono, notable por su fuerte acento de Sinaloa; y el tono había cambiado, de quejicoso al de un matón frío como el acero. Ese era el *verdadero* Picudo, el sicario que sospechábamos que era personalmente responsable de los asesinatos de incontables víctimas.

—Mira, esto fue lo que pasó —dijo calmadamente.

—Ándale —dijo Chino.

—Voy a ser honesto…

El círculo de marines se ondulaba como si fuera una medusa gigante, juntándose más alrededor de Picudo.

—**VOY A SER HONESTO** con ustedes —recuerdo decir a Picudo—. Cuando llegaron a la casa, el Chapo escapó por el túnel, se fue corriendo por las alcantarillas. Estaba con una chamaca, Cóndor y el cocinero. El Chapo y la chamaca estaban desnudos, casi desnudos. Solo llevaban ropa interior. El Chapo tiene un corte en la cabeza porque se golpeó con algo al correr por la alcantarilla. Me llamaron para que fuera a recogerlos. Se escaparon por un hueco del drenaje. Cuando entré en la ciudad, vi todos sus camiones.

Picudo se había llevado al Chapo y su séquito en su camioneta conduciendo a gran velocidad por la costa del Pacífico. Estuvieron viajando casi por dos horas, y el Chapo no dijo ni una sola palabra en todo el tiempo aparte de ordenarle a Picudo que contactara a Bravo, el sicario principal del Chapo y jefe de plaza en la parte sur del estado, para informarle que los recogiera en el lugar.

—Los dejé cerca de los centros turísticos —dijo por fin Picudo—. No sé dónde fueron desde allí.

—¿Qué centros turísticos? —demandó Chino, desviando la mirada de Picudo hacia mí.

—¿Dónde? Eso no nos sirve. ¿Dónde en la costa? —demandó Toro.

Los dientes de Picudo reflejaban un frío odio y su frente se tensaba tras la venda, antes de ceder al fin.

—Mazatlán —dijo, exhalando entre sus labios fruncidos—. Los dejé en la salida de playa.

—¿La salida de playa? —repitió Chino para obtener confirmación.

—Sí —respondió Picudo—. Justo antes de la nueva franja de complejos turísticos en Mazatlán.

Dándole la espalda a Picudo, Toro, Brady y yo nos alejamos para trazar una estrategia.

—Esto confirma la pista que tenemos —dije—, pero aún necesitamos que el Máximo-Nivel sepa la ubicación exacta del Chapo. Como dije, tenemos que agotar toda nuestra información mientras estemos aquí en Culiacán.

Toro asintió afirmativamente.

—Aún tenemos que ir tras todos los hijos y el Lic-F —dijo Brady—. También podrían rendirse donde esté él.[1]

—Vamos a continuar —dijo Toro mientras todos nos subíamos a nuestros vehículos.

El convoy se metió en el polvoriento camino; después, Chino se apartó a un lado con el Captiva. Estaba esperando a que se incorporaran un par de *rápidas* al final de la fila. Toro se volteó en su asiento para mirarme.

—¿Qué quieres hacer?

Tuve la sensación de estar en un trance: podía ver que los labios de Toro se movían, pero no podía entender lo que estaba diciendo. El vehículo comenzó a dar vueltas. Podía sentir la sangre saliendo de mi cabeza. Estaba a punto de desmayarme por puro agotamiento.

---

[2] «Los menores», o los «jóvenes», frase que se utilizaba frecuentemente dentro de la OTD para referirse a Iván y Alfredo.

—¿Qué sigue? —preguntó Toro.

—¡Dale! —respondí, casi delirando—. ¡Dale! ¡Dale! —y sentí mi puño golpeando la palma de mi propia mano.

—¡Dale! —dijo Toro sonriendo.

—¡Dale! ¡Dale! ¡Dale!

Seguía repitiendo la palabra, tan agotado que mis labios apenas se movían. Todos en el auto se quedaron callados. Miré a Brady con los ojos entrecerrados; cuya cabeza estaba recostada en la ventana. Estaba inconsciente. Chino roncaba en el asiento delantero y Toro cabeceaba hacia delante mientras dormía.

Mis ojos se cerraron.

Se oyó un fuerte sonido por radio.

«¡Toro de Zorro! ¡Toro de Zorro!».

Todos nos despertamos de repente, asustados por el bullicio en el radio. Ningunos de nosotros se dio cuenta de que nos habíamos quedado inconscientes y que el resto de la brigada de la SEMAR estaba esperando que dirigiéramos el convoy de regreso a la ciudad.

Yo sabía que todos necesitábamos un buen descanso y pronto; habíamos estado trabajando con el tanque vacío muchos días. El sol comenzaba a elevarse por encima de las montañas en el este, y Toro tomó la decisión de mando de regresar a la base, a la ubicación tres, para que todos pudieran dormir al menos unas horas.

AQUELLA TARDE, BRADY Y yo salimos de la ubicación tres y caminamos por la sucia calle hasta la ubicación dos, donde la SEMAR estaba procesando toda la evidencia. Nos detuvimos en el camino en un pequeño puesto, una pequeña tienda regentada por un tipo en el oscuro garaje de su vivienda. Compré una paleta y una bolsa de Doritos para Brady con los pocos pesos que tenía en mi bolsillo.

Cuando entramos en el dos, vi que la SEMAR había sacado toda la metanfetamina del túnel. Había paquetes color marrón apilados unos encima de otros que cubrían todo el piso de la sala. En la cocina, un joven marine estaba contando bananas de plástico y metiéndolas en un recipiente grande.

Yo salí al exterior, pasando al lado del montón de lanzadores de granadas propulsados por cohete, AK-47 y otras armas militares, que estaban dispuestas en un orden meticuloso sobre el pavimento blanco.

Algo brillante me llamó la atención; era el revólver que el Chapo había ordenado a Naris que le llevara. El Colt Super calibre .38 automático tenía las iniciales del Chapo grabadas con diamantes en la empuñadura: J.G.L.

A pesar de mi estado de casi agotamiento, ahora sabía que no estaba soñando despierto: sostener en mi mano ese acero frío hacía que todo fuera tangible.

El detalle en el Colt Super era impresionante. Dado que el Chapo había ordenado a Naris que la llevara, pues él no tuvo tiempo de hacerlo antes de huir por el túnel y las alcantarillas, estaba claro que era el arma favorita del Chapo, su Excalibur personal.

¿Quién conocía la historia completa que había detrás de la pistola de Guzmán? Pero si el Colt le daba al Chapo algún poder místico, yo casi podía sentirlo también. Solo al sostener en mi mano el .38 Super, sentí que esa misma energía visceral se me transfería al agarrarlo.

Había montones de BlackBerry en el patio trasero. Brady y yo nos sentamos y comenzamos a mirar los teléfonos de Picudo uno por uno. Encontré una fotografía de Dinastía de Pato y mensajes en los chats más recientes con el Lic-F.

Justo entonces, llegó otro mensaje a nuestro chat desde El Paso. Era una escucha nueva, el Lic-F a Cóndor y al Chapo:

A poco tuvo problemas el picudo.

Cóndor y el Chapo respondieron de inmediato:

Sí. Tenemos ke estar trankilo. Por ke. No keda de otra. Claro. Por ke picudo. Pobre. Él sí sabe de todo.

«Sí, tenemos que estar tranquilos porque no hay otra opción. Sí, desde luego. Por Picudo. Pobre Picudo. Él lo sabe todo».

Llamé a Nico y a Leroy.

—A continuación tenemos que encontrar al Lic-F —dije—. Ahora que Picudo no está, el Chapo va a estar apoyándose en él para todo.

—De acuerdo —dijo Leroy—. Nos centraremos en él y los hijos.

Entonces sonó mi BlackBerry con otro mensaje desde El Paso. Era Cóndor al hijo del Chapo, Ratón:

Oiga dise inge si tiene una super. Ke le mande. Con 4 cargadores estra. Es para el oiga. Y si me ase el paro ai oiga con 1 bereta o lo ke tenga oiga.

«Oiga, Inge está preguntando si tiene un Super [Colt .45] que pueda enviar. Con cuatro revistas. Es para él, y hágame un favor: tráigame una Beretta o lo que tenga».

Después, momentos más tarde:

oiga dise inge para kele mande 10 rollos al negro.

«Oiga, Inge dice que le envíe diez rollos a Negro».

Yo sonreí. Sabía que «Negro» era otro nombre en código para Manuel Alejandro Aponte Gómez, alias el Bravo. El Chapo necesitaba que le enviaran inmediatamente diez rollos (cien mil dólares en efectivo). Eso era confirmación de la posición vulnerable del Chapo: estaba libre, pero no tenía nada consigo en Mazatlán, ni armas ni dinero en efectivo.

Volvimos a analizar las BlackBerry y, como siempre, los minutos se convirtieron en horas.

Yo recordaba vagamente a los marines repartiendo sándwiches para la cena, pero cuando miré mi reloj vi que ya era la una de la mañana. Me eché encima de la cama del Chapo, con el colchón cubierto ahora solamente por la sábana sucia color marrón. Brady estaba sentado en una silla en el rincón. Yo me quedé mirando al techo, imaginando dónde podría estar descansando el Chapo en Mazatlán.

—Extraño, ¿no crees? —dije—. El Chapo está ahora mismo en algún lugar en Maz intentando planear su siguiente movimiento y nosotros aquí, en su cuarto, planeando el nuestro.

—Es bueno saber que no tiene dinero consigo —dijo Brady.

—Necesitamos ese Máximo-Nivel.

—Lo obtendremos.

—Sí —le dije—. Sin duda.

Los dos teníamos confianza en que Joe y Neil, en El Paso, estaban conectados y realizando las escuchas itinerantes tan rápidamente como pudieran.

—¡Luz verde! ¡Luz verde! —gritó uno de los marines en el pasillo.

El Roy se había acoplado al teléfono de Iván Archivaldo Guzmán Salazar, en una casa en el lado norte de la ciudad.

Hasta ahí llegó el descanso; Brady y yo nos subimos en una *rápida* con el almirante Garra y partimos rápidamente hacia la ubicación. Cuando llegamos, la SEMAR ya había entrado, pero no se encontraba a Iván por ninguna parte. En cambio, tan solo había un par de sus trabajadores sentados en un almacén lleno de armas, radios bidireccionales, una pequeña cantidad de metanfetaminas y, como no, otro montón de dispositivos BlackBerry. Claramente, el Chapo le advirtió a Iván que saliera de la ciudad, por lo que había establecido con sus ayudantes una clásica operación de espejo con el BlackBerry antes de irse.

Nico me entregó una gorra negra de béisbol que había encontrado en uno de los cuartos. La gorra llevaba estampado el número 701 al frente con hilo dorado y brillante; una vez más, esa era la posición en *Forbes* como el hombre más rico del mundo.

Mientras seguíamos examinando el lugar, recibí un correo nuevo de mis analistas en Ciudad de México. Un Nissan GT-R totalmente nuevo perteneciente a uno de los hijos del Chapo, Jesús Alfredo Guzmán Salazar, acababa de entrar en la distribuidora de autos Mercedes en la calle Bulevar Pedro Infante.

—¡Vamos! —dijo Toro—. ¿Saben dónde está la distribuidora?

—Sí, claro —respondí yo.

—Bien, entonces ustedes dirigen.

Brady y yo nos subimos a nuestro viejo Suburban blindado y salimos del barrio, seguidos por una fila de *rápidas*.

**ASALTAMOS LA DISTRIBUIDORA DE** Mercedes por sorpresa. Con las armas en las manos, los marines llenaron el piso de exposición, el centro de servicio al cliente y rodearon el estacionamiento. Brady y yo nos apresuramos a entrar buscando a Alfredo, un narco delgado de veintisiete años con cara de niño.

El Nissan de Alfredo había llegado al departamento de servicio al cliente no más de cinco minutos antes que el convoy. Puse la palma de mi mano sobre el capó: el motor aún estaba caliente. El GT-R tenía una pegatina temporal de registro de California en el parabrisas; yo sabía que eso probaba aún más que todo ello era parte del sistema de blanqueo de dinero que Alfredo e Iván habían utilizado por tanto tiempo. Los hijos del Chapo enviaban a un obrero a Estados Unidos a recoger cientos de miles de dólares de tratos con drogas y después «lavaban» el efectivo en varias cuentas bancarias estadounidenses, haciendo múltiples depósitos por debajo de los diez mil dólares, que era la cifra obligatoria que requería el mandato federal. Cuando el efectivo estaba en el sistema bancario estadounidense, Iván y Alfredo podían usar alias u otros intermediarios para negociar el mejor precio para esos autos deportivos exóticos. Sus obreros en Estados Unidos enviaban por transferencia el dinero al vendedor y organizaban las cosas para que el auto fuera importado a México y entregado directamente en Culiacán.

Brady y yo subimos rápidamente las escaleras y arrinconamos a los ejecutivos, pero no había señal alguna de Alfredo. Para entonces se habían colado en todo el lugar, por dentro y por fuera, hombres armados vestidos de camuflaje color verde y negro. Todos los empleados y clientes estaban conmocionados, nadie se atrevía a pronunciar palabra.

Comprobamos el video de vigilancia de la última hora. Entonces encontré al capitán Toro.

—Alfredo no está aquí —dijo.

—Ni siquiera aparece en la cinta de video de vigilancia —dijo Brady—. Tenía a todo un equipo de jóvenes narcos que sacaban esos autos.

Brady señaló a la fila de Mercedes sedán y cupé totalmente nuevos que estaban en la zona de servicio al cliente. El capitán Toro tomó unos momentos para comprobar el video y regresó a la zona de la exhibición.

—Nos los llevamos todos —dijo Toro y comenzó a caminar por el estacionamiento con un grupo de marines que verificaban cada vehículo—. Si está blindado, nos lo llevamos.

Catorce vehículos blindados fueron incautados y otros seis autos de lujo, incluso una motocicleta Ducati. Como evidencia, comencé a tomar fotografías de las formas, modelos y placas de licencia. Mercedes SLS AMG. Mercedes AMG G63. Mercedes C63. Mercedes CLA45. Incluso un Dodge Charger policial blindado y clonado.

Iván, el hijo del Chapo, tenía el auto más caro del conjunto: su Mercedes Benz SLR McLaren plateado de 2010, de dos puertas abatibles, un sistema de sonido personalizado y un motor V8 sobrealimentado de 5,4 libros. Chino abrió una de las puertas abatibles y lo encendió. El McLaren hacía más ruido que un avión Learjet.

Brady y yo regresamos al Suburban y observamos a los marines subirse a todos los autos, sacando de allí vehículos por valor de millones de dólares, uno tras otro, como si solo estuvieran jugando una partida del videojuego *Grand Theft Auto*.

———

**CUANDO NOS APRESURAMOS A** regresar a la ubicación tres, pude ver por el espejo retrovisor a los empleados de la distribuidora Mercedes afuera mirando boquiabiertos, aún asombrados.

En ese momento me di cuenta de que habíamos tomado el control completo de la ciudad: le habíamos arrebatado Culiacán al Chapo. La maquinaria de la SEMAR era intocable; nadie en El 19 tenía las agallas para confrontarnos. Los marines se movían con demasiada rapidez y golpeaban con demasiada fuerza. Todos los *halcones* del Chapo habían regresado a sus guaridas. Incluso el

Lic-F estaba reportando información desde sus fuentes corruptas que ya estaba desfasada: dos horas de antigüedad.

Así que pensé otra vez en los últimos días. No podía recordar haber visto ni un solo auto policial, ya fuera local o federal, patrullando las calles. Era obvio que todos los cuerpos policiales estaban escondidos. Incluso los policías más corruptos de la ciudad sabían que era mejor mantenerse alejados del camino de la SEMAR.

**OTRA VEZ EN EL** tres, la manzana entera se veía como una extraña exposición de autos de lujo en medio del barrio. Los Mercedes sedan y cupé inmaculados estaban estacionados uno tras otro en la calle de tierra y grava.

Llegó otro mensaje nuevo de la sala de escuchas de El Paso.

El Lic-F al Chapo y a Cóndor:

Por otra parte hay nos sacaron unos carros duros de la agencia esos del agua, y andan duros aun.

«Por otro lado, los del agua se llevaron unos autos blindados pertenecientes a la agencia [la OTD del Chapo]».

Cóndor respondió casi al instante.

Buenas tardes sr. Dise su compadre kesi los carros eran suyos. O los menores.[2]

---

[2] «Los menores», o los «jóvenes», frase que se utilizaba frecuentemente dentro de la OTD para referirse a Iván y Alfredo.

El Lic-F respondió:

Unos duros eran míos, pero sacaron otros de lujo que yo creo si eran de los menores.

Eso era la confirmación de que la OTD del Chapo estaba utilizando la distribuidora de Mercedes como una estratagema para guardar sus posesiones más preciadas a fin de que no fueran incautadas por la SEMAR cuando arrasaran la ciudad. También estaba claro que pensaban que aún podían capear la tormenta de la SEMAR.

Leroy y el almirante Garra estaban de pie en la entrada de la ubicación tres.

—Tenemos que ir tras Kava —le dije a Garra—. Él puede decirnos dónde está cada bombilla, dónde están ocultos cada trampa y pasaje secreto. Él construyó todos los túneles en cada propiedad que tiene el Chapo. Si queremos destruir este lugar, para no darle ningún sitio donde regresar, tenemos que encontrar a Kava, él nos dará todo.

Leroy, Nico y los marines volvieron a recorrer las calles, haciendo círculos dentro de la ciudad e intentando localizar el teléfono de Kava; pero no tuvieron suerte, y ahora todo el mundo estaba ya al borde del agotamiento.

El reloj seguía su marcha y el almirante Garra volvía a estresarse. La oficina del procurador general mexicano se estaba encargando de todas las ubicaciones en Culiacán, sacándonos a todos de las casas seguras y los almacenes que habíamos estado utilizando como nuestras bases provisionales. Se había difundido el rumor de que queríamos comenzar a llenar de cemento todos los túneles que había debajo de las casas seguras del Chapo.

«Nunca conseguirán que este tipo no baje al subsuelo —le dije al almirante Garra—. Es como un topo; en nada de tiempo intentará hacer túneles otra vez, créeme».

Garra dijo que quizá no tendrían otra opción sino concluir la misión pronto.

Yo meneé negativamente la cabeza.

—Tenemos que mantener la presión —le dije.

No podíamos suavizar la presión. Le aseguré a Garra que yo aún estaba seguro de que pronto llegaríamos al Máximo-Nivel.

—Casi hemos llegado —dijo Brady—. Un día más, como mucho, y lo conseguiremos.

El Chapo sencillamente no podía operar sin tener en su lugar las comunicaciones.

—Tan solo necesitamos un poco más de tiempo, señor —dije.

—¿Más tiempo? —preguntó Garra con pesimismo—. Eso es lo único que no puedo prometerles.

# MIRAMAR

**«HAGAN SUS MALETAS, MUCHACHOS;** ¡nos vamos!».

Era Chino, gritando desde la puerta. Teníamos que desalojar la casa segura. No fue difícil agarrar nuestras posesiones; yo podía llevar con una mano todo lo que tenía: un maletín de cuero de la computadora que contenía una MacBook y algunos teléfonos. Brady solo tenía su BlackBerry. Ninguno de los dos nos habíamos cambiado la ropa, ni la exterior ni la interior, en más de una semana.

«Puedo sentir que la camisa se me despega podrida de la piel», dije.

Pero no me gustaba que nos fuéramos de nuestra base, pues estaba comenzando a sentirme seguro. La casa del Chapo se había convertido en nuestro refugio.

Su casa es mi casa.

Me di cuenta de que iba a perder la camaradería, sin mencionar las comidas caseras de los marines. Una cosa que no iba a extrañar: el cuarto de baño con el cartel que Chino había

309

pegado con cinta aislante en la puerta: EXCLUSIVO CAPITANES Y OFICIALES. Cada mañana había una fila de decenas de marines, esperando para usar un inodoro sucio que carecía de asiento y de papel de baño.

Brady y yo nos subimos a un Volkswagen Passat blindado: otro de los autos personalizados del Chapo. No se habían dado órdenes con respecto a un destino, pero pude ver que nos adentrábamos más en la Culiacán urbana. Pasamos al lado de un parque acuático y seguimos hasta el campo de béisbol más importante de la ciudad. El césped bien cuidado se llenó rápidamente de Mercedes resplandecientes, mezclados con las *rápidas* de la SEMAR manchadas de barro.

—¿Un diamante de béisbol? —dijo Brady riendo—. ¿Dormir al aire libre?

—Quizá no sea una locura —dije yo—. Probablemente sea el lugar más seguro en toda la ciudad donde podemos estar. Al menos podemos controlar el perímetro y ver a todo el que entre o salga.

Como salida de la nada, una camioneta blanca abollada y salpicada de óxido se detuvo afuera de la valla. ¿Los halcones del Chapo? Le di un codazo a Brady, mirando en dirección a la camioneta.

—Mierda —dije—. Vamos allá.

¿Por qué una persona ajena querría acercarse a un campo lleno de marines fuertemente armados? Instintivamente busqué un lugar donde escondernos; no había mucha cubierta aparte de algunos árboles desaliñados.

—Colega, mira todos esos catres —dijo Brady riéndose.

Cuando el vehículo se acercó, nos dimos cuenta de que la parte trasera de esa vieja camioneta estaba cargada de catres militares rudimentarios, construidos con madera y encordados con sacos de papas. Sin duda, era una mejora tras haber dormido en el frío piso de azulejo sin mantas en las casas seguras del Chapo.

Cuando el sol se puso sobre Culiacán, Brady y yo fuimos a buscar al almirante Garra y al capitán Toro. No queríamos que nadie nos oyera, así que nos encontramos en la oscuridad, entre los puestos de comida y el campo de béisbol. Leroy, Nico, Chino y otro joven lugarteniente de la SEMAR, Tigre, también estaban allí.

—¿Cuál es la última información? —preguntó el almirante Garra.

—Gárgola le dijo al Lic-F que encuentre dos casas para él en la costa. Aún estamos esperando al Máximo-Nivel, pero creo que tenemos que irnos a Mazatlán. Establecernos en un lugar turístico y comenzar a trabajar con nuestra información allí.

—Tenemos que bajar allá antes de que él tenga una oportunidad de huir —dijo Brady.

El almirante Garra asintió con la cabeza, pero después nos dio las malas noticias: el capitán Toro tenía que salir inmediatamente de Culiacán, pues su hermana se había visto involucrada en un atropello con fuga en Ciudad de México y no parecía que fuera a sobrevivir esa noche. Al irse Toro, el mando general estaría en manos de Chino y Tigre.

—Tenemos unos dos días más antes de que tengamos que concluir esto —dijo el almirante Garra—. Después los sacaré a todos de Sinaloa.

Todos acordamos que era mejor trasladarnos a la franja turística de Mazatlán y seguir trabajando desde allí.

Pero era crucial evitar los cabos sueltos y la contravigilancia.

—No podemos irnos todos allí en convoy —dijo Chino.

—Tienes razón; en ninguna de esas *rápidas* —añadí—. La gente de Gárgola las detectará en el instante en que nos vayamos de la ciudad.

—De acuerdo —dijo Brady—. Dejamos aquí todos los vehículos de la SEMAR. Avanzaremos hacia el sur de modo encubierto, tomando distintas rutas.

—Utilizaremos todos sus *blindados* —dijo Chino.

¿Qué mejores vehículos podríamos usar que la flota de los propios autos y camionetas blindados del Chapo que habíamos incautado?

Bajo la cobertura de la oscuridad condujimos hasta Soriana, una cadena tipo Target que es popular en todo México, vestidos aún con nuestra ropa de camuflaje, botas y pasamontañas negros.

Brady, Nico, Leroy, algunos marines y yo pasamos una hora cargando sacos de dormir, pasta de dientes, pantalones cortos, camisas... y los primeros calcetines y ropa interior nuevos que había visto en semanas. Brady y yo tendríamos que lucir como los típicos estadounidenses que están de vacaciones, así que también agarramos las camisetas más básicas de color rojo y negro, bermudas holgadas para surfear y chanclas.

Los compradores en Soriana se nos quedaban mirando como si estuviéramos chiflados. Me di cuenta de cuán fuera de lugar estábamos, como si hubiéramos caído en paracaídas desde

Iraq... O quizá nos parecíamos a un par de narcos que llegan para secuestrar a alguien en una tienda. Uno de los clientes, una mujer de mediana edad, me miró fijamente a los ojos, y después mostró una sonrisa: debió haber entendido que no eran los ojos de un narco ocultos tras mi máscara negra...

Otra vez en el diamante de béisbol agarramos unos platos de tacos al pastor afuera de la valla, y los marines dejaron entrar a un muchacho en una bicicleta que llevaba una hielera llena de tamales con pollo recientes, a cincuenta pesos cada uno.

Con nuestros estómagos llenos, Brady y yo fuimos caminando hacia una sala grande al aire libre con columnas de acero pintadas de color naranja y pantallas para mantener a raya a los bichos, llena de catres muy juntos. Soplaba una cálida brisa mientras yo extendía mi catre.

«Dios, esos sacos de papas son mejores que un colchón de Sealy Posturepedic», dije.

Me desaté las botas y me las quité. Era la primera vez en cinco días que mis pies estaban fuera de ese calzado sudado, por lo que mis dedos gordos tenían ampollas llenas de agua.

Vestido con una camiseta negra y pantalones militares totalmente nuevos, descalzo, me estiré una última vez y musité entre dientes dos palabras: «La pantalla...». Delirante, cerré mis ojos y al instante estaba a más de mil kilómetros de distancia.

**ME ENCANTABA VIVIR AL** lado del río; no había ninguna valla que separara nuestro patio trasero del borde del agua, y los días cálidos, mi hermano Brandt y yo vadeábamos hasta una isla cercana reclamándola como nuestro parque de juegos particular, construyendo fuertes con palos y husmeando en guaridas de ratones.

Estaba avanzado el otoño, yo tenía diez años, cuando nuestro padre nos dijo que podíamos ir con él de caza. Nos habíamos estado preparando para ese día desde que éramos pequeños, caminando por la sala soplando unos viejos reclamos o pitos para patos que nuestro padre nos había dado hasta que nuestra madre nos rogaba que dejáramos de hacerlo. Siempre que papá regresaba de una cacería, lo ayudábamos a descargar el montón de patos del piso plano de la lancha PolarKraft, de 16 pies (5 metros) y a lanzar el ánade de plástico por el patio para que nuestro labrador negro, Rough, lo buscara.

La noche antes del gran día, Brandt y yo estábamos tan emocionados que ya nos habíamos metido en nuestras literas, con las chaquetas de camuflaje color marrón puestas y pintura en la cara. A las 5:00 de la mañana nuestro padre encendió la luz del cuarto, y saltamos de la cama para ponernos nuestros pantalones negros y nuestros guantes. Aún estaba muy oscuro afuera, y yo agarraba la empuñadura de mi escopeta Remington totalmente nueva, mientras caminábamos juntos por el césped cubierto de escarcha y nos dirigíamos a la barca color verde que estaba en la ribera del río.

El viaje río arriba fue congelador y con mucha agua. Tenía las orejas entumecidas, pero no me puse la gorra de lana que me había dado mi papá. Él no llevaba puesta una, ¿por qué iba a hacerlo yo? El viento frío me golpeaba la cara. La pesada barca discurría por el agua, mientas el casco iba salpicando olas frías por los lados, mojando mi chaqueta y golpeándome un lado de la cara. Divisé a un grupo de patos chapoteando en el río, divirtiéndose cerca de la orilla.

Mi padre apagó el motor Mercury de veinticinco caballos y la PolarKraft siguió en silencio. Bajo la luz de la luna, tuve la sensación de que estuvimos flotando en medio de ese río durante horas, con mi padre enfocando con la linterna de 1.500 bujías a lo largo de la orilla, intentando ubicar y dejar bien oculta la pantalla para patos.

Vi la silueta de la pantalla que Brandt y yo habíamos ayudado a construir con madera y camuflada con espadañas, ramas de árboles y otras hojas. Lanzamos los señuelos uno por uno para que flotaran cerca de la pantalla.

Con mi Remington cargada, me senté en el cubo de cinco galones (20 litros), mirando por entre las estrechas aperturas entre las espadañas.

El sol comenzó a colorear el horizonte con matices de color anaranjado y dorado entremedias de los árboles del otro lado de la orilla del río. Yo estaba asombrado por el sonido de los graznidos por encima de mi cabeza: suave al principio y que se iban apagando en la distancia. Levanté la vista pero no pude ver nada. Mi padre apuntó hacia el cielo.

«Regresarán».

Al fin, oímos de nuevo los graznidos por encima de nosotros, y esta vez detectamos a la bandada, con las puntas de sus alas captando los débiles rayos del sol. Pero una vez más, los patos desaparecieron.

CAZANDO A EL CHAPO

Yo agarré mi reclamo para patos e hice un par de graznidos por las lengüetas dobles. Brandt y yo nos turnamos para hacer los sonidos que habíamos estado practicando desde que fuimos lo bastante mayores para poder caminar. Pronto, el ruido de los reclamos inundó el valle del río.

«Agáchense, van a regresar —susurró mi padre. Unos momentos después, los patos estaban delante de nosotros haciendo círculos sobre los señuelos flotantes—. Dejemos que se acerquen más —dijo mi padre».

Mientras intentaba mantenerme quieto, comenzó a temblarme una pierna. Podía ver a la bandada delante de nosotros comenzando a descender rápidamente, con las alas cerradas, y un par de ánades que bajaron sus patas de color anaranjado brillante como si fueran las ruedas de aterrizaje de un avión.

«¿Preparado, Drew?».

Yo estaba callado, asentí rápidamente con la cabeza, con los patos no más lejos de treinta metros. Podía distinguir sus coloridas cabezas verdes y los picos color amarillo brillante de los machos.

«¡Dispara!», gritó mi padre.

Me levanté rápidamente y apoyé la Remington en mi hombro. No veía otra cosa excepto esa cabeza verde que estaba delante de mi cañón, y parecía que las alas se movían a cámara lenta. Mi hombro derecho se desplazó hacia atrás y vi con el rabillo del ojo que el proyectil amarillo titilaba cuando lancé el primer disparo. *Fallé*. Moví lentamente la escopeta, rastreando al ave mientras volaba por el cielo, y volví a apretar el gatillo. *Fallé*. El pato seguía su vuelo.

*Último disparo.*

La Remington tenía solo tres proyectiles.

*Comienza detrás del ave, sigue al ave y dispara.* Repetí como un catecismo las palabras concretas que mi padre me había enseñado. El ánade se iba alejando con rapidez, y comenzaba a salir de la zona de disparo, cuando por última vez apreté lentamente el gatillo.

«¡Pato muerto! —le gritó mi padre a Rough, que fue jadeando y deseoso hasta el borde de la pantalla—. Creí que se escapaba, Drew, pero lo seguiste...».

**Y CON ESE ÚLTIMO** disparo, me desperté de repente en México, creyendo aún por un momento que estaba en esa pantalla para patos en Kansas, sintiendo sobre mi pecho desnudo un raspón mojado.

«¿Qué diablos?».

Era plena luz del día y un perrito me lamía el sudor.

Me froté los ojos, preguntándome de dónde había salido ese cachorro. Era un husky de ojos azules que llevaba un collar rojo y una campana al cuello. Iba correteando bajo la brillante luz del sol, esnifando y lamiendo a todos.

Chino me dijo que un par de los marines más jóvenes habían encontrado al perro solo en una de las casas seguras, sin comida ni agua, y lo habían traído como la nueva mascota del equipo. Alguien le había puesto también un nuevo nombre: El Toro, en honor a nuestro comandante callejero que no estaba.

Brady y yo empacamos rápidamente y llenamos nuestras bolsas de nuestra ropa nueva de Soriana, y nos subimos al asiento trasero del Volkswagen Passat del Chapo, vestidos ya con nuestras nuevas camisetas y bermudas. Un joven lugarteniente se puso al volante mientras Chino se situaba en el asiento del pasajero.

«Este es el viaje perfecto —le dije a Brady—. Era de bajo perfil, sin nada de la fanfarria del típico auto de los narcos».

Chino se detuvo en Plaza Fiesta para comprar algunas provisiones de último minuto, y yo reconocí de inmediato que ese era el lugar donde el Chapo enviaba siempre a su gente para que Naris los recogiera cuando quería reunirse con ellos en persona.

Brady y yo entramos en un pequeño mercado y compramos un plato de taquitos con queso fresco y salsa verde por encima mientras esperábamos a que Chino terminara.

Al verme sin armas, Tigre me había prestado su pistola FN Herstal Five-Seven, una semiautomática fabricada en Bélgica. Era una pistola de pequeño calibre, que disparaba balas de 5,7 por 28 milímetros, pero eficaz a corta distancia: las balas podían traspasar un chaleco antibalas, dándole a la FN Five-Seven su nombre en las calles: «la asesina de policías».

Brady y yo estábamos sentados hombro con hombro en el asiento trasero cuando los BlackBerry de los dos sonaron con noticias desde Texas.

Joe y Neil en El Paso, trabajando con Camila y su equipo de abogados auxiliares de Estados Unidos, lo habían logrado: la escucha itinerante que les había tomado tanto tiempo para escribir y recibir autorización, finalmente había tenido éxito.

—¡Nuevo Máximo-Nivel! —gritó Brady.

—¡Sí, cariño! Cóndor está activo y huyendo —dije yo—. Y el prefijo seis-seis-nueve.

—Sí, seis-seis-nueve.

Todos los números de Culiacán tenían como prefijo el 667. Supe inmediatamente que este prefijo, el 669, significaba que el teléfono era de Mazatlán. Abrí la pantalla de mi MacBook, sujetándolo sobre mis rodillas en la parte de atrás del Passat, y pulsé el botón de la localización. Segundos después tenía una marca. El dispositivo estaba activo, en la franja costera de la zona turística.

Cierto lugar llamado Miramar.

Hotel Miramar.

# EL HOMBRE DE LA GORRA NEGRA

**LEROY HABÍA SALIDO DE** Culiacán con el Zorro y su equipo una hora antes, y ya estaba llegando a Mazatlán. Yo le envié el nuevo número del Máximo-Nivel.

—El Roy se dirige allí ahora, cerca del hotel, para confirmar la localización —le dije a Brady.

—Solo espero que Cóndor la mantenga el tiempo suficiente —respondió Brady.

Era el momento: estábamos de camino al agua para la última oportunidad.

Sentí que mi pierna comenzaba a temblar en ese estrecho asiento trasero. Me impacientaba más con cada minuto que pasaba. «¡Ándale!», grité hacia el frente, dándole al joven lugarteniente una palmadita en el hombro. El motor se revolucionó cuando aceleramos, pero el pesado Passat parecía que seguía a paso de tortuga en su camino hacia la costa.

Mi BlackBerry vibró con un mensaje nuevo de Leroy.

«Confirmado. Lo tengo en Miramar».

La SEMAR había alquilado una pequeña casita en la calle Bernardo Vázquez, un hogar privado en una tranquila zona residencial de Mazatlán, para que pudiéramos establecer discretamente nuestra base de operaciones, lejos de cualquiera de los *halcones* del Chapo.

Cuando Brady y yo llegamos a Mazatlán y entramos en la casa, casi nos tropezamos con todos los montones de equipo táctico regados por el piso. Todo el mundo estaba animado; se oían fuertes carcajadas en la sala y alguien acababa de pedir una pizza. Había varios marines vagueando en los sillones, viendo televisión, mientras otros estaban sentados en la mesa de la cocina con Leroy y su equipo de alguaciles.

Leroy se levantó y nos indicó a Brady y a mí que lo siguiéramos a un rincón tranquilo de la casa.

—¿Cuán seguros están de que el Chapo está con su dispositivo del Máximo-Nivel? —preguntó Leroy.

—El cien por ciento —respondí yo.

—¿Cómo puedes estar tan seguro?

—Cóndor escribe la mayoría de los mensajes —dije—, pero a veces el Chapo agarra el BlackBerry y escribe él mismo.

—¿Cómo lo sabes?

—El Chapo deletrea como un niño de kínder, no sabe escribir bien —dijo Brady.

—Como este mensaje que llegó hace una hora —le entregué mi BlackBerry a Leroy y le mostré la pantalla—. El Chapo está hablando de una casa a la que planea trasladarse. Mira cómo escribe.

Sy pero no tyene pura kosyna mannan en la mana le pone mynysply

Lo traduje en voz alta.

—«Sí, pero no tiene una cocina completa. Mañana en la mañana pondrá un mini... ¿electrodoméstico? Mini algo; ¿quién diablos sabe lo que está escribiendo aquí? Pero mira cómo deletrea «cocina».

—Sí, «kosyna» —dijo Leroy asintiendo.

Le expliqué que cuando escribía el Chapo, normalmente sustituía la *i* por la *y*, y la *c* por la *k*. Guzmán escribía *bien* como *byen* y *cuanto* como *kuanto*. No era la típica jerga al escribir en español ni tampoco taquigrafía; era único del Chapo. Escribía prácticamente cada palabra en forma fonética, por lo que sus mensajes estaban salpicados de construcciones propias; por ejemplo, el Chapo escribía *me dijo* como *medyjo*. Yo nunca había visto hacer eso a nadie. Incluso una palabra tan elemental como *caliente*, la deletreaba como *kalyente*. Esas eran claras evidencias forenses: el Chapo, no su secretario, escribía mal esos mensajes.

—Entonces estás seguro de que él está en el cuarto con el dispositivo que estamos localizando —dijo Leroy.

Yo agarré el único trofeo de guerra que había llevado puesto y me ajusté bien la gorra negra en mi cabeza.

—Sí, estoy seguro, Roy. Hace una hora, cuando se escribió este mensaje con *cocina* deletreada así, el BlackBerry estaba directamente en las manos del Chapo.

La pizza había llegado y todos agarraban sus pedazos, pero yo no tenía tiempo para comer. Mis jefes en Ciudad de México lo habían organizado todo para que usáramos tres Suburban blindados de la DEA, esta vez totalmente nuevos, los mejores de nuestra flota. Dejé a Nico a cargo de la casa.

—Cuando llegue Tigre —le dije—, reúnete con él y tracen un plan para la intervención. Brady y yo tenemos que ir rápidamente a la ciudad y recoger esos vehículos. Cuando regrese, terminaremos todo para la captura.

—Hecho —dijo Nico.

**ERAN LAS 12:30 DE** la noche cuando Brady y yo entramos de nuevo en la casa. Cada uno de los jóvenes marines estaba profundamente dormido. Leroy y sus hombres también estaban dormidos sobre el sofá y el piso; no había mantas ni almohadas, solo un grupo de cuerpos estirados sobre el azulejo. Incluso Nico se había quedado dormido en una de las camas en el piso superior.

—Sé que todos están cansados —le dije a Brady—, pero vamos, por el amor de Dios...

Ahí estábamos, a punto de agarrar al hombre más buscado del mundo, ¿y todos estaban durmiendo?

—¡Arriba! —dije mientras sacudía a Nico—. ¿Cómo fue la reunión con Tigre?

Nico abrió los ojos, aún medio dormido.

—La reunión con Tigre —repetí—. ¿Cuál fue su plan de intervención?

—No vino.

—¿Qué quieres decir?

—Que nunca apareció.

—¿Dónde diablos está?

—Se ha quedado con un grupo de sus hombres en un motel de mierda en las afueras de la ciudad.

—¡Cabrón! —grité—. Si tiene un plan, ¿de qué sirve si *nosotros* no lo conocemos? Levántate, amigo; tenemos que encontrarlo ahora mismo.

Brady y Nico se subieron al Suburban y, tras un viaje de veinte minutos, fui serpenteando con el vehículo por varias calles, frenando rápidamente cerca de la oficina de registro del motel.

—Mira este basurero —le dije a Brady—. Luces rojas de neón y garajes.

Ese era el tipo de lugar donde los lugareños llevaban a sus prostitutas para pasar una o dos horas. Cada habitación estaba equipada incluso con un garaje para que pudieran ocultar discretamente el auto durante el tiempo que estuvieran allí.

—¿En qué habitación está Tigre? —le pregunté a Nico.

—No lo sé —respondió Nico—. No contesta al teléfono.

—Vamos a comenzar a golpear las malditas puertas.

Ya comenzaba a extrañar al capitán Toro: ahora íbamos con un cuadro de marines muy jóvenes, todos de veintitantos años, llenos de energía y experiencia pero carentes del imperturbable enfoque y liderazgo de Toro.

Necesitábamos comunicarnos, coordinarnos, trazar un plan de intervención detallado, que permitiera espacio para cualquier contingencia o fallo. Tenía la sensación de que todos iban un poco a lo loco. Era demasiado improvisado.

Nos dividimos y comenzamos a llamar a las puertas. Asustamos a dos lugareños de aspecto sospechoso y despertamos a grupos de marines tambaleantes que compartían habitaciones diminutas e intentaban dormir un rato.

Encontramos a Tigre en la última habitación del motel. Estaba claro que le interrumpimos un sueño profundo, pero estaba lo bastante despierto como para llevarnos al garaje contiguo, donde podíamos hablar con más privacidad.

—Carnal —le dije—, si tienes un plan, no lo conocemos.

—Desde luego que tenemos uno —dijo Tigre apartando las telas de araña—. Hemos hecho esto muchas veces antes.

—Tigre, me preocupan nuestro personal y el perímetro —dije—. ¿Y por qué está el Chapo refugiado en el Miramar? Estoy seguro de que conoce cada piso, cada escalera y cada salida a la calle; nosotros no conocemos nada de eso. ¿Cuántos hombres tienes?

—Tengo aquí cuarenta marines —respondió Tigre—. Ocuparemos el hotel y pondremos en el perímetro un par de *rápidas*...

—¡No, eso no es suficiente! —le interrumpí.

Me di cuenta de que para Tigre este era tan solo otro golpe, otra puerta que derribar. A estas alturas, él y los otros marines eran casi insensibles; habían realizado este tipo de ataques un día tras otro en Culiacán, por lo que las redadas antes del amanecer se habían convertido en rutina.

—Necesitamos más hombres en el perímetro —dije. Brady asintió con la cabeza—. Y todos los hombres que puedas introducir.

—Tenemos otra brigada en la calle —dijo Tigre—. En cuanto tengamos luz verde, los llamaré.

—¿Cuántos hombres?

—Tendré otros treinta marines en quince minutos. Y después otros treinta tras ellos.

—Bien —dije yo—. Sesenta hombres extra bastarán. ¿Y dónde están los helicópteros? Vamos a necesitar apoyo por aire en caso de que se las arregle para escapar al perímetro.

—Los heli están a dos horas de distancia —dijo Tigre.

—No, eso no va a funcionar —respondí—. Los necesitamos más cerca.

—Los trasladaré a Culiacán. Cuando demos luz verde, les tomará una hora llegar.

—Perfecto —dije—. Tenlos allí. No queremos que se acerquen más, pues los movimientos pueden alertarlo.

—Claro —dijo Tigre.

—Muéstrame dónde vas a poner las *rápidas* en el perímetro —dije, señalando la imagen de Google Earth del hotel Miramar (en realidad un condominio) en el iPad de Tigre. Tigre dijo que solo tenía tres *rápidas* para la operación de captura.

—¿Solo tres? —pregunté—. ¿Y cómo crees que entraremos?

—Usaremos sus vehículos y los llenaremos con mis hombres. Iremos hasta la puerta principal del hotel y entraremos por allí.

—Bien —dije, suspirando un poco finalmente.

—Nos veremos aquí a las 5:00 de la madrugada, listos para salir —dijo Tigre.


**ERAN MÁS DE LAS** 3:00 de la madrugada cuando dejamos a Tigre y regresamos a la casa alquilada. Nico y Brady subieron al piso de arriba para descansar.

Yo estaba demasiado nervioso para poder dormir y de todos modos, todos tenían que estar despiertos una hora después. Me senté a la mesa de la cocina y estudié una y otra vez la manzana alrededor del hotel Miramar en mi MacBook. No quería dejar al azar ni un solo detalle de la operación. Tendríamos cubierta la puerta principal, pero aún me preocupaba que el Chapo pudiera colarse por una puerta lateral o trasera y meterse en un vehículo en la Avenida Cruz Lizárraga, detrás del hotel.

¿Y si había planeado algo mucho antes con Kava? ¿Y si habían construido una de sus entradas hidráulicas a un túnel en una habitación en el piso bajo del hotel? ¿O tenía algún otro modo de acceso al sistema de alcantarillado directamente desde el sótano del hotel? ¿Un pozo o una alcantarilla en algún lugar en la calle?

Había llevado puesta la gorra del Chapo por tanto tiempo, que el borde estaba sudoroso y pegajoso, y podía sentir que comenzaba a romperse por la frente. Finalmente agarré un pedazo de pizza y tecleé rápidamente una actualización para mi supervisora de grupo en la embajada en Ciudad de México.

22/2/2014, 3:33:05 AM: ANDREW HOGAN A SUPERVISORA DE GRUPO ████████ 23.226827-106.427935 obj loc golpe puerta a 0530, él está ahí

Pulsé ENVIAR, agarré un bocado de la pizza y sentí que mi ansiedad se disipaba lentamente. Incluso pude dibujar una sonrisa ante mi reflejo en la pantalla de la computadora, con mis ojos somnolientos debajo de la gorra negra del Chapo.

Mis pensamientos se dirigieron a Diego, que probablemente estaría profundamente dormido en Phoenix. Sabía que mi excompañero lo habría dado todo por estar aquí en Mazatlán, preparándose para llevar a cabo la redada para capturar —antes del amanecer— a El niño de la Tuna…

*Cuando nació preguntó la partera*
*Le dijo ¿cómo le van a poner?*
*Por apellido él será Guzmán Loera*
*Y se llamará Joaquín…*

Comencé a escribirle un mensaje de texto pero me detuve a mitad de la frase: no había ninguna necesidad de despertarlo.

Miré al reloj en mi computadora. Eran las 4:00 en punto de la madrugada.

«¡Despiértense! —grité, levantándome de la mesa de la cocina—. ¡Despiértense!». Fui caminando por la casa, gritando para que todos se despertaran, encendiendo las luces y levantando mantas. «¡Es momento de irnos, muchachos! ¡Arriba! ¡Arriba! ¡Levántense!».

**ESTABA MUY OSCURO. ERAN** las 4:58 de la mañana. Respiré profundamente y me monté en el asiento del conductor del Chevy Suburban blanco, cargado ahora de marines que iban todos armados con AR-15; Tigre llevaba una carabina recortada. Miré a Brady por el retrovisor, que iba al volante de otro Suburban blanco cargado con su propio grupo de marines; juntos formábamos el equipo de entrada, con Tigre y yo dirigiendo el camino hasta la franja de hoteles y condominios en el Malecón, el paseo marítimo de trece millas (veintiún kilómetros) de Mazatlán.

Estábamos sentados, esperando la luz verde de Leroy, Nico y sus equipos de la SEMAR. Los equipos de búsqueda de teléfonos y seguridad esperaban la confirmación final de que el BlackBerry del Máximo-Nivel seguía estando sin duda en el hotel Miramar.

Sentado en el Suburban que estaba detenido, tecleé un mensaje rápido a mi padre en Kansas.

«Listos para comenzar».

Justamente entonces sonó el radio de Tigre. Oí las palabras que todos habíamos estado esperando:

Luz verde.

«Vamos», dijo Tigre. Yo arranqué el Suburban, salí del estacionamiento y emprendimos camino por la desolada autopista.

Nadie en el vehículo decía ni una sola palabra. Todos los marines estaban callados, comprobando el estado de sus armas y enfocados en la misión. En ruta, se unieron a nosotros tres *rápidas* y juntos aceleramos en convoy por la autopista federal mexicana número 15 hacia el corazón de Mazatlán.

En poco menos de ocho minutos el convoy estaba en el Malecón, pero cuando fui a girar a la izquierda hacia la avenida del Mar me bloqueó un auto patrulla del departamento de policía municipal: con las luces rojas y azules encendidas, un policía vestido con uniforme de camisa blanca de manga larga y gorro azul que estaba al volante levantó la mano indicándome que me detuviera.

«Ni lo sueñes», le dije a Tigre.

Di un volantazo subiéndome a la banqueta y rodeé el auto patrulla, pasando a centímetros del parachoques frontal. Entonces vi que había más luces rojas y azules, al menos cinco o seis autos de la policía municipal por el Malecón, bloqueando la calle.

*¿Malditos polis corruptos? ¿Sabían que íbamos a llegar?*

Tigre no mostraba emoción alguna. Agarré con más fuerza el volante mientras pisaba el acelerador hacia la entrada del hotel, echando un vistazo a la pistola FN Herstal Five-Seven que tenía dentro de la funda en mi cintura.

*¿Podría quedar arruinada la operación? En ese caso, Bravo estará en el Malecón en cualquier momento con un ejército de policías preparados para una balacera. Tendrán AK, granadas de mano, RPG y lo único que yo tengo es esta cerbatana belga...*

Metí el frente del Suburban delante de la puerta del hotel y, sorprendentemente, estaba abierta de par en par. Vi a Brady saltar de su Chevy, salir corriendo y desaparecer por la parte trasera. Sabía que estaba cubriendo el muro de cuatro pies (un metro) del hotel porque también le preocupaba que el

Chapo escapara por la puerta trasera. Otra debacle como la de Cabo San Lucas no iba a producirse bajo la vigilancia de Brady y la mía.

Brady agarró a dos jóvenes marines que estaban de pie cerca de él, los separó y los ubicó para que vigilaran el muro y la salida del garaje. Cuando estuvieron en sus puestos, Brady entró en el vestíbulo justo cuando tres marines estaban agarrando al vigilante y buscando las llaves de las habitaciones del hotel que estaban detrás del mostrador. Tigre y sus hombres ya habían entrado.

Yo estaba afuera cerca de la piscina, con un panorama ante mí del hotel y con mi FN Five-Seven apuntando al terreno oscuro y vacío hacia el sur mientras seguía examinando las sombras.

Por mucho que quisiera estar dentro derribando puertas con Tigre, sabía que tenía que asegurarme de que nuestro perímetro estuviera bien cubierto. No iba a confiar en ninguna otra persona. ¿Estaba totalmente cubierto?

*Maldición, necesitamos tener a más hombre allá atrás...*

Justo entonces apareció Leroy, caminando desde el hotel hacia la calle.

*¿Qué diablos está haciendo?*, pensé. *Debería estar dentro intentando localizar una puerta.*

Leroy caminó hacia el Malecón y señaló hacia el hotel.

Me miró y después volvió hacia la puerta principal del hotel.

«Cuarto piso —dijo Leroy—. Estoy recibiendo una señal fuerte en este extremo norte».

Entonces hizo un gesto con las manos y desapareció rápidamente por el interior del vestíbulo del Miramar.

Minutos después, unas cuantas luces parpadeaban; habitación por habitación, piso por piso, el hotel se iba iluminando.

*Bien, por fin estamos llegando a alguna parte.*

Ya no podía soportarlo más; había pasado demasiado tiempo. Si el Chapo estaba planeando una fuga, tenía que estar haciéndolo en ese mismo momento.

Comencé a trotar por la rampa del hotel hacia la calle, a correr físicamente por el perímetro yo mismo para cerciorarme de que suficientes marines tenían cubiertos los laterales y la parte trasera, cuando oí otro sonido fuerte.

Entonces oí las palabras que llegaban por radio:

«¡Ya tenemos el blanco!». Subí la rampa hasta donde estaba Nico, que tenía el radio pegado a su oreja.

«¡Tienen custodiado al objetivo! ¡Lo tienen!», dijo Nico.

Otra frase por radio:

«¡Dame un blindado!».

«¡Necesitan un vehículo blindado ahora mismo!».

No pude oír nada más tras ese eco, ¡dame un blindado! Y entonces hubo un silencio penetrante y giré, corriendo rápidamente hacia mi Suburban...

Con la pistola en mi mano derecha, corrí tan rápido como no lo había hecho nunca en mi vida.

Arranqué el Suburban y lo llevé por la rampa al garaje subterráneo del Miramar. Tres marines estaban en la rampa, indicándome con sus manos.

¡Vamos! ¡Vamos! ¡Vamos!

Estaba demasiado oscuro para ver algo con claridad allí abajo, pero sabiendo que los marines estaban a punto de sacar al

Chapo, inmediatamente reubiqué el Suburban, situándolo de modo preciso en ángulo para que estuviera listo para salir con toda rapidez.

Como un reloj, salieron otros tres marines de pie junto a un hombre sin camisa que había estado tendido en el piso. Yo solo pude ver una silueta oscura y una breve imagen de piel blanca. Llevaba las manos esposadas a su espalda y no tenía la cara cubierta cuando lo levantaron del piso, guiándolo hacia adelante al lado de las puertas plateadas del elevador.

El prisionero era bajito y no llevaba camisa, pero yo no podía aún distinguir su cara a través del grueso cristal antibalas tintado del Suburban; la piel del pecho del hombre era cada vez más pálida bajo la luz de más faros.

Salí del asiento del conductor, con esa gorra negra y el pasamontañas puestos, y corrí hacia el prisionero.

Me detuve abruptamente delante de él.

Por fin estábamos cara a cara.

No pude resistirme:

«¿Qué pasa, *Chapo-o-o-o*?».

Debió ser muy extraño para ese narcotraficante ver a alguien que llevaba puesta una de sus *propias* gorras negras. Los ojos de Guzmán eran salientes y, entonces, inclinó uno de sus hombros encogiéndose, como si pensara que iban a darle un puñetazo.

Lo miré fijamente y el Chapo me aguantó la mirada, pero solo por un momento. Ya no había equivocación alguna: tenía a mi hombre. Ese cabello normalmente fino y muy negro, estaba grasiento y alborotado; llevaba el grueso bigote negro marca de la casa, y tenía la piel tan pálida que casi era traslúcida debido a todos esos años viviendo sin luz del sol, metido en su mundo de tuberías y agujeros de rata. El Chapo llevaba unos pantalones deportivos Adidas caídos, que apenas se ajustaban a los huesos de sus caderas, dejando ver una panza sobresaliente, parecida a la de un Buda.

Mientras los marines lo llevaban hacia el Suburban, le di un golpecito en la espalda; no muy fuerte, como para expresar: ¡Bien, muchacho! como antes hacía con mi hermano Brandt —después que anotaba un punto en el juego—, o con Diego después de haber cerrado un importante trato como infiltrado.

Retiré mi mano, que estaba mojada con su sudor. Parecía que la espalda del Chapo había sido rociada con bronceador. Probablemente llevaba días sin bañarse. Me puse al volante de mi Suburban mientras metían al Chapo en el centro del asiento trasero flanqueado por dos marines. Le hacían preguntas periódicamente y él respondía con un: «Está bien, está bien...» que sonaba casi robótico.

Yo me volteé de repente:

—¡Mira!

El Chapo me contestó con calma, casi con deferencia:

—¿Sí, señor?

Le hice tres fotos rápidas con mi iPhone.

Volví a voltearme hacia el frente al volante, con la marcha preparada y mi pie en el acelerador, listo para salir.

Fue entonces cuando me di cuenta de algo: no teníamos una estrategia de salida. Las últimas semanas habíamos tratado lo de la caza, pero nunca planeamos bien la contingencia de tener al Chapo esposado y bajo custodia.

*Bien, voy a tener que llevar a este cabrón durante 1.016 kiló-metros, unas doce horas seguidas, hasta Ciudad de México.* Difícil, pero factible...

Pero entonces me bajé del Suburban, sabiendo que era demasiado peligroso para cualquier agente estadounidense: un vehículo que llevaba al Chapo Guzmán sería un objetivo móvil en cualquier lugar en México. Uno de los oficiales de la SEMAR tendría que conducir.

Me di la vuelta, divisando por primera vez a Brady desde que habíamos llegado a la puerta principal del hotel. Nos dimos un abrazo.

«¡Malditamente increíble!», gritaba Brady con lágrimas en los ojos.

Yo nunca lo había visto emocionarse verdaderamente por nada. El ceño fruncido que generalmente tenía se transformó ahora en una amplia sonrisa.

**FUI CAMINANDO CON BRADY** desde el estacionamiento hasta la calle. Él estaba diciendo algo, pero ni siquiera podía oírlo, pues estaba demasiado abrumado y emocionado.

Salimos a la banqueta por debajo del cartel del Miramar. La cálida brisa del océano acarició mi cara y comenzó a sacarme del trance lentamente. Las hojas de las palmeras se movían con el viento por encima de nuestras cabezas. Me giré, dando un abrazo de oso a Nico y después a Leroy. Los dos hombres, junto con todo el equipo de alguaciles de Leroy, habían sido fundamentales en la caza durante aquellas últimas semanas.

Levanté la vista al cielo del amanecer: la oscuridad se iba suavizando con matices de color azul oscuro. Di un largo y profundo suspiro, dando vueltas en medio de la calle, y fue entonces cuando mi visión se enfocó totalmente.

Mi familia en Ciudad de México... no había llamado desde aquella conversación delirante cuando estaba tumbado de espaldas en el sendero de la casa del Chapo.

Mi primer mensaje de texto fue para mi esposa.

«Lo cazamos, cariño».

«¡No me digas!».

«Sí, está hecho».

«¿Regresas a casa?».

«Sí».

«¿Cuándo».

«No estoy seguro. Muy pronto».

La oscuridad se disipaba con rapidez cuando el sol comenzó a divisarse en el este por encima de la Sierra Madre. Oí el bienvenido sonido del helicóptero MI-17 de la SEMAR, lejos hacia el norte, un ruido sordo como el estruendo de pezuñas de caballos que están cada vez más cerca.

## ¿QUÉ SIGUE?

**BRADY Y YO CAMINAMOS** por la larga banqueta de la base de la SEMAR en Mazatlán hacia la sala de interrogatorios. Chino estaba allí de pie, sacando pecho; su cara era inexpresiva y ahora, por alguna razón, nos bloqueaba el paso.

—Por orden del secretario de Marina, no puedo permitir entrar a nadie aquí —dijo Chino fríamente.

—Vamos, hermano —le dije—, ¿después de todo lo que hemos pasado?

—Las órdenes llegan directamente del secretario de Marina.

Chino mantuvo la mirada fría y después, girándose sobre los talones, cerró la puerta.

Brady y yo nos quedamos afuera caminando de un lado a otro hasta que la puerta se abrió un poco.

Era Tigre, indicándonos que nos coláramos dentro.

Vi al Chapo sentado en un sofá y vestido con una camisa polo de manga corta y color azul marino. Tenía toda la cara por encima de las fosas nasales vendada con una gasa blanca, como si fuera una momia.

El Chapo hablaba con un tono de voz normal, sin rastro alguno de miedo o enojo, pero estaba claro que estaba desanimado. Reconocí la voz inmediatamente por mis grabaciones verificadas; era una voz que había escuchado tantas veces que a menudo soñaba con ella.

Ahora la voz tenía un extraño tono agudo. No por el estrés ni tampoco por agotamiento. ¿Alivio, quizá? ¿Por entender que la caza de trece años de duración había terminado?

El interrogatorio estaba siendo dirigido con candor y respeto. Chino hacía las preguntas.

El Chapo comenzó diciendo su nombre completo calmadamente.

—Joaquín Archivaldo Guzmán Loera.

—¿Fecha de nacimiento?

—Cuatro de abril de 1957.

—¿Dónde naciste?

—La Tuna. Municipio de Badiraguato, Sinaloa.

Aquello me asombró: yo había escrito tantas veces ese nombre completo, fecha de nacimiento y ciudad en mis formularios de la DEA, en actualizaciones del caso, presentaciones de Power-Point, que en cierto modo se había convertido en una extensión de mí mismo. Lo conocía tan bien como mi propio número de seguro social. Oír que ahora todo eso era confirmado, con el acento nasal montañero del achaparrado hombre mismo, parecía algo surrealista.

Guzmán no era ningún fantasma, ningún mito, ningún jefe invencible; más bien era un criminal capturado, como cualquier otro, un ladrón y criminal de carne y hueso con sus ojos vendados con gasa blanca. Estaba sentado allí en un sofá, a no más de seis pies (dos metros) de donde yo estaba, afirmando que le dolían mucho los dientes y que recientemente le habían arreglado una de sus muelas.

Chino preguntó quién era el lugarteniente operativo clave de Guzmán en Estados Unidos.

El Chapo hizo una pausa.

«No tengo ninguno», dijo finalmente.

Yo asentí con la cabeza a Brady; eso estaba respaldado por nuestra propia información.

Chino le preguntó cuánto peso estaba moviendo desde el sur. Recuerdo a Guzmán diciendo que sus cargamentos de cocaína estaban entre cuatrocientos y ochocientos kilos cada vez. Volví a asentir. Sabíamos que el Chapo estaba siendo claro; ya habían pasado las épocas de los masivos cargamentos de varias toneladas de droga desde Sudamérica.

Chino preguntó cuánto tiempo había estado viviendo el Chapo en Culiacán.

«No mucho. Un par de semanas».

Brady y yo nos miramos. Eso era una mentira descarada.

Chino dijo algo sobre que el «negocio» no era lo que solía ser.

«Claro que sí —dijo el Chapo—. Ya no hay respeto. Yo hago lo mío. Este negocio ahora es duro. Realmente duro».

**BRADY Y YO SALIMOS** de la sala de interrogatorios, caminando a la pista hacia el MI-17 y el Blackhawk que allí estaban; nos juntamos con Tigre y un grupo de marines que habían formado parte del equipo de asalto y, por primera vez, escuchamos los detalles de lo que había sucedido horas antes esa misma mañana en el cuarto piso del hotel Miramar:

Cuando los marines rompieron la puerta de la habitación 401, la primera línea de defensa del Chapo era Cóndor. La SEMAR lo detuvo rápidamente y después atacó la suite de dos dormitorios. En uno de los cuartos encontraron a dos mujeres: la cocinera del Chapo, Lucía, y la niñera Vero, todas profundamente dormidas con las dos hijas gemelas de dos años del Chapo. Los marines pasaron rápidamente al cuarto más grande en la parte de atrás, donde encontraron a Emma Coronel, la joven esposa del Chapo, que acababa de despertarse.

El Chapo había saltado de la cama en ropa interior y había corrido a un pequeño cuarto de baño, armado con un rifle de asalto. Mientras Emma gritaba: «¡No lo maten! ¡No lo maten!», Guzmán bajó el arma, mostrando sus manos vacías en la puerta del baño. Apresaron al Chapo sin hacer ni un solo disparo y lo llevaron hasta el garaje en el elevador de servicio.

Ahora, yo observaba mientras Brady ayudaba a algunos de los marines a llevar a las hijas del Chapo, que aún tenían puestos sus pijamas de color amarillo y rosa, desde el Chevy Captiva hacia el edificio en el que estaba retenido el Chapo.

Caminé un poco más adelante en la carretera y vi a Cóndor, al que habíamos identificado como Carlos Manuel Hoo Ramírez, echado en la parte trasera de una camioneta pickup, esposado y con los ojos vendados con gasa como el Chapo.

Lo reconocí como el mismo hombre de la fotografía que habíamos encontrado en su casa en Culiacán. Saqué mi iPhone y tomé una fotografía del tatuaje que tenía en la pantorrilla: una cabeza de cóndor. Entonces seguí caminando y vi a Emma, a la cocinera y a la niñera, sentadas y esposadas en el interior de otro vehículo, también con los ojos vendados.

Brady y yo seguimos dando abrazos y felicitando a cada marine con quien nos cruzamos en la base. En cierto momento me di cuenta de que aún llevaba la pistola de Tigre metida en la parte delantera de mis pantalones militares.

—Gracias, carnal —dije, devolviéndole a Tigre la FN Five-Seven.

No podía creer que nadie tuviera que disparar ni un solo tiro durante toda la operación. Tigre agarró la pistola y la metió en la funda de su muslo.

—Tú lo hiciste —respondió Tigre con una sonrisa—. Tú lo hiciste.

Incluso el almirante Garra se las arregló para mostrar una pequeña sonrisa cuando lo felicité más adelante.

Finalmente Nico, Chino, Chiqui y otros marines llevaron al Chapo, esposado y aún con los ojos vendados, desde la sala de interrogatorios hasta el interior del Blackhawk. Los rotores levantaban nubes de polvo y gravilla; yo me protegí los ojos con una mano cuando el helicóptero se elevó desde el pavimento en ruta hacia el Aeropuerto Internacional de Mazatlán, donde llevarían de inmediato al Chapo, en Learjet y acompañado por el almirante Furia, a Ciudad de México, donde lo mostrarían ante la prensa mundial.

**MOMENTOS DESPUÉS DE LA** partida del Chapo, Brady y yo aborda-
mos un MI-17 y despegamos en un vuelo a baja altitud por la
costa del Pacífico. Ambos pilotos de helicópteros y sus equipos
eran los mejores de la SEMAR y habían estado en la brigada
desde que comenzamos en La Paz; Brady y yo los respetábamos
como miembros fundamentales de nuestro equipo.

«No hay tal cosa como "descanso de equipo" con estos tipos»,
le dije a Brady. Ellos estaban listos para hacer volar sus aves a
cualquier lugar, bajo cualquier condición y con un momento de
antelación.

Los pilotos inclinaron muy bajo el MI-17, volando por encima de la superficie del océano, tan cerca que podía ver con claridad las crestas de las olas y sentía que casi podía estirar la mano
por la ventana abierta y tocar el agua. Los turistas que nadaban
cerca de la playa se agachaban y buceaban como si el MI estuviera a punto de bombardearlos.

Después del paseo, aterrizamos en el aeropuerto de Mazatlán, desde el cual había salido el Chapo solo minutos antes en
el jet.

Yo sabía que probablemente esa era la última vez que vería a
cualquiera de esos marines. Tenía la sensación de estar dejando
a un grupo de mis propios hermanos; esos guerreros mexicanos
habían hecho *todo* para mantenernos seguros a todo el personal
estadounidense.

Era lo único que yo había conocido durante semanas:
comiendo juntos, durmiendo juntos, haciendo redadas antes del
amanecer. Regresar ahora a la DEA me era tan ajeno como lo
había sido la entrada a Culiacán.

Le di un último abrazo a Brady.

Y de repente entendí, supongo que con una mezcla de gratitud y tristeza, que estaba perdiendo a un compañero. Nunca podría haber logrado nada de eso, nunca me habría acercado a arrestar al Chapo, sin Brady y todo su equipo de agentes, supervisores y traductores del HSI en el cuarto de guerra de El Paso.

—Diles a Joe y a Neil que acaban de hacer historia —le dije.

—Sí, lo hicieron —respondió Brady.

—Que tengas un buen viaje, hermano.

—Suceda lo que suceda, siempre nos guardaremos las espaldas el uno al otro, ¿trato?

—Hecho.

Comenzaron a girar las hélices en el King Air de la DEA. Uno de los pilotos me gritó que estábamos listos para salir. Yo dije adiós con la mano una última vez al grupo de marines que estaban en la pista y agaché la cabeza para subir al avión.

Ahora estaba a solas en la oscura cabina mientras el King Air ascendía al cielo. Miré por la ventana mientras los marines eran cada vez más pequeños abajo, hasta que desapareció finalmente en la distancia la costa de Mazatlán.

**EN CIUDAD DE MÉXICO** fui recibido en la pista por el director regional McAllister, mi director regional asistente y mi supervisora de grupo, que me felicitaron por el trabajo bien hecho. Debido a ellos tres se me permitió dirigir la investigación, como yo quise, de principio a fin. Ellos me habían dado la libertad y el tiempo, y eso había dado como resultado una victoria tremenda para todos nosotros en la DEA.

Y Camila Defusio, la procuradora o fiscal general asistente en Washington, DC, junto con su pequeño equipo de abogados asistentes estadounidenses, habían asegurado que el proceso judicial nunca obstaculizara la operación. Don Domínguez, en el Departamento de Operaciones Especiales, y su equipo, incluido el grupo de analistas de inteligencia en Ciudad de México, también habían sido héroes de la captura entre bambalinas.

**MIS JEFES ME CONDUJERON** directamente hasta mi apartamento en La Condesa, donde entré y abracé a mi esposa y a mis hijos.

Me limpié una lágrima de la mejilla, agradecido por estar en casa, y después me senté a la mesa de la cocina. Las rústicas comidas de la SEMAR satisfacían, pero no había nada como una cena casera preparada por mi esposa. Apenas dijimos unas palabras en la mesa mientras comíamos lentamente. Estábamos agradecidos por volver a estar juntos.

A la mañana siguiente, fui con mi esposa y mis hijos a dar un paseo en bicicleta por la ciudad, como hacíamos normalmente los fines de semana. Paseo de la Reforma estaba cerrado al tráfico los domingos, por lo que estaba lleno de ciclistas, corredores, personas que caminaban o patinaban.

En los quioscos de periódicos, todos ellos (*Reforma, Excélsior, El Universal, Milenio*) tenían la cara del Chapo en primera plana y en grandes titulares.

## ¿QUÉ SIGUE?

## ¡CAPTURAN AL CHAPO!
## ¡CAYÓ!
## ¡AGARRAN AL CHAPO!
## ¡POR FIN!
## ¡CAE EL CHAPO!

Estar allí en Paseo de la Reforma, comprando esos periódicos como un lugareño después de todas las semanas que había pasado trabajando con la SEMAR, era como vivir otra vida. Los compré todos y los amontoné en la cesta delantera de mi Raleigh. Me inundó la inquietante sensación de estar otra vez a cubierto, como un camaleón, mezclándome entre la multitud. Nadie que comprara ejemplares de los periódicos podría haber sospechado que el ciclista de barba rubia que vestía camiseta de algodón de cuello en ve, pantalones cortos y chanclas había estado en el centro de la caza, que solo unas horas antes yo fui el agente que dirigió la captura del criminal más buscado del mundo.

**A LA MAÑANA SIGUIENTE** me puse mi traje, me ajusté la corbata como cualquier otro lunes, y conduje a la embajada en mi Tahoe blindado.

Pero mientras recorría los pasillos me sentía como un zombi: mi cuerpo estaba presente pero mi mente no. Regresé a mi escritorio y oí a otro agente hablando sobre localizar teléfonos de objetivos en su propia investigación sobre tráfico de drogas. Me sentía inquieto, parecía que la oficina se movía. De repente sentí una bajada de presión arterial y náuseas, como si fuera a vomitar allí mismo sobre mi escritorio.

Había esperado sentirme eufórico tras la captura del Chapo, pero sentí lo contrario. Durante los días siguientes intenté sacudirme esa sensación, pero el vacío solamente aumentó.

**DESDE SU CAPTURA EN** febrero, el Chapo había sido interrogado en la oficina del procurador general mexicano (PGR) antes de que lo encerraran en la cárcel más segura del país: el Centro Federal de Readaptación Social N. 1 (el Altiplano), en el centro de México no muy lejos de Toluca.

Más adelante escuché una historia sobre un notable intercambio entre abogados de la PGR y Guzmán. Parece que los interrogadores dijeron que ahora podían dejar fuera los trece mil homicidios que según los cálculos se atribuían al Chapo.

«¿*Trece* mil?», me dijeron que respondió el Chapo, parece que sorprendido genuinamente. «No, no trece mil. Quizá *un par* de miles...».

Cualquiera que fuera la cifra, supuestamente Guzmán ya no era una amenaza: las autoridades aseguraron al público que él estaba bajo vigilancia de video las veinticuatro horas en el Altiplano. La cárcel de máxima seguridad albergaba a los narcotraficantes más violentos e infames de México y era considerada a prueba de fugas.

Guzmán estaba entre rejas, pero hubo aun más derramamiento de sangre en su territorio. El 10 de abril de 2014 agarré uno de los periódicos locales y leí que se había encontrado el cuerpo de Manuel Alejandro Aponte Gómez (Bravo) tirado en una cuneta en una sucia carretera cerca de La Cruz de Elota (Sinaloa). Supuestamente, Bravo había sido torturado antes de recibir varios disparos, y lo habían matado junto con dos de sus asociados. Nadie lo sabía con seguridad, pero enseguida se difundieron rumores en la calle que decían que Bravo había muerto por el error imperdonable de no proteger adecuadamente a su jefe mientras estaba huyendo en Mazatlán.

**VARIOS DÍAS DESPUÉS, TRAS** el asesinato de Bravo, volé con Tom McAllister y mi supervisora de grupo a Washington, DC. Allí informé a la administradora de la DEA Michele Leonhart y a sus jefes superiores en las oficinas centrales en Arlington (Virginia). La sala de conferencias estaba abarrotada mientras yo iba mostrando, en una trasparencia tras otra, los detalles de la operación. Leonhart concluyó felicitándonos a mí y a todo nuestro equipo por la captura del Chapo.

«He estado mucho tiempo en la DEA» —dijo el agente especial a cargo de la División de Operaciones Especiales—, y este tiene que ser el mejor caso que he visto en mi carrera».

Inmediatamente después, me subí a un Suburban negro blindado con la administradora Leonhart y viajé en su caravana cruzando el río Potomac hasta el edifico del Departamento de Justicia de Estados Unidos para informar al procurador general Eric Holder.

«Esta era la oficina de Bobby Kennedy cuando era procurador», me dijo uno de los asistentes de Holder cuando entramos.

Yo levanté la vista hacia el cuadro de Kennedy, vestido con chamarra de aviador, que colgaba de la pared junto a otros exprocuradores generales.

Di un apretón de manos al procurador Holder e inmediatamente pude sentir su sinceridad y su interés genuino en los detalles de la operación. McAllister hizo mi presentación para él mientras yo subrayaba la historia con detalles de las semanas que estuvimos en el terreno en Sinaloa, desde nuestro descubrimiento del escondite de Dinastía de Pato, los días de los derribos de puertas en Culiacán, hasta la captura cara a cara y antes del amanecer en el hotel Miramar.

El procurador general preguntó sobre la primera fuga del Chapo por los túneles bajo la bañera.

—Bien, sabíamos que él tenía un túnel, señor —dije—, pero no bajo *cada* casa.

—¿Cuántas casas había?

—Tenía cinco casas seguras en Culiacán —respondí—, y todas ellas estaban conectadas por las alcantarillas.

Holder quedó impresionado por la persistente cacería y preguntó cómo habíamos podido sostener nuestras operaciones hasta el final.

—Utilizamos como bases las casas del Chapo —le expliqué—. Esencialmente las convertimos en barracas temporales, con todos viviendo unos encima de otros. Cocinábamos en su cocina; dormíamos en sus camas.

Al final del informe de treinta minutos, el procurador general Holder expresó su agradecimiento oficial en nombre de la administración Obama y el pueblo estadounidense por llevar a Guzmán ante la justicia. Dijo que eso quedaría como uno de los mayores logros de la administración.

—¿Y qué hace usted ahora? —preguntó Holder.

Yo lo miré fijamente, sin entender totalmente qué quería decir, y entonces Holder añadió:

—En serio, ¿qué va a hacer a continuación? ¿Tomarse unas vacaciones y beber *mai tai* en la playa?

Todos en la sala se rieron.

—Eso es lo que aún estoy tratando de resolver, señor —le respondí.


**¿QUÉ *PODÍA* HACER YO** ahora? La pregunta del procurador seguía dando vueltas en mi mente cuando regresé a Ciudad de México. De nuevo en la embajada, seguía sintiendo ese doloroso hueco; y no disminuía.

¿Qué sigue?

Yo había logrado el mayor reto posible como agente de la Brigada Antidrogas, y me di cuenta de que no quedaba nada que pudiera hacer en la DEA. No me quedaba nada más que dar. No podía volver a rastrear a algún traficante de poca monta localizando teléfonos, obteniendo información o logrando números aquí en México o, lo que es más, en ningún otro país.

En mi mundo, entre todos los objetivos internacionales de la DEA, ¿quién era *más grande* que el Chapo Guzmán?

De hecho, los últimos años *nunca* habían estado enfocados en el Chapo; se habían enfocado solo en la cacería y ahora la caza había terminado.

**TAMBIÉN TENÍA QUE CONSIDERAR** el riesgo para mi esposa y mis hijos pequeños, expuestos como estábamos todos en el corazón de México. Nadie nos había asignado más seguridad ni había hecho planes para que agarráramos el siguiente avión para salir del país.

Eso venía con el trabajo: capturas a un narcotraficante, incluso uno tan infame como el Chapo Guzmán, y después tienes que regresar a la misma tarea, como siempre.

Sin embargo, por mucho que lo intentara, no podía dejar de oír el eco constante de aquella frase en mis oídos: «Todo está bien en México hasta que de repente ya no lo está».

Con la preocupación por la seguridad y el fuerte deseo de perseguir *otro* reto —mi siguiente cacería—, menos de nueve meses después de la captura presenté mi dimisión de la DEA, abordé un vuelo con mi esposa y mis hijos, y desaparecí tan rápidamente como el Chapo se había escapado de mí en Culiacán.

# EPÍLOGO: SOMBRAS

**EN LA CÁRCEL DEL** Altiplano, el sábado 11 de julio de 2015, exactamente a las 8:52 de la tarde, se podía ver al Chapo Guzmán en la pantalla de videovigilancia sentarse sobre su estrecha cama, cambiarse de zapatos y, después, agacharse rápidamente en la ducha que había en el rincón de su celda. Desapareció tras la pared baja que separaba el plato de la ducha de su celda, el único punto en la celda de la cárcel, de cinco por seis pies (1,50 por 1,80 metros), al que no alcanzaban las cámaras.

Entonces desapareció de la vista, ya no estaba; se escabulló por un agujero de veinte pulgadas (medio metro) cuadradas hecho en el piso. Descendió al subsuelo metiéndose por un estrecho palo vertical, bajó una escalera y entró en un sofisticado túnel de casi una milla (1,6 kilómetros) de longitud. Colgaban del techo luces eléctricas y también una tubería de PVC que bombeaba aire fresco en toda la longitud del pasadizo. El último túnel del Chapo Guzmán tenía aire acondicionado.

También se habían puesto rieles de metal en toda la longitud del túnel para que un ingenioso vehículo de huida, un vagón unido a una pequeña motocicleta modificada, pudiera conducir rápidamente al prófugo. Las paredes estaban separadas solo por treinta pulgadas (setenta y seis centímetros), dentadas y desniveladas, y apenas eran lo bastante anchas como para que cupieran los hombros del Chapo.

El túnel comenzaba por debajo de un bloque de casas destartalado, aún en construcción, en la ciudad cercana de Santa Juana. Cuando sonó la alarma de la cárcel y comenzó una búsqueda masiva, el Chapo Guzmán estaba otra vez al aire libre.

**LA AUDACIA DEL PLAN** de fuga del Chapo, hacer que sus principales fabricantes de túneles, con toda probabilidad Kava y su gente, cavaran por debajo de la cárcel más segura de México, asombró al mundo. Pero el método sin duda alguna no era ningún misterio para mí ni para cualquier otro que hubiera estudiado al Chapo por años. Al igual que la fuga del Chapo de Puente Grande en 2001, la huida se produjo con esa otra marca de la casa de Guzmán: capas de corrupción y de soborno.

La versión oficial mexicana de los acontecimientos quedó rápidamente descartada como una farsa. No se había prestado atención a los reportes de mucho ruido al perforar cemento y el supuesto punto ciego en el video de vigilancia resultó ser tan solo que el personal de la cárcel ignoró selectivamente las actividades en su celda.

En los momentos anteriores a su fuga, el Chapo, al que se veía inquieto y ansioso, va en repetidas ocasiones a la zona de la ducha para comprobar la actividad tras esa pared baja, e incluso se agacha, aparentemente para intentar abrir algo. El video también parece mostrar un iPad cerca de la cama de Guzmán, pese al hecho de que están específicamente prohibidos en la cárcel los teléfonos celulares, las tabletas y otros dispositivos electrónicos.

Según un análisis realizado meses después por la Comisión Bicameral de Seguridad Nacional del Congreso Mexicano, el Chapo nunca fue tratado como un interno común en el Altiplano. En los diecisiete meses que pasó allí, le habían otorgado privilegios extraordinarios, recibiendo 272 visitas solamente de sus abogados, y también 18 visitas familiares y 46 visitas conyugales. Quizá la más sensacional de estas últimas visitas fue un supuesto encuentro la víspera de Año Nuevo con una política de Sinaloa, una joven diputada del partido Acción Nacional llamada Lucero Sánchez López, que fue acusada de introducir documentos falsos en la cárcel y pasar la noche con Guzmán. (Brady y yo habíamos visto al Chapo referirse a una mujer como «La diputada» en nuestros reportes.)[1]

Con su fuga, Guzmán volvió a catapultarse al estatus de fugitivo más buscado del mundo. La Interpol emitió una «Notificación Roja» para su arresto inmediato. Vía Twitter se reportó

---

[1] Sánchez negó enérgicamente esas acusaciones, sin embargo, en junio de 2016 se le retiró su inmunidad parlamentaria, por lo que se enfrenta a acusaciones en relación con su supuesto encuentro amoroso la víspera de Año Nuevo con Guzmán en el Altiplano.

que se había visto al Chapo supuestamente divirtiéndose en una cafetería al aire libre en Costa Rica. Algunos rumores eran ridículamente exagerados: se dijo que Guzmán había viajado tan al sur como la Patagonia (Argentina), donde algunos testigos afirmaban haberlo visto en una «dulcería»; unidades policiales y militares fueron alertadas de que estaba viajando por los Andes, a punto de cruzar la frontera con Chile.

Lo cierto es que el Chapo nunca había salido de la rutina de su propio hogar en las montañas.

DESDE EL MOMENTO EN que salió la noticia de la fuga del Chapo, comenzó una intensa cacería del hombre. El almirante Furia y su brigada de la SEMAR, con base en Ciudad de México, volvieron a situarse al frente, utilizando nuestra huella operativa e información de años como su guía. La SEMAR, trabajando conjuntamente con la PGR y la Policía Federal mexicana, arrestó a Araña, el piloto de más confianza del Chapo, sospechoso de haber llevado al jefe a la Sierra Madre de Sinaloa inmediatamente después de su fuga del Altiplano.

Guzmán, sin duda, sintiéndose más intocable que nunca después de la descarada fuga, ni siquiera se molestó en cambiar su sistema de telecomunicaciones. Puede que ya no tuviera a Cóndor para actuar como su fiel secretario, pero las autoridades mexicanas pudieron interceptar mensajes en BlackBerry de los asociados más cercanos del Chapo, igual que lo hicimos nosotros por muchos meses.

# EPÍLOGO: SOMBRAS

Durante el tiempo que estuvo escondido en las montañas, resurgió Kate del Castillo, la estrella de la telenovela favorita del Chapo, *La reina del sur*, y estaba comunicándose con el Chapo mediante varios espejos en dispositivos Black-Berry. Incluso como fugitivo, el Chapo seguía pretendiendo que se contara su historia en la gran pantalla, al igual que había hecho con Alex Cifuentes en octubre de 2013. También seguía estando claro que el Chapo estaba encaprichado con Kate, tan emocionado por conocerla que casi ignoró a quienes planeaban ir con ella, incluido el actor Sean Penn (el Chapo ni siquiera había oído nunca de la estrella de Hollywood), pero Kate le aseguró que Penn podía facilitar la producción de la película del Chapo.

El narcisismo del Chapo le condujo sin saberlo a una trampa: una variación de la operación al estilo *Argo* que Brady y yo habíamos proyectado dos años antes. El 2 de octubre de 2015, Guzmán accedió a un encuentro cara a cara con Castillo, Penn y otras personas en un lugar apartado en lo alto de la Sierra Madre, en la frontera entre Sinaloa y Durango. Tal como reportaron los medios de comunicación mexicanos, las autoridades mexicanas ya tenían bajo vigilancia todo el tiempo a Castillo, Penn y los abogados del Chapo. Se dijo que la reunión fue una cena formal cargada de tequila con los amigos de Hollywood de Kate para desarrollar la historia de su vida. Resultó que Sean Penn hacía el papel de reportero, enviado por la revista *Rolling Stone* para escribir un artículo en exclusiva. Cuando se publicó más adelante («Habla el Chapo»), se vio que Guzmán no dijo nada digno de notar. El relato disperso, de diez mil palabras y contado en

primera persona, fue ampliamente ridiculizado como autoindulgente e ingenuo, y recibió muchas críticas por el acuerdo alcanzado por *Rolling Stone* en el que Guzmán, o más probablemente sus abogados, aprobaba la copia final.

Según Castillo, después de la cena, Guzmán se había ido abruptamente; diciendo que no era seguro quedarse en el mismo lugar que las visitas. Varios días después, la SEMAR realizó redadas en helicóptero en varias de las aldeas montañosas fuera de Tamazula (Durango), pero en tierra se vieron atrapados en una balacera con los hombres de seguridad del Chapo. Cuando la SEMAR finalmente entró en una de las casas cerca de Tamazula, descubrieron dispositivos BlackBerry, medicamentos y radios bidireccionales. Una vez más, el Chapo había escapado por los pelos por la parte de atrás, bajando una escarpada colina hasta un barranco, donde se dijo que se hirió en la cara y la pierna.

Con las fuerzas de la SEMAR acorralándolo desde el sur, haciendo decenas de redadas en las diminutas aldeas montañosas donde el Chapo normalmente podía ocultarse sin preocupación, no tuvo otra opción que huir al norte por Sinaloa.

Su red de casas seguras en Culiacán, obviamente, ya no era una opción. Además, con Bravo muerto, el Chapo condujo directamente a las manos del único policía jefe que le quedaba en nómina, el temido Cholo Iván en Los Mochis. La SEMAR siguió rastreando al Chapo todo el tiempo, cuando se estableció en la costa del Pacífico refugiándose en una cómoda casa segura construida con un diseño parecido a las de Culiacán.

**EN MEDIO DE LA** lluvia y la oscuridad de la mañana del viernes 8 de enero de 2016, la SEMAR lanzó la Operación Cisne Negro. Unidades de marines enmascarados se acercaron en varias *rápidas* con los faros apagados, con helicópteros militares volando por encima, rodeando una casa blanca de dos pisos en un barrio de clase media de Los Mochis, donde habían confirmado que estaban ocultos el Chapo y Cholo Iván.

Alrededor de las 4:30 de la madrugada, la SEMAR comenzó su entrada en la casa por la puerta principal, donde se encontraron con disparos inmediatos. Los marines avanzaron lentamente a la vez que lanzaban granadas y respondían con fuego intenso de sus rifles de asalto. Tras más de veintiséis minutos de enfrentamiento armado, cinco de los hombres del Chapo murieron, seis fueron heridos y varios fueron arrestados. Solamente un marine resultó herido en la balacera.

Sin embargo, durante el tiempo que le tomó a la SEMAR tener acceso a la casa segura, el Chapo y Cholo Iván pudieron salir de allí. Un examen de la casa reveló dos túneles: uno debajo del refrigerador y el otro en un clóset del cuarto. Un interruptor cerca de una bombilla activaba una trampilla detrás del espejo, que abría una escalera de escape y un pasaje que conducía directamente a las alcantarillas de Los Mochis. Era la marca del Chapo.

Cuando este y Cholo Iván llegaron a la alcantarilla, que tenía solo un metro de altura y estaba inundada debido a las fuertes lluvias que cayeron durante la noche, tuvieron que recorrer varias manzanas gateando lentamente entre agua fétida y desechos humanos.

Menos de una hora después, el Chapo y Cholo Iván salieron de la alcantarilla. Los dos fugitivos intentaron abrir una tapa cuadrada de metal pero tuvieron problemas para elevarla por los tornillos que tenía, así que pusieron como calzo uno de sus zapatos para abrirla. En la alcantarilla, dejaron atrás una AR-15 equipada con un lanzador de granadas.

Al Chapo se le agotaba la suerte. Según los reportes de los medios, él y Cholo Iván sacaron sus pistolas y robaron con violencia un Volkswagen Jetta blanco después de salir por la tapa de alcantarilla de la calle. Pero sorprendentemente, el Jetta se averió poco después, y tras haber recorrido solamente unas manzanas, el Chapo y Cholo Iván abandonaron el Volkswagen. En un semáforo robaron un Ford Focus rojo, supuestamente conducido por una mujer con su hija y su nieto de cinco años.

Seis millas (diez kilómetros) antes de llegar a la ciudad de Che Ríos, la policía federal detuvo al Ford Focus. Cholo Iván salió del vehículo armado con una pistola, mientras el Chapo estaba agachado en el asiento trasero.

Los medios también reportaron que el Chapo ofreció recompensar a los policías con casas y negocios en México y Estados Unidos, y les prometió que «se olvidarían de tener que trabajar el resto de sus vidas». Lo único que tenían que hacer era dejarlo libre. Los policías rechazaron los sobornos y metieron en un auto patrulla al Chapo y a Cholo Iván.

Los policías también hicieron una fotografía y la enviaron a sus superiores. Se veía al Chapo sentado en la parte trasera del auto patrulla, vestido con una camiseta sucia y casi sin mangas, y a Cholo Iván con gesto muy serio.

Las autoridades se temían la llegada de más pistoleros. Para evitar una balacera, llevaron al Chapo y a Cholo Iván al hotel Doux, a las afueras de Los Mochis, donde estuvieron encerrados en la habitación 51 hasta que llegaron más policías federales y la SEMAR.

Entonces el Chapo y Cholo Iván fueron llevados en avión a Ciudad de México; Guzmán se encontró de nuevo en el Altiplano, la misma cárcel de máxima seguridad de la que había salido por un túnel el verano anterior. Los seis meses de huida del Chapo, seis meses de vergüenza para el gobierno de México, al fin habían llegado a su fin.

«Misión cumplida», anunció el presidente Enrique Peña Nieto en su cuenta de Twitter. «Lo hemos atrapado».

¿CÓMO SERÍA POSIBLE QUE México se asegurara de que el Chapo no intentaría fugarse otra vez? Los oficiales de la cárcel anunciaron que la seguridad en el Altiplano había sido reforzada para la llegada de Guzmán. Citaron la instalación de cientos de cámaras de vigilancia nuevas, sensores de movimiento en conductos de aire y bajo tierra, y pisos de cemento y acero reforzado. También utilizaron perros entrenados específicamente para detectar el olor exclusivo del Chapo y lo trasladaban continuamente de una celda a otra, siendo seguido muy de cerca por un equipo de guardias.

Entonces, a primera hora del viernes 6 de mayo de 2016, el Chapo fue trasladado sin advertencia previa a una cárcel a las afueras de Ciudad Juárez, supuestamente debido a su proximidad con la frontera y para facilitar una rápida extradición a Estados Unidos. El Chapo pronto se quejó de las condiciones inhumanas e insoportables; su celda en la cárcel de Juárez estaba tan sucia que había pedido lejía para limpiarla él mismo. Según sus abogados y el reporte del psiquiatra que lo visitó, el jefe se estaba deteriorando mucho: estaba «deprimido y sufriendo alucinaciones y pérdida de memoria debido a las duras condiciones en la cárcel donde está encerrado».

Según el reporte del psiquiatra, el Chapo le dijo al doctor que lo estaban «torturando psicológicamente». Mantenían las luces encendidas en su celda las veinticuatro horas del día y su único contacto humano era con guardias de la cárcel enmascarados. También dijo que lo despertaban cada cuatro horas de modo que apareciera en cámara al pasar la lista a los reclusos. «No me dejan dormir», dijo el Chapo según el reporte del psiquiatra. «Todo se ha convertido en un infierno». Guzmán afirmaba que tomaba un cóctel de trece pastillas diarias, para el dolor, el insomnio y el estreñimiento. Su falta de sueño y sus alucinaciones eran tan graves que sentía que estaba a punto de morir. «No me han golpeado», dijo el Chapo, «pero preferiría eso».

El 24 de octubre de 2016, Emma Coronel presentó una queja oficial ante la Comisión Nacional de Derechos Humanos alegando que las nuevas condiciones en la cárcel estaban infligiendo un daño psicológico «irreparable» a su esposo. Afirmaba que estar encerrado en la cárcel de Juárez o bien mataría al Chapo o le haría «volverse loco» en cuestión de meses. También se quejaba de que sus visitas conyugales con su esposo habían sido reducidas de cuatro horas semanales a tan solo dos horas.

Los oficiales mexicanos negaron que se estuvieran violando los derechos de Guzmán; meramente lo trataban como un recluso de alto perfil que se había fugado de la cárcel en dos ocasiones, por lo que sugirieron que los reportes de maltrato eran tan solo una estrategia legal por parte del ladino narcotraficante.

**¿Y QUÉ DEL ESTATUS** del Chapo como el discutible narcotraficante más poderoso de todos los tiempos? Lo cierto era que el dominio del Chapo sobre sus amplias operaciones de narcotráfico en Sinaloa comenzaba a desmoronarse.

Sus hijos de más confianza —Iván, Alfredo, el Güero y Ratón— continuaron independientemente, pero no inspiraban ni una fracción del respeto correspondiente a su padre. Muchos miembros integrales de su círculo íntimo estaban muertos, como Bravo, o bajo custodia, como Cóndor, Cholo Iván, Picudo y Araña.[1]

Ya no se consideraba intocable, incluso, a la madre del Chapo. A mitad de junio de 2016 se reportó que unos 150 pistoleros entraron en la ciudad natal de Guzmán, La Tuna, matando a tres personas en la comunidad e incluso saqueando la casa de la madre del Chapo y robando varios vehículos. Consuelo Loera de Guzmán, de ochenta y seis años de edad, no resultó herida

---

[1] Nunca confirmamos la identidad de Lic-F, aunque todavía tengo mis sospechas. En mayo 2017, se anunció el arresto de Dámaso López en un departamento lujoso cerca del centro de ciudad de México.

pero el saqueo del hogar de la niñez de su hijo, la hacienda en la montaña donde el Chapo se había refugiado con frecuencia, fue considerado como prueba indiscutible en el mundo de los narcos de que Guzmán ya no tenía poder sobre su propio cártel.

El Chapo se enfrentaba a numerosos casos legales en México, principalmente por tráfico de drogas y asesinato, pero el gobierno indicó que ya no tenía interés en procesarlo en su país; a principios de 2016 el presidente Peña Nieto anunció que había indicado a la oficina del procurador general «hacer que la extradición de este criminal muy peligroso se lleve a cabo lo antes posible».

Guzmán se enfrentó al procesamiento federal estadounidense por presunta implicación en tráfico de cocaína, mariguana y heroína, crimen organizado, blanqueo de dinero, secuestro y conspiración para cometer asesinato. Diversas jurisdicciones en Arizona, California, Texas, Illinois, Nueva York, Florida y New Hampshire reclamaron derechos a procesarlo por varios delitos relacionados con su estatus como el jefe del Cártel de Sinaloa.

La mayoría de los expertos legales estuvieron de acuerdo en que, una vez extraditado, el Chapo probablemente sería enviado al Distrito Eastern de Nueva York, el lugar en Brooklyn donde infames jefes de la mafia como John Gotti fueron juzgados en las décadas de 1980 y 1990.

Loretta Lynch, entonces procuradora o fiscal estadounidense para el Distrito Eastern y más adelante para todo el país, había firmado personalmente la acusación, enviada el 25 de septiembre de 2014, acusando a Guzmán y a otros presuntos miembros de su cártel de conspirar para introducir toneladas de cocaína a Estados Unidos entre 1990 y 2005.

Las acusaciones alegan que Guzmán empleó sicarios para perpetrar cientos de actos de violencia en México, incluyendo asesinatos, tortura y secuestro. Lynch denominó al Cártel de Sinaloa «la mayor organización del mundo de tráfico de drogas», responsable de la inmensa mayoría de las drogas que se introducen en Estados Unidos.

**SIN EMBARGO, DADA LA** reputación del Chapo como el rey de los artistas del escapismo moderno, quizá fue casi inevitable que en julio de 2016 hubiera rumores en el Internet afirmando que Guzmán se había fugado de la cárcel en Ciudad Juárez.

La respuesta del gobierno mexicano fue instantánea: el ministro del interior Miguel Ángel Osorio Chong puso una fotografía en su cuenta de Twitter que mostraba al Chapo sentado a solas en un cuarto de la cárcel muy iluminado y desolado, afeitado y rodeado solamente de unos pocos guardias ocultos y entre sombras, esperando a que pasara el tiempo antes de su extradición para enfrentarse a la justicia en Estados Unidos. «Para los rumores, una imagen», escribió Osorio Chong.

**PARECÍA QUE EL EQUIPO** jurídico del Chapo iba a arrastrar el proceso judicial durante muchos meses, pero entonces —el 19 de enero de 2017 y sin advertencia—, el Ministerio de Asuntos Exteriores mexicano y el Departamento de Justicia estadounidense anunciaron repentinamente que Guzmán era extraditado.

El Chapo fue trasladado de la cárcel esposado y vistiendo su traje gris carcelario, con una chaqueta color marrón que le quedaba grande, con la cara pálida y su cabello tan corto que parecía rapado. Estaba claro que el Chapo estaba inquieto y asustado cuando se sentó a bordo del avión Challenger 605 del gobierno mexicano, que partió hacia Nueva York precisamente después de las 5:30 de la tarde. Varias horas después, el avión aterrizó en el aeropuerto MacArthur, en Islip, Long Island; el Chapo fue llevado bajo custodia y escoltado al bajar del avión por agentes de la DEA y el HSI.

El momento de la extradición parecía muy inusual, por lo que el gobierno de Peña Nieto no dio ninguna explicación en cuanto al motivo por el que decidió enviar a su recluso más infame a Estados Unidos la última noche del periodo de mandato del presidente Obama.

Desde Long Island, el Chapo fue llevado a su nuevo hogar temporal en el corazón del bajo Manhattan, el Metropolitan Correctional Center (MCC), un complejo color beige con forma de bloque de doce pisos insertado entre el puente de Brooklyn y el puente de Manhattan en Park Row. Una de las cárceles federales más seguras del país, es la prisión donde otros reclusos de alto perfil han esperado la llegada de sus juicios, entre ellos el jefe de la familia criminal Gambino, John Gotti y sospechosos de terrorismo como los socios de Al Qaeda de Osama bin Laden y Ramzi Yousef, el autor intelectual del bombardeo en 1993 del World Trade Center.

Guzmán fue puesto en el ala de más alta seguridad dentro del MCC, la 10 South, conocida como «Little Gitmo».

El 20 de enero, mientras la mayor parte del mundo veía la toma de posesión del presidente Trump en Washington, Guzmán fue llevado ante un juez en el Distrito Eastern, en el centro de Brooklyn, donde escuchó la acusación de diecisiete cargos, alegando que entre 1989 y 2014 como el líder del cártel de la droga de Sinaloa, había dirigido una «empresa criminal responsable de introducir y distribuir en Estados Unidos cantidades masivas de narcóticos ilegales y por conspiración para asesinar a personas que suponían una amenaza para la empresa de narcóticos». El gobierno de Estados Unidos demandó que el Chapo entregara 14 mil millones de dólares «procedentes de la droga y de beneficios ilícitos» que supuestamente metió de contrabando en México desde Estados Unidos.

«Este día marca un hito en nuestra persecución del Chapo Guzmán», dijo Robert Capers, procurador del Distrito Eastern. «La historia de Guzmán no es la de un Quijote o un Robin Hood, ni siquiera la de un famoso artista del escapismo. Su destructivo y asesino ascenso como narcotraficante internacional es semejante a un pequeño tumor canceroso que crea metástasis y se convierte en un gran azote que durante décadas contaminó las calles de México con las víctimas de violentas guerras entre narcos por el territorio».

Los procuradores estadounidenses afirmaron que el Chapo había seguido dirigiendo su imperio narco incluso durante su prisión en el sistema carcelario de México. «Es un hombre conocido por una vida de crímenes, violencia, muerte y destrucción, y ahora tendrá que responder por todo eso», dijo Capers.

**EL CHAPO NO NECESITÓ** mucho tiempo para comenzar a quejarse de las duras condiciones en Little Gitmo. El 3 de febrero de 2017 una fuerte presencia policial escoltó a Guzmán desde el MCC hasta el tribunal federal de Brooklyn. La escena no tuvo precedente en la historia de Nueva York, incluso según los estándares de los mayores juicios criminales de la ciudad. Ni siquiera infames mafiosos como Gotti ni tampoco ningún terrorista de alto perfil había sido trasladado bajo una seguridad tan fuerte.

Una caravana de doce autos, con Guzmán oculto tras los cristales tintados de una camioneta blindada, cerró el carril de ida del Puente de Brooklyn quince minutos durante el punto álgido de la hora pico matutina de Nueva York. Las autoridades dijeron que les preocupaba que el Chapo tuviera los recursos para lanzar un posible rescate «a escala militar».

Guzmán se presentó delante del juez vestido con uniforme carcelario azul marino, volteando en cierto momento para sonreír a su esposa, Emma, que estaba sentada en la primera fila de la sala. Era la primera vez que se habían visto desde la extradición.

Los abogados defensores del Chapo pretendieron suavizar algunas de las estrictas medidas de seguridad en el MCC. Se quejaron de que Guzmán pasaba encerrado veintitrés horas y de que se le permitía salir de su celda solo para hablar a miembros limitados del equipo de defensa; y que se le otorgaba una hora de ejercicio al día. Una de sus abogadas de oficio, Michelle Gelernt, catalogó la medida de seguridad como «extremadamente restrictiva» y dijo que debería permitirse al Chapo por lo menos hacer llamadas telefónicas a sus abogados y tener visitas cara a cara con su esposa.

Argumentó que él no había causado ningún problema de seguridad desde que había llegado a Estados Unidos, por lo que las restricciones actuales eran excesivas.

Sin embargo, el juez Brian Cogan, sin mencionar las dos fugas anteriores de la cárcel del Chapo, no se impresionó por ello. Con respecto a las medidas de seguridad adicionales, el juez dijo de modo inexpresivo: «Conocemos la razón para eso».

El juicio de Guzmán está programado para comenzar el 16 de abril de 2018 en Brooklyn, Nueva York.

**ERA UNA TRANQUILA NOCHE** sabatina a mitad de verano. Yo estaba de nuevo en Arizona para la boda de un amigo y Diego me recogió en el Aeropuerto Internacional Sky Harbor en su Chevrolet Silverado.

No era el viejo Black Bomber, pero el fuerte sistema de sonido trajo rápidamente recuerdos de nuestro tiempo juntos como compañeros, diez años atrás, en los Cuerpos Especiales de Phoenix.

*«Paraíso personal de la dinastía Guzmán entre bungalows y alberca»*, cantaba Diego mientras aceleraba hacia la autopista.

*«Lo querían asegurar al más grande de los grandes, señor Chapo Guzmán».*

Sin duda que parecían los viejos tiempos cuando nos dirigimos al oeste, al barrio de Maryvale una vez más para pedir mariscos y unas cervezas.

Nos fuimos internando en un atardecer casi cegador, con las montañas de Phoenix y los inmensos cactus saguaro recibiéndome como viejos amigos. Con la conexión bluetooth de su iPhone y los altavoces Bose, Diego llevaba puesto a todo volumen el narcocorrido «La captura del Chapo Guzmán», de Jorge Santa Cruz. Cantaba la letra en voz alta, sílaba tras sílaba, mientras conducía el Silverado hacia el oeste por la Interestatal 10.

Yo ya no necesitaba ayuda con la traducción al español; y recordaba lo que Diego me había dicho en mis primeros años en la DEA.

*No eres nadie en el mundo de los narcos hasta que tengas tu propio corrido.*

Estaba impresionado por la precisión de «La captura del Chapo Guzmán». Las estrofas de la canción hablaban prácticamente de cada detalle de la operación: la llegada de los marines para sacudir el paraíso personal del Chapo en Dinastía de Pato; nuestro plan B para cazar al Chapo desprevenido en su casa en río Humaya, en Culiacán; la desaparición del Chapo al estilo Houdini por un pasaje secreto debajo de la tina hacia el sistema de alcantarillas; la confesión de Picudo de que había dejado a «el más grande de los capos» en la carretera a Mazatlán, donde el Bravo estuvo allí para protegerlo. Y finalmente, cómo llegaron los marines, en las horas previas al amanecer del 22 de febrero, para la redada sorpresa en la habitación 401.

*A Mazatlán, Sinaloa*
*Un lugar paradisíaco*
*Elementos de Marina*
*Uno a uno fue llegando*
*Pa no levantar sospechas*
*En el hotel Miramar*
*El 22 de febrero*
*Cayó el Chapito Guzmán*

—Colega, es todo tú —dijo Diego—. La caída del Chapito. Tu propio corrido, Drew. ¡Felicidades! —soltó una carcajada—. Lo lograste, hermano.

Yo asentí con la cabeza mientras Diego salía de la 10 por la salida 138, girando su Chevy hacia la avenida 59.

Pero pese a lo fiel que era el corrido a los detalles de la captura, no se hacía mención alguna en la letra a que los estadounidenses tenían sus botas en el terreno, ningún reconocimiento a la DEA, esas tres letras tan temidas por todo narcotraficante.

—Sí, amigo —dije yo—, pero falta algo.

—¿Qué es?

—No dice nada de Las Tres Letras.

—Cierto —dijo Diego—. No sabían sobre Las Tres Letras.

—Como siempre —dije sonriendo—. En las sombras. Como siempre.

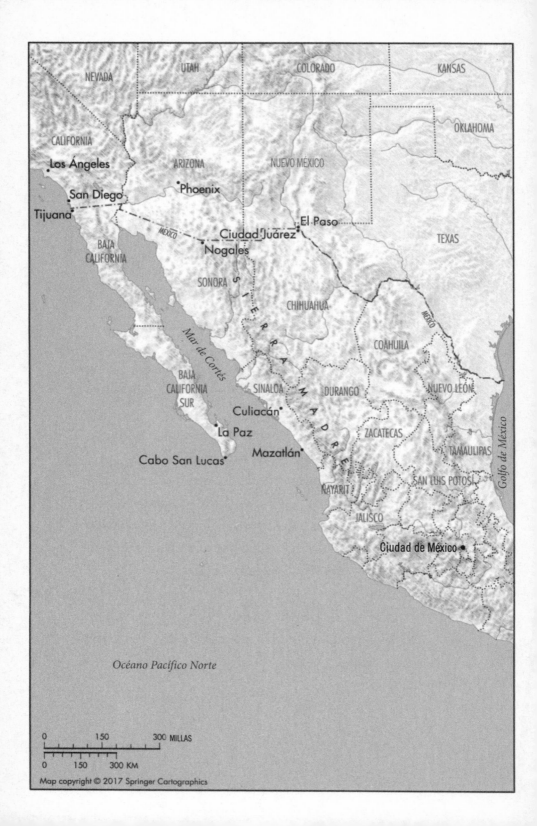

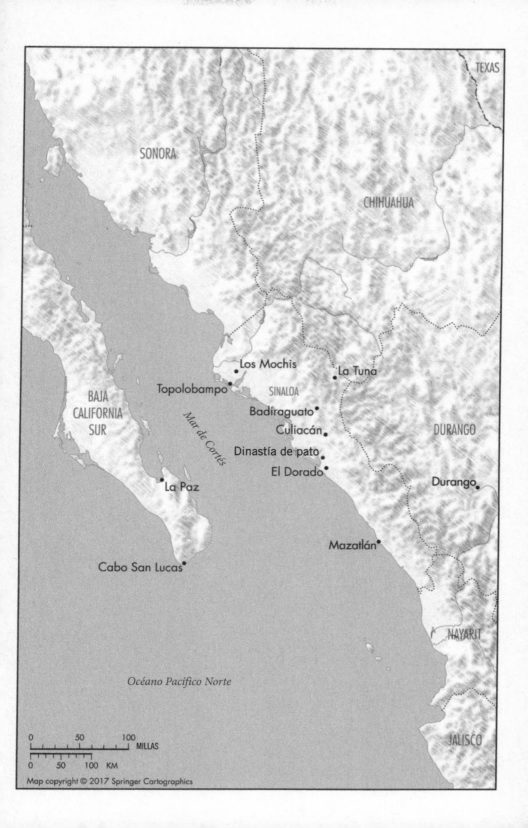

TEXAS

SONORA

CHIHUAHUA

BAJA
CALIFORNIA
SUR

*Mar de Cortés*

Los Mochis

La Tuna

Topolobampo

SINALOA

Badiraguato

Culiacán

DURANGO

Dinastía de pato

El Dorado

Durango

La Paz

Mazatlán

Cabo San Lucas

*Océano Pacífico Norte*

NAYARIT

| 0 | 50 | 100 | MILLAS |
|---|----|-----|--------|

| 0 | 50 | 100 | KM |
|---|----|-----|-----|

JALISCO

# RECONOCIMIENTOS

**UN SOLO HOMBRE NUNCA** podría haber llevado a cabo la captura del narcotraficante más buscado del mundo. Durante mi carrera en los cuerpos policiales, tuve el placer de trabajar con cientos de hombres y mujeres que se merecen mi más profunda gratitud en estas páginas, pero asuntos de seguridad me impiden nombrarlos directamente.

En primer lugar y por encima de todo, le debo una gratitud inmensa a mi esposa por su amor inflexible, su apoyo y su paciencia. El tiempo que ella sacrificó durante los años ha sido una aportación esencial a mi éxito, y solamente puedo esperar que mi continuo amor por ella ofrezca algo de solaz para mis preocupaciones constantes. Mis hijos, que son el mayor logro de mi vida, han enfocado correctamente el verdadero significado de esta historia. Ellos siempre serán mi inspiración.

Gracias también a mis padres, abuelos, familia política, hermanos, primos, tías, tíos, sobrinos, sobrinas, y todos mis otros familiares y amigos que siguieron mi viaje muy de cerca y fueron una fuente constante de amor y apoyo durante todo el camino. Un agradecimiento especial a dos amigos muy buenos:

uno de ellos me impulsó a seguir una carrera en la DEA en una época en que yo no tenía intención alguna de hacerlo, y un segundo amigo que ha estado a mi lado en todos los momentos correctos, abriendo gentilmente oportunidades para que mi familia y yo prosperásemos después de mis tiempos en los cuerpos policiales.

Sin Diego Contreras, mi carrera en la DEA nunca se habría desarrollado tan rápidamente como lo hizo. Crecimos juntos, elogiando mutuamente nuestras fortalezas y convirtiéndonos en un equipo potente. Siempre estaré agradecido por nuestra colaboración. El enfoque astuto y sabio que Diego daba a las investigaciones es notable; él fue la fuerza impulsora inicial que finalmente ayudó a dirigir la captura. Su capacidad innata para infiltrarse en organizaciones de narcotráfico mexicanas lo marcará como uno de los mejores investigadores infiltrados en la historia de la policía federal. Aunque puede que los kilómetros nos separen, siempre lo consideraré un hermano y un compañero durante toda la vida.

La Brigada Antidroga es una de las principales agencias policiales del mundo, y me siento honrado y afortunado de haber trabajado junto a algunos de los mejores de la DEA. Una gratitud especial a la anterior administradora de la DEA, Michele Leonhart, y su equipo en las oficinas centrales de la DEA, el director regional Tom McAllister y todo su equipo, incluidos mis directores regionales asistentes y mi supervisora de grupo, al igual que mis compañeros agentes especiales, pilotos, analistas de inteligencia, y equipo de apoyo administrativo. Mi gratitud especial a Nico Gutierrez por toda su ayuda con la traducción y la coordinación en primera línea.

## RECONOCIMIENTOS

Esta misión nunca se habría logrado sin el anterior SAC (Comando aéreo estratégico) de la División de Operaciones Especiales y su equipo, en especial Don Dominguez y el resto de su equipo, mis expilotos y dos supervisores de grupo en la NTF, al igual que todos mis excolegas en el Equipo 3. Finalmente, una gratitud muy especial a Snake por engrasar todos los patines correctos.

Cuando me encontré por primera vez con el Agente Especial de Investigaciones de Seguridad Interior, Brady Fallon, tuve la sensación de que nos conocíamos desde hacía muchos años. Su humildad, su buen humor y su empuje fueron un catalizador para crear y sostener la relación entre el HSI y la DEA que finalmente condujo a nuestro éxito. Nadie llegará nunca a entender lo que requirió dirigir una investigación y operación de esta complejidad y magnitud; pero Brady sin duda lo sabe, porque dimos prácticamente juntos cada paso. Les debo una inmensa gratitud a Brady, Neil Miller y Joe Dawson; ellos fueron los trabajadores incansables que estuvieron detrás de la operación, y verdaderamente sus héroes no reconocidos. Y estoy en deuda con el tenaz equipo del HSI de personal ejecutivo, supervisores, agentes especiales, analistas de inteligencia y traductores; sin su diligente trabajo y coordinación, la captura no se habría producido.

El alguacil de Estados Unidos, Leroy Johnson y su equipo merecen mucho más mérito del que permiten los límites de la historia, y en raras ocasiones se les otorgan los elogios que merecen por su valentía. Cuando pusimos los pies sobre el terreno en Sinaloa, fue la pericia técnica y operativa de los alguaciles lo que demostró ser esencial. Les doy mi gratitud más sincera a cada uno de ellos.

Hay muchas personas en el Departamento de Justicia estadounidense y las Oficinas de Procuradores estadounidenses por todo el país que merecen mi gratitud, pero ninguna ha sido tan fundamental para esta operación como la entonces subdirectora Camila DeFusio y su equipo de abogados asistentes. Sus implacables esfuerzos nos dieron las herramientas perfectas para rastrear y capturar al narcotraficante más escurridizo de nuestro tiempo. También les debo una inmensa gratitud a varios exintegrantes de la Asociación del Ejército Estadounidense (AUSA) de San Diego y Chicago con quienes tuve el placer de trabajar de cerca a lo largo de los años; su apoyo tuvo una influencia fundamental en la investigación que condujo a la captura. No lo habríamos logrado sin todos ellos.

En la oficina del Sheriff del Condado de Lincoln me gustaría agradecer a todos, en el pasado y el presente, por abrir la puerta a mi carrera como policía y ofrecer un apoyo continuo en los años posteriores a mi salida.

Tener el privilegio de vivir y trabajar en un país que he llegado a amar casi como el propio puede atribuirse a un solo factor: la gente de México. Hombres y mujeres que rebosan de un gran orgullo por su tierra, que abren sus hogares, comparten su cultura, y creen en el bien común. El almirante Furia de la SEMAR y sus marines son ese tipo de patriotas mexicanos. *Todo por la Patria*. Estos marines mexicanos viven, y muchos hombres buenos han muerto, por esas palabras. El almirante Furia y su brigada entendieron la importancia de la confianza y aceptaron de todo corazón nuestra colaboración.

Los lazos entre naciones, incluso tan vastas como Estados Unidos y México, con frecuencia se reducen a un puñado de relaciones personales. Y no conozco mejor ejemplo de cómo operaron juntos ambos países como un solo equipo y lograron lo que la mayoría pensaba que era imposible. Ha sido un increíble honor trabajar tan de cerca con la SEMAR; nunca podré devolver la deuda de gratitud que le debo al almirante Furia y a cada uno de los marines implicados en esta operación. Ellos protegieron nuestras vidas, asegurándose de que regresáramos a casa sanos y salvos para reunirnos con nuestras familias sin tener que hacer *ni una vez* un disparo. Ellos son guerreros en el sentido más verdadero de la palabra, y siempre atesoraré su hermandad.

Una gratitud inmensa a la Policía Federal mexicana, la oficina del Procurador de México (PGR), y todas las unidades especializadas en narcóticos por toda América Latina con las que Diego y yo trabajamos muy de cerca en los primeros años. Esos hombres y mujeres deben luchar cada día contra la corrupción institucional sistémica; sin embargo, de algún modo consiguen tener éxito y mejorar la calidad de vida para sus ciudadanos interrumpiendo algunas de las organizaciones de narcotráfico internacional más violentas. Me siento honrado de poder llamar amigos a muchos de ellos.

Gracias también a los miembros de la policía canadiense, concretamente al Departamento de Policía de Vancouver y la Policía Provincial de Quebec, por su trabajo y su apoyo a la misión de la DEA.

Le debo a Douglas Century, mi coautor, una inmensa cantidad de gratitud. Su inmersión completa y su dedicación desprendida fueron fundamentales para captar cada detalle, cada hecho y cada sentimiento de mi viaje. Nos ha tomado varios años extenuantes afinar cada línea, párrafo y página. Dicho con palabras sencillas, nunca podría haber escrito este libro sin él.

Mi agencia, 3Arts Entertainment, fue instrumental para juntarnos y ayudarnos a conceptualizar cómo reproducir mejor esta historia; debo mi más profunda gratitud a todos en 3Arts y a todo el equipo de HarperCollins.

Cuando estaba en la Academia de la DEA, justo antes de graduarnos creamos una camiseta de la clase que decía:

«¡Pobre del perverso! ¡Será todo un desastre!»
—Isaías 3.11

No se debía a que éramos muy religiosos, pero todos teníamos ese profundo sentimiento: sin importar cuán grande o pequeño fuera el criminal, cuán distante o secreta fuera su guarida, siempre habrá hombres y mujeres de la ley dedicados a llevarlos ante la justicia. Ningún criminal puede operar con impunidad siempre.

*¡Pobre del perverso!* Es una frase que he llevado conmigo desde aquella graduación en la academia. Por lo tanto, mi última nota de gratitud se dirige a todos los héroes de los cuerpos policiales y el ejército de nuestro país que, cada día y cada noche, dedican sus vidas a llevar «el desastre a los perversos» para que *todos* podamos dormir en paz.

—A. H.

# UNA NOTA SOBRE LAS FUENTES

**ESCRIBIR UN LIBRO SITUADO** en el *ambiente* homicida del narcotráfico contemporáneo puede ser intimidatorio. Como en cualquier bajo mundo criminal, lo que pasa por historia oficial es con frecuencia mera especulación o mitología. Es casi imposible separar la realidad de la ficción: leyendas urbanas, dichos en las cárceles, y viejas historias de guerra se repiten generación tras generación, reimpresas en periódicos, revistas, blogs y libros, hasta el punto de que a menudo no se distinguen de los hechos verificables.

Eso no es menos cierto para los primeros tiempos de Joaquín Guzmán de lo que era para gánsteres estadounidenses como John Dillinger o Pretty Boy Floyd, Al Capone o Bugsy Siegel.

En la actualidad, Estados Unidos y América Latina están plagados de narco-*porno*: filmes lascivos, libros de bolsillo, sitios web y revistas que con frecuencia trafican con exageración, difunden rumores y dan glamur a las hazañas de narcotraficantes grotescamente ricos.

Sin lugar a dudas, hay cientos de escritores claros y precisos que hacen un trabajo excelente y audaz a la hora de reportar sobre el narcotráfico y la corrupción en el gobierno, manteniendo un equilibrio de ecuanimidad a la vez que cultivan el acceso directo a fuentes importantes. El libro de García Márquez, *Noticia de un secuestro*, un relato brillante del reinado de terror de Pablo Escobar a principios de la década de 1990 en Colombia,

381

fue una inspiración: para mí sigue siendo el modelo de cómo un autor de no ficción de primer orden, mediante entrevistas detalladas, investigación meticulosa y técnica novelística, puede captar el terror visceral que causan criminales como el Cártel de Medellín.

En este libro tuve la fortuna de haber trabajado con un exagente federal que lo *vivió*, lo vio y lo experimentó todo de primera mano. Es extraño que alguien del calibre de Drew deje una carrera como policía federal a una edad tan temprana, mientras la historia de su viaje de investigación sigue siendo tan fresca y relevante. Juntos, nos hemos esforzado para escribir este libro con una mirada rigurosa, separando y descartando habladurías, rumores y reportes dudosos que rodeaban «al narcotraficante más buscado del mundo» para llegar a hechos verificables.

Con demasiada frecuencia, historias de hombres como Drew no se relatan. Esta operación histórica de captura, con todos sus vaivenes y altibajos, se merece un relato preciso para la posteridad. Y los participantes clave, no solo Drew sino también los otros agentes de la DEA y el HSI, alguaciles estadounidenses, tropas y comandantes de la SEMAR, merecen brillar por los años de sacrificio desprendido que de otro modo habrían permanecido rodeados de sombras.

Mi gratitud más profunda para Drew, y para todos los que han trabajado tanto, en 3Arts Entertainment, HarperCollins, ICM Partners, por ayudarnos a que su singular historia llegue a buen término.

—D.C.

# GLOSARIO

**Abra las cartas:** Literalmente o también «abra los libros». En el contexto de una investigación multinacional sobre narcóticos, significa «compartir toda la inteligencia o información».

**ADR:** Asistente de director regional. Rango GS-15 de la DEA en un puesto en el extranjero.

**AEAM:** Agente especial asistente al mando. Rango GS-15 de la DEA en Estados Unidos.

**AEM:** Agente especial al mando, el alto ejecutivo de la DEA con el rango más elevado encargado de un puesto de división específica en Estados Unidos (por ejemplo: la División de Campo de Chicago, que cubre Illinois, Indiana, Wisconsin y Minnesota).

**ATF:** Abreviatura para Dirección de Alcohol, Tabaco y Armas, por sus siglas en inglés. (Ahora es conocida oficialmente como Dirección de Alcohol, Tabaco, Armas y Explosivos.)

**AAEU:** Abogado Asistente de Estados Unidos (por sus siglas en inglés).

**basura de bolsillo:** Término de los cuerpos policiales para cualquier cosa que se encuentre olvidada en bolsillos; podrían ser recibos, notas variadas, resguardos de boletos, restos de tarjetas SIM, envoltorios de goma de mascar o cualquier otra cosa.

**Beltrán Leyva:** Un cártel de la droga mexicano dirigido por cinco hermanos Beltrán Leyva que ahora tienen su base en el estado norteño de Sinaloa. Fundado como una rama del Cártel de Sinaloa, los Beltrán Leyva formaron su propio cártel tras el arresto de Alfredo Beltrán Leyva, alias «El Mochomo» en 2008, culpando al Chapo Guzmán del arresto.

**birria:** Un guiso picante mexicano hecho tradicionalmente con carne de cabra.

**Caballeros Templarios, Los:** Un cártel mexicano de la droga, compuesto por los restos del extinto cártel narco La Familia Michoacana con base en el estado mexicano de Michoacán.

**cajeta:** Literalmente «caramelo», jerga en las organizaciones de narcotráfico para mariguana de alta calidad.

**calaveras de azúcar:** Caramelo de azúcar con forma de calavera humana, decorada con colorido glaseado y adornos brillantes que representan a un alma fallecida o un espíritu en particular en la fiesta mexicana conocida como Día de los Muertos.

**carnal:** A menudo abreviado en mensajes de texto como «cnl», con el significado literal de «relacionado por sangre», es un término de afecto parecido a «hermano» o «bro».

**chanclas:** Sandalias.

**chilango:** Jerga mexicana para los residentes en Ciudad de México o personas nacidas en la capital.

**cholo:** (n.): Con su significado original de mestizo, o un latinoamericano con sangre india, «Cholo» ahora puede denotar un mexicano de clase baja, especialmente en una zona urbana; un pandillero; o, en el submundo de los cárteles, un individuo particularmente duro (como «Cholo Iván» Gastelum, el jefe de la plaza para la ciudad costera de Los Mochis).

**Cisne Negro:** El nombre de la operación secreta de la SEMAR para recapturar al Chapo Guzmán en enero de 2016.

**confidencial, fuente:** Término de la DEA para un informante confidencial.

**cuerno de chivo:** El rifle de asalto AK-47 conocido por su barrilete curvado parecido a un cuerno, arma preferida por los cárteles de la droga mexicanos.

**cuete:** O cohete, es jerga común para una pistola u otra arma corta.

**conflictos, supresión de:** Un chequeo común de los cuerpos policiales para reducir el riesgo de perseguir a los mismos criminales causando un incidente de «fuego amigo» (policía que persigue a la policía).

**desmadre:** Literalmente, de «tu madre», similar a «caos» o «lío».

**El Generente:** El director y un nombre en código para el Chapo Guzmán.

**El Señor:** Término respetuoso que significa «señor» o «el hombre» y nombre en código para el Chapo Guzmán.

**espejo:** Una técnica utilizada por narcotraficantes para evadir la vigilancia electrónica de los cuerpos policiales, más comúnmente al volver a teclear textos o mensajes manualmente por parte de un empleado de bajo perfil del cártel desde un BlackBerry o teléfono celular a otro (creando un «espejo»), dificultando que los cuerpos policiales rastreen los mensajes hasta el receptor final e impidiendo que se produzcan escuchas telefónicas.

**Gárgola:** Nombre de la operación secreta de la SEMAR para capturar al Chapo Guzmán en febrero de 2014.

**Guadalajara, Cártel de:** Ver la página 20.

**güey:** Equivalente a «tío, colega».

**halcón (los halcones):** Son vigilantes y asociados del cártel en las calles que reportan actividades y advierten a los cárteles de la droga sobre movimientos de otras organizaciones de narcotráfico, la policía o los militares.

**IC:** Informante confidencial.

**Inge:** Abreviatura de *ingeniero*, nombre en código para el Chapo Guzmán.

**intermediario:** Alguien sin antecedentes penales, limpio, que acuerda adquirir un bien o servicio, por lo general ilícitos, para alguien que no puede o no está dispuesto a adquirirlos personalmente. Esos bienes o servicios son entonces transferidos a esa persona después de ser adquiridos. Con frecuencia son contratados por organizaciones de narcotráfico y traficantes de armas.

**jefe de jefes:** Nombre aplicado al líder más alto de un cártel de la droga en México y se relaciona con mayor frecuencia con Miguel Ángel Félix Gallardo.

**JGL:** Iniciales de Joaquín Guzmán Loera.

**La Paz:** Ciudad mexicana ubicada en el extremo sudeste de la península de Baja California.

**Las Tres Letras:** Jerga de los cárteles de la droga para referirse a la DEA.

**Lic:** Abreviatura de *licenciado* (ver a continuación).

**licenciado:** Literalmente «alguien con licencia», puede referirse a cualquiera con educación superior como un abogado, ingeniero, arquitecto, contador; en la jerga de los cárteles, casi siempre se refiere a un abogado o un consejero con educación formal.

**machaca con huevo:** Un platillo mexicano de carne seca cortada en tiras que se mezcla con huevos y a menudo se come como desayuno.

**mariscos:** Especialmente crustáceos como almejas, ostras y gambas, muy popular en Sinaloa.

**más tranquilo:** Más calmado.

**miapa:** Jerga para «mi papá», y uno de los nombres en código del Chapo Guzmán.

**Nana:** «Abuela»; otro nombre en código del Chapo Guzmán.

**narco:** Término general para traficante de droga.

**narcocorrido:** Literalmente una «balada sobre la droga». Un subgénero enormemente popular del norteño mexicano, música popular del norte de México. Se considera que los narcocorridos modernos comenzaron en 1974 con el éxito «Contrabando y traición», el primer narcocorrido de gran éxito, de Los Tigres del Norte. La escena actual del narcocorrido es inmensamente popular en México y en Estados Unidos, con artistas que aceptan comisiones de jefes de cárteles y traficantes reales para celebrar sus hazañas. Con un ritmo alegre dirigido por tubas y acordeones, y letras que con frecuencia celebran asesinato, venganza y violencia, la escena contemporánea del narcocorrido se asemeja a menudo al rap pandillero de la década de 1990. Se puede decir que ahora es la modalidad musical más popular de México entre los jóvenes, muchas veces a pesar de una falta de transmisión radial e intentos de las autoridades por prohibir la música. La escena está prosperando, con artistas como Roberto Tapia, Gerardo Ortíz, Movimiento Alteradand y el Kommander que atraen a inmensas bases de seguidores con canciones que celebran con frecuencia a narcotraficantes como el Chapo Guzmán y otros traficantes de alto nivel.

**narcos jóvenes:** Los hijos de los narcotraficantes más mayores, una nueva generación de narcos a menudo más llamativa.

A diferencia de sus padres o abuelos, los narcos jóvenes en su mayor parte han sido criados en la riqueza urbana y tienen estudios superiores.

**Navolato:** Una ciudad mexicana al oeste de Culiacán en el estado de Sinaloa.

**NCAR:** Región de América del Norte y Central de la DEA, que cubre México, América Central y Canadá.

**Ojo:** Perteneciente a la vigilancia, el agente que tiene físicamente a la vista al sujeto bajo vigilancia y que comunica esos movimientos al resto del equipo.

**OTD:** Organización de tráfico de drogas.

**Padrino:** Uno de los nombres en código utilizado para el Chapo Guzmán.

**palapa:** Una estructura o refugio tradicional mexicano con un techado de hojas o ramas de palma, especialmente en una playa o cerca de una masa de agua.

**pan dulce:** Hecho de masa dulce que con frecuencia se come en el desayuno.

**patrón de vida:** Un método de vigilancia utilizado concretamente para documentar y entender los movimientos y hábitos cotidianos de un sujeto. El análisis de esta información puede utilizarse potencialmente por los cuerpos policiales para predecir futuros movimientos o acciones por parte del sujeto al que se observa.

**pendejo (vulgar):** Con el significado original de «vello púbico», en México es actualmente un insulto común, equivalente a «idiota», «tonto» o «cabrón».

**PF:** Policía Federal mexicana.

**PGR:** Abreviatura de la Procuraduría General de la República, el equivalente mexicano a la Oficina del Fiscal General, similar al Departamento de Justicia de Estados Unidos.

**pinche cabrón (vulgar):** Jerga mexicana, también puede utilizarse como complemento en el sentido de alguien que es un «chingado».

**pista:** Una franja de aterrizaje clandestina.

**plaza:** Territorio, ámbito o principal ruta de contrabando desde México a Estados Unidos. También puede significar los impuestos que una persona debe pagar para utilizar tales rutas.

**rápida:** Jerga mexicana para las camionetas armadas de SEMAR.

**raspados:** Proviene de la palabra «raspar», es un vaso con hielo raspado y endulzado con diversos jugos de frutas.

**regional, director:** El puesto de jefe ejecutivo de rango más elevado de la DEA en una posición en el extranjero. El director regional está a cargo de una región en el extranjero (por ejemplo: la Oficina de Ciudad de México, que cubre oficinas de la DEA en Canadá, México y América Central). Reporta directamente al jefe de operaciones de la DEA en Washington, DC.

**repiques:** Registros detallados de llamadas de un teléfono.

**secre:** Abreviatura de *secretario*, y un nombre en código para el Chapo Guzmán o sus secretarios Cóndor y Chaneke.

**SEDENA:** La Secretaría de la Defensa Nacional, ejército mexicano.

**SEMAR:** La Secretaría de la Marina. Marines mexicanos.

**SG:** Supervisor de grupo, rango GS-14 de la DEA en Estados Unidos y en países en que esté asignado.

**sicario:** Literalmente un «asesino a sueldo» o asesino que trabaja para los cárteles.

**Sierra Madre:** La principal cadena montañosa que se extiende de noroeste a sureste por la parte del noroeste y oeste de México, a lo largo del Golfo de California, y atraviesa principalmente la parte oriental de Sinaloa.

**tacos de canasta:** Tacos caseros servidos en una cesta, frecuentemente desde la cajuela del auto de alguien.

**tío:** Uno de los nombres en código utilizados para el Chapo Guzmán.

**tlacoyos:** Tortilla gruesa ovalada y larga hecha con masa de maíz, rellena de frijoles refritos, queso o frijoles habas y cubiertas de queso fresco, nopales y salsa. Típicamente servidas por vendedores en la calle que usan un *comal* (recipiente de cocina usado como plancha).

**Triángulo Dorado:** Zona tradicional de México de cultivo y tráfico de droga, que se remonta a los primeros tiempos de cultivo de mariguana y opio en la década de 1930 y 1940, y que cubre grandes secciones de los estados de Sinaloa, Durango y Chihuahua.

**UDB:** Uniforme de batalla. Ropa de trabajo que visten los SEMAR.

**Zetas, Los:** Cártel de la droga mexicano formado cuando comandos del ejército mexicano desertaron de sus filas y comenzaron a trabajar como el brazo armado del Cártel del Golfo. En 2010, Los Zetas se dividieron y formaron su propio cártel. Considerados los más violentos de los cárteles actuales, también están muy involucrados en el crimen organizado, el secuestro y la extorsión.

## ACERCA DE LOS AUTORES

**ANDREW HOGAN** es el agente especial de la DEA que lideró la investigación y captura de El Chapo Guzmán. Ahora trabaja en el sector privado y vive en un lugar secreto.

**DOUGLAS CENTURY** es el autor y coautor de tales bestsellers como *Under and Alone,* B*arney Ross, Brotherhood of Warriors* y *Takedown: The Fall of the Last Mafia Empire,* un finalist para el Edgar Award del 2013 en la categoría de Mejor Crimen Real.

# ÍNDICE

Los números de página en *cursivas se refieren a mapas.*

# ÍNDICE

# ÍNDICE